Diogenes Taschenbuch 21/VIII

LE MONITEUR UNIVERSEL

Ludwig Marcuse

Ludwig Börne

Aus der Frühzeit der deutschen Demokratie

Diogenes

Dem Freund Joseph Roth

Veröffentlicht als Diogenes Taschenbuch, 1977

Lizenzausgabe mit freundlicher Genehmigung
des Verlags J. P. Peter, Gebr. Holstein

60/77/E/1
ISBN 3 257 20259 8

Inhalt

(Rez. in WB 50/1929, 888f.; C.v.O.)

»Aufrichtig zu sein, kann ich versprechen, unparteiisch zu sein aber nicht.«

Goethe

I.

Einer aus dem Frankfurter Ghetto

Roman der Bosheit

»Unsere Narren, die Päpste, Bischöfe, Sophisten und Mönche, die groben Eselsköpfe, haben bisher also mit den Jüden gefahren, daß, wer ein guter Christ wäre gewesen, hätte wohl möcht ein Jüde werden. Und wenn ich ein Jüde gewesen wäre und hätten solche Tölpel und Knebel den Christenglauben regiert, so wäre ich lieber eine Sau worden, denn ein Christ.«
Martin Luther

Wer vom Frankfurter Wollgraben, im Osten der Stadt über den Main nach Sachsenhausen ging, las noch zu Beginn des neunzehnten Jahrhunderts unter dem Brückenturm der Stadt-Seite linker Hand diese Worte: »Am grünen Donnerstag marterten die Juden ein Knäblein, Simon genannt, seines Alters zweieinhalb Jahr.« Die Illustration unter dem Text: ein Knabe mit vielen Wunden, in denen neun Schusters-Pfriemen stecken. Darunter ein neuer Satz: »Au weih Rabbi Anschel; au, au Mauschl au weih, au, au.« Der Chronist schildert weiter: »Dann sitzet ein Jud mit seinem Schabbes-Deckel, Brüll auf der Nase, Kragen und Mantel und an diesem ein gelbes Ringlein, rücklings auf einem großen Schwein, und hält den in die Höhe gezogenen Schwantz, anstatt eines Zaums in der rechten Hand, unter diesem Schwein ligt ein junger Jud, der die Zitzen saugt, hinter der Sau ligt ein alter Jud auf den Knie und läßt die Sau den Urin und anderes aus dem Affter ihm ins Maul lauffen, hinter diesem Jud stehet der Teufel mit Hörnern, und hält ihn an beyden Achseln; am Kopff des Schweines, welches Menschen-Koth von der Erde frisset, neben demselbigen stehet eine Jüdin, nach dem Teufel zugewand in ihrem völligen Staat, nemlich mit dem eckigten Schleyer, krausen Kragen am Halß und Mantel umgehenkt, hält die Hörner eines großen Bocks mit der linken Hand ...«

Sebold hieß der Maler. Er hatte diesen Haß-Mythos einst auf Befehl des Magistrats gemalt. »Zur öffentlichen Beschimpfung, zum Verdruß für die Juden.« Weil man ihnen einen Ritual-Mord vorwarf? Nur aus Vorsicht, »um die Juden daselbst von dergleichen Schelmstücken desto eher abzuhalten«. In der zweiten Hälfte des siebzehnten, dann zu Beginn des achtzehnten Jahrhunderts wurde das Bild aufgefrischt – gegen die flehentlichen Bitten der Juden. Farben verblassen, Steine verwittern – aber der Haß dauert.

Dieses öffentliche Bekenntnis der Stadt Frankfurt am Main verschwand erst mit dem Abbruch des Brückenturms 1801, zwanzig Jahre nach Erscheinen der ›Kritik der reinen Vernunft‹; erst zwölf Jahre nach dem Ausbruch der französischen Revolution; erst im zweiundfünfzigsten Lebensjahr des Frankfurter Dichters Wolfgang von Goethe. Und vielleicht verschwand dieses Plakat der Niedertracht damals auch nur deshalb, weil der Brückenturm verschwand. Denn noch fünf Jahre länger, bis 1806, galt die fast zwei Jahrhunderte regierende Ausnahme-Ordnung für die letzte, tiefste Paria-Kaste im Gemeinwesen – für die Juden. Börne nannte diese Juden-Gesetze: den »Roman der Bosheit«.

Die vom Beginn des siebzehnten Jahrhunderts herrührende »Stättigkeit« war schon ein Glück: wenigstens eine Sicherheit; ein Vertrag, in dem der Jude Partner, nicht mehr Ungeziefer war. Sie stand am Ende einer Kette von Willkür-Akten. Sie war die erste unaufhebbare Abmachung, während die früheren Abmachungen immer nur für drei Jahre galten. Wer da dem Rat nicht genehm war, dem wurde das Niederlassungsrecht entzogen. Zwar durften auch die Juden nach einmonatiger Aufkündigung der »Stättigkeit« auswandern, durften »fahren und fließen mit ihrem Leibe und Gute«, wohin sie wollten – Leibeigene waren sie nicht mehr. Die Zeit war vorbei, in der sie ein kaiserliches Regal waren wie Bergwerke und Zölle, ein Finanzobjekt unter andern. Aber sie standen immer unter der Drohung, wieder zum Nomaden-Schicksal verurteilt zu werden. Ursprünglich kaiserliche Kammerknechte, Zinshörige der jeweiligen römischen Kaiser, wurden sie später an getreue Vasallen verpfändet. Als Haupteigentümer fungierten trotzdem weiter: der Kaiser und der Kurfürst von Mainz, der als Erzkanzler des Reiches Inhaber des zehnten Teiles aller deutschen Juden-Einkünfte war. Der Kaiser überließ dann seine Juden mit Leib und Gut erst pfandweise, später käuflich (und zwar auf Wiederkauf) der Stadt; sie durfte weitere Juden aufnehmen und mit ihnen einen jährlichen Wohnzins ausmachen. Auch das Mainzer Erzstift versetzte seine Juden nach dem Vorbild des Kaisers. Aber erst am Ende des siebzehnten Jahrhunderts verzichtete ein Leopold für 20 000 Gulden endgültig auf das Wiederkaufsrecht, mit der Versicherung: daß »die sämtlich in Frankfurt vorhandenen Juden ..., sie seien vom römischen Kaiser erkauft oder jure status aufgenommen, oder sonst in anderm Wege an die Stadt gekommen, der genannten gemeinen Stadt Frankfurt unablässig und unansprüchig Eigentum und als Leibsangehörige Hindersassen sein und bleiben sollen«. Dafür, daß der Rat sie aufgekauft, mußten die Juden einen Teil der Kaufsumme aufbringen: das Kaufobjekt zahlte einen Teil seines Preises.

Mitte des dreizehnten Jahrhunderts fand die erste (historisch nachweisbare) Frankfurter Juden-Schlacht statt. Die Juden hatten innerhalb der Gesellschaft die Funktion des Haß-Ableiters. Zogen Gewitter am Himmel der Gemeinschaft zusammen, Hungersnöte oder Krankheiten oder andere Mißhelligkeiten, so entluden sie sich über den Juden. Bis in die Mitte des vierzehnten Jahrhunderts lebten die Frankfurter Juden zerstreut unter der übrigen Bevölkerung, meist zwischen Dom und Mainufer. Ein Wohnungszwang, der sie in einen bestimmten Bezirk verwies, bestand damals noch nicht. Man nannte ihr Viertel schon *»strata Iudeorum sive vicus Iudeorum«*, aber Ende des vierzehnten Jahrhunderts wohnte sogar der Bürgermeister noch unter ihnen. Nach der zweiten Juden-Schlacht, in der Mitte des vierzehnten Jahrhunderts, legte man nach italienischem Vorbild eine Judengasse an. Auf dem ehemaligen Stadtgraben, dem Wollgraben – zwischen Fahr- und Allerheiligengasse, Predigergasse und dem Fischerfelde –, wurden die Juden für drei Jahrhunderte interniert; vom Ende des fünfzehnten bis zum Ende des achtzehnten Jahrhunderts. Drei Tore – das Bornheimer Tor, das Judenbrückchentor, das Wollgrabentor – riegelten dieses »Neu-Ägypten« ab. Es war eine doppelte Schutz-Haft: Schutz der Juden, und Schutz vor den Juden. Die Juden wehrten sich; Kaiser und Papst (und die Frankfurter Bürger, welche die Konkurrenten aus der guten Geschäftsgegend gern entfernten) wollten es. Begründung: Die Juden wohnten zu nah der Kirche; die Juden könnten die kirchlichen Handlungen hören und sehen; die Juden könnten durch ihre eigenen Zeremonien den christlichen Gottesdienst stören. So mußten die Frankfurter Juden ins Frankfurter Exil. Nur wenige Häuser zogen sich zuerst an dem alten Stadtgraben hin: unter ihnen eine Synagoge, ein Bad, ein Tanzhaus, ein Hospital auf dem Friedhof. Die hundert Menschen, die zuerst hier wohnten, hatten wenigstens, was ihren Nachkommen fehlte: Platz, Luft und Licht. Weshalb man sie nicht auswies? Der junge Börne gab die lapidare Lösung: »Man hat trotz dem Hasse, den man immer gegen Juden hatte, sich doch nie entschließen können, sie gänzlich aus dem Lande zu vertreiben. Denn die Habsucht, die von ihrem Reichtum Nutzen ziehen wollte, war stärker noch als der Haß.«

Die Menschen, die diesen Kerker im Lauf der Jahrhunderte übervölkerten, gehörten zum Gemeinwesen der Stadt nur so wie ein Fremdkörper, der mit Erfolg in einen Organismus eindringt, zu diesem Organismus – gehört. Jahrhundertelang kämpften Organismus Stadt und Fremdkörper Judenschaft miteinander. Der Fremdkörper wuchs, nährte sich vom Wirtkörper – und gab an ihn Kräfte ab. Man hatte mit Hilfe des Ghettos versucht, das Fremde durch Einkapselung unschädlich zu machen; denn es war nicht mehr auszustoßen, schon hatte es seine Funktionen im Stadt-Organismus. Aber diese Einkapselung wurde mehr und mehr zum leeren Zeichen. Man verschloß zwar die Tore der Judengasse in der Nacht, an Sonn- und Feiertagen, aber an den Werktagen war ein reges Hin und Her zwischen Stadt und Judengasse. Diese Stadt in der Stadt war keine tote Enklave, denn da die Juden »einzig und allein ihre Geisteskraft auf den Erwerb ihres Unterhalts richteten«, mußten sie bald ›die Aristokraten des Handelsstands‹ werden. Hatte man den Juden diese und jene und eine dritte Tätigkeit verboten, so hatten sie sich mit um so größerer Energie auf jenes Geschäft geworfen, das allein ihnen ursprünglich freigegeben war: den Geldverleih, der den Christen von der Kirche verboten war und der in einer Meßstadt besondere Bedeutung hatte, da die Meßhändler die unverkauften Handelsgüter bis zur nächsten Messe versetzen mußten, um Bargeld zum Einkauf neuer Waren zu erhalten. Von diesem eng begrenzten Ort innerhalb des Wirtschaftskörpers aus eroberten die Juden in Jahrhunderten trotz einer rigorosen Einschnürung ihrer wirtschaftenden Kräfte Position auf Position und brachten es schließlich dahin, daß die Sklaven die Herren wurden, daß Könige und Fürsten und Städte finanziell vom Kerker ›Judengasse‹ abhängig wurden. Börne formulierte in seiner ersten Streitschrift gegen die Judenversklavung das psychologische Gesetz zu diesem historischen Prozeß: »Die Kraft ermattet bald, wo ihr Spielraum unendlich ist, da hingegen jede Schranke und jeder Gegendruck nur die Tätigkeit erhöht.« Tausend Schranken hemmten sie, wenn sie von ihrer zentralen Position her, dem Geldverleih und dem Verkauf der bei ihnen versetzten Pfänder, in das Wirtschaftsleben tiefer eindringen wollten. Es war ihnen jede Konkurrenz mit Handwerkern und Kleinhändlern verboten: also auch die Veränderung und Zerteilung der verfallenen Pfänder. Aber zu Anfang des achtzehnten Jahrhunderts waren sie doch in fast alle Branchen des Handels hineingewachsen: sie hatten das Wechselgeschäft erobert, das man ihnen lange vorenthalten hatte; sie handelten mit Tuch, Leinwand, Kleidern; mit Pelzwerk, Spitzen, Knöpfen, Bändern, Schnüren, Seide, Kattun, Fischbein; mit Häuten und Fellen; mit hebräischen Büchern und Kalendern; mit Fackeln und Papier; mit Nadeln und Strümpfen; mit Juwelen, Gold, Silber, Kupfer und Zinn; mit Brot, Wein, Bier, Branntwein, Käse, Fett und Tabak. Die Judengasse hatte sich differenziert in arm und reich, in Oberschicht und Unterschicht, in Rentiers und Händler und die ganze Stufenleiter der Händler: vom armen Hausierer bis zum »Residenten«, bis zum »kaiserlichen Komissarius«, der den Regierenden Geld beschaffte und Heeresbedarf, Proviant, Munition und Ausrüstung lieferte. Meyer Amschel Rothschild wurde 1769 Fürstlich-Hessen-Hanauscher Hoflieferant. Aber auch als Abnehmer spielten die Juden schon eine Rolle: die Schneider fertigten für sie Kleider an, die von den Passanten der Judengasse gekauft wurden. Und als um 1700 die »Baumeister«, die Vorsteher der Gemeinde, in Abwehr der Konkurrenz christlicher Buchhändler den Gemeindemitgliedern verboten, ihre hebräischen Bücher in Frankfurt drucken und einbinden zu lassen, erhoben die christlichen Drucker und Buchbinder Beschwerde wegen dieses erheblichen Kundenverlustes: seit mehr als hundert Jahren hatten sie die Gebetbücher der Juden hergestellt; manche Drucker hatten für Tausende hebräische Schrift gießen lassen. Die Gesetze der Wirtschaft sind weder pro- noch antisemitisch.

So war zusammengewachsen, was getrennt bleiben sollte; und wie Luft und Licht immer wieder die Farben der Gemeinheit am Frankfurter Brückenturm ausgelöscht hatten, so wob auch das Naturgesetz des Zusammenwirtschaftens Faden um Faden zwischen denen, welche das Kunstgesetz der Borniertheit und Gemeinheit am liebsten durch Siriusfernen gegeneinander isoliert hätte – oder wenigstens nach dem ewigen Rezept der Turnväter Jahn durch einen kleinen Urwald gegeneinander verdeckt hätte. Aber nur sehr langsam folgte in Frankfurt der gesellschaftliche Ausdruck dem wirtschaftlichen Tatbestand. In einer Eingabe an den Rat vom neunundzwanzigsten August 1769 klagten die Juden schwer: »Es mag wohl kein Ort in Deutschland sein, wo den Schutzjuden der Genuß der freien Luft und der reinen Straße so eingeschränkt wird, als uns seit einiger Zeit von den wachehabenden Offizieren an den Toren. In Wien kann ein Jude ungestört die gemeinen Spaziergänge benutzen. In Mainz, in Mannheim stehen die Favorite offen, im benachbarten Hanau der Kesselstädter Garten. Auch sonst ist überall den Juden der Zutritt in die Spaziergänge verstattet, nur uns soll der Gang um die Tore verboten sein ...« In dieser bescheidenen Petition sah das Frankfurter Bauamt einen neuen Beweis »von dem grenzenlosen Hochmut dieses Volkes, das alle Mühe anwende, um sich bei jeder Gelegenheit den christlichen Einwohnern gleich zu setzen«. Und es schilderte die furchtbaren Folgen, die – würde man nachgeben – einträten: jeder würde durch das Tabakrauchen der haufenweise sich herumtreibenden Judenhorden belästigt werden, Bäume und Hecken wären in Gefahr, und die vornehmen Leute würden eine schlechte Meinung von der Polizei bekommen – wenn sie mit diesen schmutzigen und stinkenden Individuen zusammenträfen. Und während die Großväter schon Anerkennungsschreiben der ersten europäischen Höfe erhielten, wuchsen im Jahrhundert Voltaires die Enkel noch auf in der übervölkerten, düsteren, muffigen, schmutzigen Gasse, unter den Gesetzen, die das beginnende siebzehnte Jahrhundert gegeben hatte. Noch wurde die von Kaiser Matthias genehmigte »Stättigkeit« alle Jahre in der Synagoge von Ratschreibern öffentlich verlesen: die Juden durften sich nicht Frankfurter Bürger nennen (in Börnes Paß stand: juif de Francfort), nicht mehr als fünfhundert Familien durften eingeschrieben werden, nur zwölf Paare durften jährlich heiraten, nur sechs Personen durften jährlich aufgenommen werden – mit der Verpflichtung, nur einen Angehörigen dieser Gasse zu heiraten. Nur zu zweit durften sie die »Reichsstadt«, vor allem den »Römer« betreten; nur längs der Häuser seiner Ostseite durften sie auf den Römerberg oder auf den Platz vor dem Rathaus kommen, und auch nur zur Messezeit. Ausnahme: wenn sie das aus Gewürz bestehende Neujahrsgeschenk brachten. Wenn die Juden zahlten, waren sie rein. Nachts oder an Sonn- und Feiertagen durfte nur der die Gasse verlassen, der zum Arzt oder zum Apotheker wollte. Und als ihnen 1784 der Sonntagsausgang nach fünf Uhr nachmittags gestattet wurde, dankte der Gemeindevorsteher überschwenglich für diesen »tief zu verehrenden Beweis der Gnade und der Menschenliebe, welche sie und ihre Nachkommen bis in die spätesten Geschlechter rühmen und preisen wollten«. Fußwege und Promenaden – »wo ein grüner Raum, kein Jude« – waren ihnen verboten; sie durften nur auf der Fahrstraße gehen. Von öffentlichen Festlichkeiten waren sie ausgeschlossen, und während sie bei den Kaiserkrönungen in ihrer Synagoge heiße Gebete für das Wohlergehen des neuen Herrn zum jüdischen Gott sandten, bewachte das Militär des Christengottes die Ghettotore: damit kein Jude die festliche Stadt entstelle. Wenn ein Jude eine dieser Vorschriften verletzte, so konnte ihm der erste beste, der erste schlechteste den Hut vom Kopf schlagen: »Mach Mores, Jud'.« Auch der junge Meyer Amschel Rothschild mußte noch Mores machen – bevor er der Herr seiner Herren wurde. »Mach Mores, Jud'«: das war der Steinwurf, mit dem man den Hund Jude wegjagte.

Sie waren leicht zu erkennen. Nachdem der Zwang zum Tragen der zwei auf den Rock genähten, unbedeckten, konzentrischen gelben Ringe, der spitzen grauen Hüte und des blaugestreiften Schleiers für Judenweiber aufgehoben war, bildeten sich spezifische Juden-Trachten heraus: die Männer trugen schwarze Mäntel, schwarze Hüte, Kleider von dunklen Farben und einen übergeschlagenen Kragen von weißer Leinwand. Die Reicheren einen weißleinenen Faltenkragen nebst einem Hut von schwarzem Tuch zur Synagoge, den sogenannten Schabbes-Deckel. Die Frauen hatten am Sabbath einen steif gestärkten blauen Schleier von Leinwand, Witwen ein weißes, hinten herabhängendes, eine Elle langes Leinentuch. Immer neue Kleider-Ordnungen regelten das Einzelne: vor allem den Schmuck, den sie tragen durften. Aber eins war schlimmer als das Kleider-Diktat, als der Hausarrest bei Krönungen, als der begrenzte Ausgang, als der numerus clausus für Ehen – das war die Juden-Stadt, die ein Gäßchen war: und dieses Gäßchen war eine Pfütze.

Auch nach den großen Bränden bewilligte der Rat nicht mehr Boden für die übervölkerte Judengasse: so wurde immer wieder das alte Elend neu aufgebaut. Die weit hervorragenden Überhänge der vier bis fünf Stockwerk hohen, schmalbrüstigen, ineinander verschachtelten zweihundert Häuser, »die Käfige der beschnittenen Vögel«, verfinsterten noch diesen finsteren Schlauch. In die eine Häuserreihe drangen von der Rückseite her Abtritte und Turm des Dominikanerklosters, der sogenannte Mönchsturm, ein. So beschrieb die Gasse ein Reisender am Ende des achtzehnten Jahrhunderts: »Stellen Sie sich eine lange Straße vor, welche über eine halbe Viertelstunde lang und von Häusern eingeschlossen ist, die fünf bis sechs Etagen hoch sind. Denken Sie sich diese Häuser mit Hinterhäusern und diese womöglich nochmals mit Hinterhäusern, die kaum soviel Hofraum haben, daß das Tageslicht hineinfallen kann; alle Winkel bis an das Dach hinauf voll enger Stuben und Kammern, in diesen 3000 Menschen zusammengeschichtet, welche sich glücklich schätzen, wenn sie ihre Höhlen verlassen und auf ihrer schmutzigen und feuchten Straße Luft schöpfen können.« Selbst die christlichen Nachbarbewohner der Allerheiligengasse kamen um Beseitigung der die Gasse einschließenden ehemaligen

Stadtmauern ein, die dem Ghetto wohl ein besonders abstoßend-graues Gepräge gaben: »Hinter einer 30 Fuß hohen, alten, schwarzen Mauer ragen die Dachgiebel von 8–10 Fuß breiten Hinterhäusern vor. Die Dächer sind mit einer Menge von Schornsteinen besetzt. Nachtgeschirre, schmutzige Bettungen und dergleichen prangen aus den Gauplöchern und oberen Fenstern heraus, oder wo diese mangeln, zeigen sich zerbrochene Fensterscheiben, die das Ziel der mutwilligen Jugend sind.« Viele Häuser waren ohne Klosetts. Die Nachtstühle, die sie ersetzten, wurden von eigens zu diesem Zweck angestellten Weibern ausgeleert. Die Abzugskanäle lagen zum Teil offen da. Ein Argument, mit dem der Rat die Überwölbung ablehnte: diese Jauche »mache beim Löschen von Bränden den besten Effekt«. Die Spülung war unzureichend. Die Folge schilderte der Reisende: »Beim Eintritt in die Gasse brodelte mir ein Quell von Gestank entgegen, der meinen Geruchswerkzeugen vorher noch ein ganz unbekanntes Phänomen war. So bedurfte es keiner weiteren Überzeugung, daß ich mich in der Judengasse befand.« Und die Menschen trugen die Farben ihrer Gasse: »Es wäre nicht nötig, sie zu zwingen, daß sie sich durch ihre kurzen schwarzen Mäntel und Krägen von anderen unterscheiden sollten; ihr totenblasses Angesicht zeichnet sie auf eine betrübte Weise von allen anderen Einwohnern aus.«

Die Innenarchitektur der Häuser glich der Straßenfassade. In manchem Haus führte die Treppe nicht bis zum Dachstuhl; stattdessen gab es eine Leiter, die man bei Verfolgungen hinaufziehen konnte, eine primitive Zugbrücke. Die Keller der Nachbarhäuser waren zum Teil durch verdeckte Türen verbunden – für den Notfall der Flucht. Die isolierten Dachstühle und die Keller-Katakomben demonstrierten den Charakter der Ghettohäuser, defensive Innenarchitektur. Aber sie bestimmte nicht allein die Eingeweide der Judengasse. An einem Sabbath-Vormittag, elf Uhr, geht der zehnjährige Börne durch seine Heimat. Am Eingang der Gasse:

ein Adler-Monument, Dank der Juden an den Kaiser für Schutz gegen die Wut der Frankfurter Bürgerschaft. Nur wenig Himmel ist sichtbar, daß die Sonnenscheibe gerade noch ganz zu sehen ist. Es riecht nach Fäulnis. Er watet durch Dreck. Nur behutsam geht er vorwärts, um nicht auf Kinder zu treten. Diese Kinder – ohne Hof, ohne Garten, in dem sie spielen könnten – plantschen in der Gasse herum. Börnes Cousine sieht aus dem Fenster. Er will zu ihr. Er muß sich bücken, um ins Haus zu kommen. Innen ist alles dunkel, eine ägyptische Finsternis. Er schlägt sich den Kopf an den Wänden. Er klettert die Stiege unzählige Stufen hinauf. Er geht in ein Zimmer, das verfinstert wird vom Rauch des gegenüberliegenden Hauses. Falsch! Das Zimmer der Cousine gehört zu dem Nachbarhaus. So sehr sind die Häuser ineinander verheddert, daß eine Tür unmittelbar senkrecht unter einem Fenster liegen kann – das zu einem zwanzig Schritt entfernt liegenden Haus gehört: die Folge davon, daß man oft eine oder mehrere Stuben des einen Hauses an Bewohner des Nachbarhauses verkauft und die Scheidewand durchbrochen hatte. Dieses Erlebnis des jungen Börne gehört dem Jahre 1796 an – in welchem Jahr Goethe und Schiller sich über die Grundfragen der Kunst, Fichte über die ›Grundlage des Naturrechts nach Prinzipien der Wissenschaftslehre‹ verbreiteten, fünf Jahre, nachdem die Konstituierende Nationalversammlung in Frankreich die jüdische Bevölkerung der christlichen gleichgestellt hatte, vierzehn Jahre, nachdem der fortschrittliche Joseph II. das Toleranzpatent erlassen, das ihm unter anderem eine enthusiastische Klopstock-Ode eingetragen hatte, weil er den Juden »die rostige, eng angelegte Fessel vom wunden Arm gelöst«. Und die Judengasse, »wohin das hochgepriesene Licht des achtzehnten Jahrhunderts noch nicht hat dringen können«, stank ... Kurz darauf brannten französische Kugeln bei einem Bombardement einen Teil dieser Gasse herunter. Die Mauer, welche die Juden »von des Lebens Freuden trennte, ward nicht ganz niedergerissen, aber doch durchlöchert, und die gefangenen Tiere schlüpften jubelnd hindurch, um nach vielen hundert Jahren zum erstenmal des Himmels freie Lüfte einzuatmen. Man mußte den Abgebrannten die Erlaubnis geben, sich in der Christenstadt Wohnungen zu mieten.« Die *Ideen* der französischen Revolution waren auch durch die verschlossenen Tore gedrungen, hatten geharnischte, auf die Menschenrechte pochende Eingaben an den Rat, hatten eine Spaltung zwischen konservativ-reaktionärer und fortschrittlich-humaner Juden-Partei gezeitigt. Aber erst die Kugeln der französischen Revolution rissen die Tore auf.

Börne hatte seine Judengasse nicht nur pathetisch-anklägerisch, oft genug als Humorist geschildert. Als er nach den ersten Trennungen »die finstere Behausung« wiedersah, tat es ihm wohl: daß ihm »noch so viel Herzlichkeit und jüdischer Sinn übriggeblieben war«, um »bei einem Anblick, der lächerlich ist«, nur gutmütig »zu lächeln«. Was war selbst für einen wohlwollenden Beobachter an dieser Judengasse »lächerlich«? Ihre öffentliche Intimität, die Ausschüttung ihres Innen nach Außen, die Verschmelzung von Straße und Haus. Man betrachtete diese Gasse als einen großen Familiensaal, in dem man alles tun und lassen darf, was man in seinem Hause zu tun und zu lassen gewohnt ist. Da waren »die Töchter Abrahams ... im nachlässigsten Morgengewande, halb sitzend, halb liegend« zu sehen: die Herren spazierten »im Schlafrock und Pantoffel, die Damen in ihren Nachthauben« herum. »Die jungen Frauenzimmer zeigten sich in Negligés, als wären sie in ihren Schlafstuben. Sie saßen auf Bänken vor ihren Häusern und deklamierten Schillers Gedichte. Sie nahmen daselbst ganz ungeniert die Besuche ihrer Liebhaber an. Man trank auf der Straße seinen Kaffee, man rauchte, man zankte, man küßte sich; kurz, man tat wie zu Hause.« Die Männer schwatzten soviel, daß der einundzwanzigjährige Gast bemerkte: »Das mosaische Gesetz spricht: Am siebenten Tag sollst Du Deinen Knecht ruhen lassen und Deine Magd; aber sind sie denn Herr ihrer Zunge?« In dieser öffentlich-intimen großen Judenstube entsteht plötzlich ein Lärm. Einer schreit: O Kartoffelsuppe, o Zwiebelsuppe, o Sauerkraut! Alles läuft zusammen. Auch der junge Gast Börne mischt sich in den Tumult. Was ist? Die Köchin hatte einige Töpfe mit Speisen aus dem Gemeinde-Backhaus geholt. Sie hatte auf jeden Topf ein Kartenblatt gelegt, um ihre Töpfe kenntlich zu machen. Es ist Ostern. Zu Ostern dürfen die Juden nichts Gesäuertes essen. Die Kartenblatt-Pappe hat durch ihre Berührung mit dem Topf die Speisen verunreinigt. Der Rabbiner entscheidet: lagen die Karten mit den Bildseiten auf den Töpfen, so stellen diese Bildseiten Farbenmauern zwischen Kleister und Speise dar; im andern Fall ist die Speise verunreinigt worden. Die ›theologische Chemie‹ einer durch Abschnürung, durch künstliche Isolierung in Marotten geflüchteten Menschengruppe.

Das Börne-Lächeln über ihre Gasseninterieurs, über ihre Ritusspielerei, geboren aus einer intimen Distanz, entstammte seinem Humor. Der hasserische Sarkasmus gegen ihren Materialismus, geboren aus einer absoluten Fremdheit gegenüber wirtschaftlichen Interessen, entstammte seinem Moralismus. Und da er mehr Moralist war als Humorist, mehr Gestrenger als Lächler, mehr Richter als Weiser, wurde er weniger der Mark Twain als der Swift dieser Judengasse. Er fand: während jeder Christ eine Zentralsonne setzt, deren Trabant er ist (Landesfürst oder Staat oder etwas Drittes), ist jeder Jude, noch der geringste, sein eigener Mittelpunkt. Aus dieser Entdeckung wuchsen zwei große Angriffe seines Lebens: gegen die Deutschen, weil sie immer dienten; gegen die Juden, weil sie immer schacherten. So stilisierte der deutsche Jude Börne die beiden großen Gegner seines Lebens: die Deutschen wollte er aus dem Ghetto ihrer Sklavenart, die Juden aus dem Ghetto ihrer Geldgier befreien. Börne sah auch die unsichtbaren Ghettos.

Sein pathetisches Eintreten für die Judengasse, sein humoristisches Abzeichnen ihrer Gewächse, sein hasserisch-sarkastisches Fixieren ihrer menschlichen Unzulänglichkeit – diese drei Einstellungen des Größten, den diese Gasse hervorgebracht, spiegelt dreimal ihr Schicksal: ihre Tragödie, ihre Komödie, ihre unheroische Existenz.

Familie Baruch und Sohn Löw

»Liebe, Ehre, Gewinnsucht, alles, was sonst die Menschen zur Tätigkeit antreibt, macht mich nur matt, weil ich schon zu viele innere Reize habe.« Börne

Nummer 118 wohnte die Patrizierfamilie Baruch. Sie war wohlhabend und angesehen in der Frankfurter Judenschaft. Der Großvater, der in Bonn lebte, Finanzagent am ehemaligen Kurfürstl. Köllnischen Hofe und ein »feiner Mann«, ehrerbietig von Kindern und Enkeln begrüßt, wenn er im Frankfurter Gasthof zum Weißen Schwan einkehrte, hatte Maria Theresia verpflichtet, und Maria Theresia hatte ihm in einer Urkunde jede Hilfe versprochen, falls er oder eins seiner Kinder sich in Österreich niederlassen würde. Börne wäre später fast ein Opfer dieser kaiserlichen Huld geworden.

Vater Jakob, »Handelsjude in Wechselgeschäften«, hat im Frankfurter Stadtarchiv folgende Aktencharakteristik: »... hat Verstand, ist ein Hofmann, bald altgläubig, bald Neolog, wie eine Wetterfahne.« Börne schilderte ihn als »weltklug«, als einen »Mann des Korrekten«. Jakob Baruch war ein strenger, verschlossener Mann. Patriarchalisch erzogen, war er auch in seinem Hause ganz *pater familiae.* Er hatte seine großen Anlagen, die Gabe der schnellen Auffassung und der schnellen Anpassung, nicht fortentwickeln können. Seinem Vater zuliebe wurde er ein Honoratior der jüdischen Gemeinde, Inhaber ihrer Ehrenstellen, Repräsentant ihrer Politik – und Diener des Ansehens, das er genoß; ein unfreier Mann, der sich bei den höchsten Herrschaften größter Beliebtheit erfreute. Der Geheimrat von Götz beglückwünschte die jüdische Gemeinde zu ihrem Wiener Kongreß-Delegierten Jakob Baruch: »Dabei kommt ihm seine

Bildung, welche er an den Höfen und dem Umgange mit Menschen vom besten Charakter erhalten, seine Menschenkenntnis, sein angenehmer und reiner Vortrag und sein Phlegma vorzüglich zu statten, und diese tugendhaften Eigenschaften verschaffen ihm auch überall Eingang, gute Aufnahme und gefällige Rücksicht auf das, was er für seine Gemeinde kurz, bündig und lichtvoll anbringt.« Ein typischer Ghetto-Jude: er beherrschte die Situation mit dem Verstand und ordnete sich ihr unter mit dem Rücken. Er war *über* den Dingen durch seinen Kopf; und *unter*warf sich, weil er die Stellung seines Volkes kannte. »Er hatte zu viel Verstand für seine Stellung«, so urteilte Börne. Aber er hatte auch den Verstand seiner Stellung, das »zu viel Verstand« nicht in Erscheinung treten zu lassen. Er war ein konservativer Revolutionär: Revolutionär durch die geraden Konsequenzen seiner Gedanken, konservativ durch die praktische Klugheit seiner Lebensführung. Bis ins Letzte enthüllte ihn sein Verhältnis zu seinem Sohn Börne. »Ich lese gern, was in seinen Schriften steht, aber ich wünschte nicht, daß es mein Sohn geschrieben.« In dieser Mischung von theoretischem Liberalismus und praktischem Opportunismus kennzeichnete sich die jüdische Situation, aus der Börne kam, die Börne überwand: der sprengte die Gasse nicht durch die Einsichten, die wohl schon Gemeingut ihrer hellsten Köpfe waren, sondern durch den Mut, diese Einsichten mit der ganzen Rücksichtslosigkeit einer ungehemmten Leidenschaft in den europäischen Gesellschaftsbau hineinzuschießen. Vater Jakob las gern die Schriften des Sohns Ludwig: hier stand vieles schwarz auf weiß, was ihm auch schon eingefallen war als klugem Beobachter der Welt-Händel und der Frankfurter Angelegenheiten. Der Sohn notierte wohl manche Erfahrung des Vaters. Und doch hätte der Vater gewünscht, es wäre nicht gerade *sein* Sohn, durch den Ärgernis kommt in die Welt. So sehr ihn erfreuen mußte, daß tausend stumme Gedanken einen Mund, tausend gestaute Wünsche einen Arm bekommen hatten, so sehr zitterte doch sein gebeugter Rücken über die Gradheit neben ihm – über die Gradheit eines Juden. Und dieser Jude war *sein* Sohn.

Dieser Sohn Juda Löw Baruch wurde im Todesjahr von Lessings Freund Moses Mendelssohn, der das Judentum in die deutsche Literatur eingeführt hatte, am sechsten Mai 1786 als drittes Kind der Ehe Jakobs mit Julie Grumpertz geboren. Er war im Verhältnis zu seinen beiden Brüdern und seiner Schwester körperlich dürftig. »Sorle war meine Amme, ein kleines, schwarzes Wesen mit feurigen Augen, ganz Nerv, ohne Fleisch und Knochen. Woher Fleisch und Knochen? Das ganze Jahr nichts Kräftiges zu essen, und die ganze Woche mit mir eingesperrt in der Judengasse und am Sonntag nicht weiter als auf die Zeil.« Späte Erinnerungen beim Anblick einer Muster-Amme in Ems an die verewigte Sorle: »Sooft ich nun diese köstliche Amme sehe, seufze ich: Ach, wäre deine Sorle eine Hochländerin gewesen, dann brauchtest du nicht alle Jahre nach Ems zu reisen, dich zu flicken.« Im Haus war noch ein Majordomus: die alte Köchin Elle, die Hauspolizei. Sie neckte den schwächlichen, unansehnlichen Knaben und setzte ihn gegen seine Geschwister zurück. So war er unter Parias noch einmal ein Paria. Gegen diesen letzten Druck auf das winzigste Element im Bau der bürgerlichen Gesellschaft, auf den häßlichen kleinen Juddebub Löw wendete schon der Knirps die Waffe, mit der später der klassische Polemiker die mächtigen Bollwerke europäischer Niederträchtigkeiten stürmte: den aggressiven Witz. Trat sie ihn: »Wirst du Rabbi, so läßt sich die ganze Gemeinde taufen«, dann parierte er: »Nun, so bleibe ich der einzige Jude und verderbe deinen beiden Söhnen ihren Handel.« Schlug sie zu: »Du kommst gewiß in die Hölle«, dann fing er den Schlag auf: »Das tut mir leid, so hab ich auch im Jenseits keine Ruhe vor dir.« Man gab ihm den Spitznamen »Katev«, das heißt: Witzbold. Löw hatte den Witz des Unterdrückten, den *schlagenden* Witz, der verteidigend angreift. Sein Witz war sublimierter Gegenschlag. Sein Witz war Verschiebung des Kampfes in eine Ebene, in der auch Löw Waffen hatte, in der Ludwig europäischer Sieger werden sollte: in die Ebene der kämpfenden Vernunft, der *ratio militans*. Am Beginn steht der Katev Löw Baruch. Am Ende steht Ludwig Börne, dessen Witz europäische Wirklichkeiten unterhöhlte.

Löw Baruch zeigte das Merkmal aller selbständigen Naturen: er hatte nicht viel Interesse für den Lernstoff, ging aber mit um so größerer Zähigkeit den Fragen nach, die auf dem Weg seiner Gedanken lagen. Sein erster Lehrer, Jakob Sachs, hatte für diesen Jungen den Vorzug, daß er selbst noch tastete, und daß er von den aus Berlin strömenden Reform-Ideen Mendelssohns und Friedländers aufgelockert war. Löw stürzte sich mit jener Logik, welche die Leidenschaft des Verstandes ist, in das Gestrüpp konfessioneller Problematik: »Sie lehrten mich immer, die Christen hielten auch etwas aufs Alte Testament; aber steht denn nicht im Alten Testament: Du sollst den Fremden nicht kränken, denn einst warst Du auch ein Fremder im Lande Ägypten?« Myriaden solcher Fragen werden immer wieder von denen gestellt, die frisch die Augen aufschlagen und in tausend Rätsel blicken. Aber diese Fragensteller sind bald stumpf vor der Fülle der Fragen, und nur die Wenigen halten durch bis zur Zeit, wo sie auch antworten können. Der junge Löw teilte mit vielen aufgeweckten Kindern die Gabe, viel fragen zu müssen, aber nur mit wenigen Auserwählten die wichtigere Gabe, später zu bündigen Antworten zu kommen. Ein Löw Baruch fragte – der Ludwig Börne antwortete. Der Knabe zeigte schon, daß einmal ein Antworter aus ihm werden würde. Denn Mut zur Konsequenz ist die Vorbedingung jeder großen Antwort. Von Sachs erfuhr er, daß außer den Juden noch andere Gruppen des Gemeinwesens unter Ausnahmegesetzen stünden; zum Beispiel die Katholiken. War nicht auch der Kaiser Katholik? Und Löw führte diesen Zustand zu seiner zwingenden logischen Folge: »Kaum haben sie ihn kürzlich mit großem Gepränge gekrönt und, wollte er hier bleiben und in Frankfurt ansässig werden, könnte er nicht einmal Torschreiber werden.« So taucht hier in den ersten Umrissen eine seiner zu größter Meisterschaft ausgebildeten Kampfmethoden auf: die logische Konsequenz einer realen, aber sinnlosen Situation so zu ziehen, daß in der entstehenden Paradoxie das vorher latente Prinzip offenkundig lächerlich wird. Tausende nahmen es für selbstverständlich hin, daß Katholiken nicht Torschreiber werden können. Erst das Paradox, daß in Konsequenz dieser Selbstverständlichkeit auch ein katholischer Kaiser nicht Torschreiber werden kann, stößt die Gleichgültigen, die Vernunft-Blinden mit der Nase auf einen Zustand, den ihre abgehärteten Schleimhäute nur bei dieser ungewöhnlichen Reizung wirklich erriechen können.

An der Paradoxie der Konsequenzen sollt ihr den Unsinn erkennen: das war Börnes pädagogisches Mittel schon zu einer Zeit, als er selbst noch Schüler war. Er machte mit seinem Lehrer einen Spaziergang um die Tore Frankfurts. Es regnete stark. Der Fahrweg war völlig aufgeweicht. Löw wollte zum Fußweg. Der Lehrer erinnerte ihn an die Stättigkeitsvorschrift, die den Juden Fußwege sperrte. Löw wendete ein: »Es sieht's ja niemand.« Sachs moralisierte über die Heiligkeit der Gesetze. Und Löw erwiderte mit einem Argument, das gegen alle geschriebenen Gesetze für die gesetzgebende Kraft der in den individuellen Fall eindringenden Vernunft plädierte: »Ein dummes Gesetz! Wenn es nun dem Bürgermeister beikäme, daß wir Winters kein Feuer machen dürften, würden wir da nicht erfrieren?« Das Zu-Ende-Denken, das Konsequenz-Denken ist der Sieg des Lebens über das Gewordene. Schon der junge Börne war ein Sieger.

Und noch durch ein zweites Merkmal unterschied sich Löw Baruch von anderen, vor allem auch von der Art des Vaters. Er gehörte nicht zur verbreiteten Rasse derer, die gesondert denken und handeln, sondern er zeigte sofort den Sinn seiner Existenz, der war: Kontakt zwischen Idee und Realität. Als er damals von zwei Bettelknaben angesprochen wurde, gab er dem christlichen den Vorzug. Sein Lehrer Sachs fragte nach dem Motiv, und Baruch-Börne antwortete: »Haben wir gestern nicht in den Sprüchen Salomonis gelesen: ›Du sollst glühende Kohlen auf das Haupt Deines Feindes sammeln‹?« Wie artistenhaft-talmudistisch wirkt gegenüber dieser vitalen, wirklichkeitssüchtigen Logik der magisterhaft-spitzfindige Einwand des Lehrers: die Christen wären nicht die Feinde der Juden. Vernebelung einer strahlenden Logik.

Löw hatte noch andere Lehrer. Er ging in die Stadt zum Schreiblehrer Ernst. Er wurde – ohne viel Erfolg – im Klavierspielen und Flöteblasen unterrichtet. So lernte er Christen aus eigener Anschauung kennen, zum Beispiel seinen Französischlehrer, den Abbé Marx aus Nancy. Der Abbé entsprach nicht seinem Begriff von einem Christen, und da die jungen Adepten der Idee beim Konflikt zwischen Begriff und Wirklichkeit geneigt sind, den Begriff zu verteidigen gegen die Wirklichkeit, fand Löw den Ausweg: »Herr Marx ist ein Franzose, und die Franzosen sind keine Christen mehr.« Doch immer näher rückte an den Ghetto-Juden die christliche Realität heran. Da war der Pfarrer Hufnagel, ein sympathischer Mann, von großer Loyalität gegen die Juden. Also konnte ein Christ doch liebenswert sein? Und Löw fand den letzten Ausweg: »Nun, er ist auch kein Frankfurter.« Noch einmal rettete der Ghetto-Jude seinen Ghetto-Begriff vom Christen.

Vielleicht war es diese geistige Regsamkeit, die den Vater bestimmte, Löw zum Studium vorzubereiten, und die ihn zugleich immer wieder abhielt, den Knaben in öffentliche Lehranstalten zu schicken, in denen seine orthodoxe Erziehung untergraben werden könnte. Der Vater wußte, daß *die* Knaben die gefährdetsten sind, die zu selbständigem Denken neigen. So ließ er ihn vom Gymnasialrektor Professor Mosche privaten Lateinunterricht geben und schickte den Vierzehnjährigen dann nach Gießen in das Pensionat des

Orientalisten Hetzel. Für Gießen sprach außer der Nähe noch, daß Löw hier bei entfernten Verwandten rituell essen konnte. Von diesen Verwandten hat er in den zwei Jahren seines Gießener Aufenthaltes kaum Gebrauch gemacht. Er war selig über den Milieuwechsel. Er fühlte sich im Hetzel-Haus wohl.

Damals gab es für die Juden nur einen einzigen akademischen Beruf, der Chancen hatte: die Medizin. Löw sollte Mediziner werden. Wieder suchte der Vater einen Weg, den Jungen ausbilden zu lassen, ohne ihn den Gefahren einer öffentlichen Bildungs-Anstalt auszusetzen: er gab ihn zu dem berühmten Arzt und Philosophen Dr. Marcus Herz nach Berlin in Pension. Herz, der in Königsberg studiert hatte, war einer der angesehensten Ärzte und philosophischen Schriftsteller seiner Zeit. Kant hatte ihn einst beim Antritt seiner Professur zum Respondenten gewählt. Marcus Herz mußte auf den berühmten Vortrag ›De mundi sensibilis atque intelligibilis forma et principiis‹ antworten. Herz war mit Arbeiten überlastet. Neben seiner ärztlichen Tätigkeit hielt er in dem Berlin, das noch keine Universität hatte, stark besuchte populär-philosophische Vorträge. Kants Protektor, der Staatsminister von Zedlitz, der bei Herz hörte, machte ihn zum Professor der Philosophie mit einer lebenslänglichen Rente; eine Ehrung, die noch keinem Juden zuteil geworden war. Herz hatte auf Löw kaum Einfluß: einmal, weil er zu beschäftigt war, um sich dem blutjungen Medizin-Adepten wirklich widmen zu können, dann auch, weil er schon ein Sechziger war, zu entfernt diesem beginnenden Leben, vor allem aber, weil er ein von Kantischem und Lessingschem Geist geprägter Rationalist war, kaum geeignet, einen verschlossenen kleinen Frankfurter Ghetto-Juden in den Pubertätsjahren vorsichtig zu öffnen. Seine Frau, die berühmte Henriette Herz, schilderte in ihren ›Erinnerungen‹ Marcus' geistige Haltung: »Mein Mann (älter als ich), mit Lessing persönlich befreundet, in diesem nicht nur den größten Kritiker der Deutschen, sondern, in Widerspruch mit Lessings eigener Ansicht, einen großen Dichter achtend, wies selbst in der schönen Literatur alles zurück, was nicht mit Lessingscher Klarheit und Durchsichtigkeit geschrieben war. Er teilte diesen Sinn mit mehreren seiner Freunde, unter anderen mit David Friedländer. Als dieser eines Tages mit der Bitte, ihm eine dunkle Stelle in einem Goetheschen Gedicht zu erklären und die stille Hoffnung im Herzen, er werde es nicht vermögen, zu ihm kam, wies er ihn mit den Worten an mich: ›Gehen Sie zu meiner Frau; die versteht die Kunst, Unsinn zu erklären . . .‹ Mit dem Auftauchen der romantischen Schule steigerten sich nun vollends meine ästhetischen Leiden. Hier war für Herz alles unwahr oder unverständlich. Aber den Höhepunkt erreichten sie mit Novalis. Für die Mystik hat freilich die bloße Wissenschaftlichkeit kein Organ. Und dazu kam, daß auch mir allerdings in den Schriften dieses Dichters manches unverständlich blieb, wenngleich ich seinen Geist und Streben im Ganzen wohl begriff. Herz, der eben in Novalis' Schriften nur blätterte, um seinen Witz an ihnen zu üben, wußte meisterlich eben solche Stellen aufzufinden.« Wäre Baruch schon Börne gewesen, Aufrührer gegen das deutsche Ghetto, dann hätte er wohl in Marcus Herz den Mittelsmann zu den beiden mächtigsten deutschen Revolutionären dieser Epoche verehrt, dann hätte er gesehen, wie er, Ludwig Börne, in unmittelbarer Deszendenz Kants und Lessings Erbe angetreten hatte. Kant hatte den sittlichen Menschen ins Zentrum des Alls gestellt; Lessing hatte den Fortschritt des sittlichen Menschen ins Zentrum der Menschen-Geschichte gestellt; Börne verkündete nicht mehr den Adel der Menschheit, sondern exekutierte Kants und Lessings Verkündung, indem er diesen Adel zur Existenz zu bringen suchte. Aus dem großen ethischen Pathos erwachsen, vollzog Börne die intime Durchführung in der Härte der Wirklichkeit. Kant und Lessing waren der Generalstab der deutschen Aufklärung, Börne ihr Kriegsminister. Auch Lessing verließ schon ab und zu das rote Haus des reinen Planens und lieferte der Wirklichkeit eine Schlacht, aber erst Börne wandte sich mit seiner ganzen Kraft von der Gesetzfindung zur Exekutive. Sein Werk ist das Schlachtfeld geworden, auf dem Ideen Wirklichkeiten verwundeten, Wirklichkeiten töteten.

Als er im Haus des Aufklärer-Gelehrten Marcus Herz war, wußte er noch nicht, daß eine späte geistesgeschichtliche Topographie ihn zum Erben und Mehrer des Geistes machen würde, der hier herrschte. Er war sechzehn Jahre und sah nicht Marcus, sondern Henriette. Die »tragische Muse«, die »schöne Tscherkessin« war eine majestätische Gestalt mit einem kleinen, zierlichen, vollendet schönen Kopf. Wilhelm von Humboldt, Mirabeau, Schleiermacher, mit dem sie eine romantisch-empfindsame Freundschaft verband, beteten sie an. Die geistreich-anempfindlerische Jüdin stand im Mittelpunkt des gesellschaftlichen Interesses und Klatsches. Die zeitgenössische Karikatur, in der sie den unansehnlichen Schleiermacher wie einen Schirm in der Hand trägt, erzählt etwas von den Affären um sie. Sie war damals achtunddreißig. Sie hatte einen berühmten Salon, von dem sie »ohne Übertreibung sagen« konnte, »daß er in nicht langer Zeit einer der angesehensten und gesuchtesten Berlins wurde«. Es gab damals keinen Mann und keine Frau, »die sich später irgendwie auszeichneten, welche nicht längere oder kürzere Zeit, je nachdem es ihre Lebensstellung erlaubte, diesem Kreise angehörten«. So: Wilhelm von Humboldt, Schleiermacher, Mirabeau, Gentz, August Wilhelm Schlegel, Johannes von Müller. Löw sah nicht Marcus, nur Henriette: er verliebte sich. Und gestand ihr, als Marcus ein Jahr nach Löws Ankunft starb, seine Liebe. Sie erklärte ihm, »seine Liebe zu nichts brauchen zu können«. Löw-Werther schrieb aufs Papier: »Ich bin ein Mensch – Sie haben mein Urteil gesprochen. Ich kann nicht bestehen. Sie gossen Öl zu der Flamme, es verzehrt mir mein Herz. Ich muß zugrunde gehen, wenn ich noch länger in Ihrer Nähe bleibe. Ich will fort von hier, das will ich meinem Vater schreiben. Ihre Vernunft wird mich tadeln, Ihr Herz mich bedauern! Lachen Sie? – So möge Sie in Ihrer Todesstunde das Gedächtnis verlassen, daß Sie sich dieses Vergehens nicht erinnern. Mir zittert die Hand, mir klopft ängstlich das Herz. Ich konnte nicht länger an mir halten. Das Haus steht in Flammen, ich muß mich retten, sonst gehe ich zugrunde.« Eine Kinderkrankheit. Aber nicht auf die Krankheit, sondern auf den Kranken kommt es an, und Löw gehörte zu denen, die zugrunde gehen *können.* Seine Aufzeichnungen über diese Liebesleidenschaft waren keine Empfindsamkeits-Posen, sondern Niederschläge einer ernsten Krise. Henriette Herz, der diese Jungen-Leidenschaft schmeichelte, die von dieser Jungen-Leidenschaft erschreckt wurde, schilderte in ihren »Erinnerungen« die ganze Gefahr der Situation: »Er war nicht lange bei uns, als mein Mann starb, aber er bat mich so dringend, ihm ferner den Aufenthalt in meinem Hause zu gönnen, daß ich, die ich füglich seine Mutter hätte sein können, ganz arglos seinen Bitten nachgab. Ich wurde zuerst aus meiner Unbefangenheit aufgeschreckt, als mir eines Tages, da ich mich eben bei meiner Mutter befand, von einem meiner Dienstmädchen ein von ihm an den Apotheker Lezius in der Königsstraße gerichteter Zettel gebracht wurde, in welchem er diesem unter Beifügung von zehn Friedrichsdor, als Zahlung seiner Rechnung, welche bedeutend weniger betrug, bat, ihm durch Überbringerin eine Dosis Arsenik zu schicken, weil er in seinem Zimmer sehr von Ratten und Mäusen geplagt sei und seine Abwesenheit während einer vorhabenden kurzen Reise zur Vertilgung derselben durch dieses Mittel benutzt werden solle. Dem Mädchen war jedoch sowohl der Inhalt des – offenen – Zettels, als das Benehmen des Absenders aufgefallen, und dies war der Grund, weshalb sie das Papier statt zu dem Apotheker zu mir brachte. Ich erschrak so heftig, daß es mir unmöglich war, sogleich nach Hause zu gehen, schickte jedoch sogleich meine Schwester Brenna zu dem jungen Menschen. Und durch sie wurde mir denn zu meiner großen Betrübnis zuerst die Gewißheit, daß er andere Empfindungen für mich hege, als die für eine mütterliche Freundin. Aber sie glaubte ihn zur Vernunft zurückgebracht zu haben.« Kurze Zeit darauf fand das Stubenmädchen einen Zettel, in dem Löw der Henriette erklärte, er werde sie in diesem Leben nicht mehr wiedersehen. Löw konnte also nicht länger in ihrem Haus bleiben. Sie schrieb an seinen Vater und schickte ihn mit des Vaters Einwilligung zu Professor Reil nach Halle. Das Haus Herz war nur eine Episode, nur irgendeine Passage seines Lebens.

Im Hochsommer 1803 kam er bei dem bekannten, von der Schellingschen Naturphilosophie abhängigen Vitalisten Reil an. Der vielbeschäftigte Gelehrte, damals berühmt als Begründer einer neuen Fieberlehre, kümmerte sich nicht mehr um ihn als Herz und sagte ihm sofort bei seiner Ankunft, daß er ihm nicht viel Zeit opfern könne. Entscheidend war: Frau Reil war nicht Henriette, und Halle war nicht Berlin. Nach einem dreijährigen Aufenthalt schrieb er: »Wollte ich doch lieber unter Bären leben, als unter solchen Fleischklumpen. Nicht mit dem besten Herzen, nicht mit der größten Demut kann ich diese Menschen erträglich finden.« Er zeichnete in den Briefen an die mütterliche Freundin Henriette kein schmeichelhaftes Bild von seiner neuen Umgebung: »Ich denke, ein spaßhafter Satan hat, um dem Schöpfer seinen siebenten Tag zu parodieren, dieses Halle erschaffen. Denken Sie sich die Frau eines Landmanns, die mit dem Himmel keift, daß er nicht regnen läßt, und ein Stück grobe haltbare Hausleinwand dem besten Herzen vorzieht, da haben Sie Halle, wie es lebt und träumt. Eine solche Prosa, daß man rasend werden möchte.« Das ist keine Stadt für ihn, der im Hause Herz die Atmosphäre des geistigen Berlin geatmet hatte. Das ist kein häusliches Milieu für ihn, der im Hause Herz auch die Atmosphäre einer hochkultivierten Familie gespürt hatte: »Die Grazien sind im ganzen Hause nicht zu sehen und nicht zu hören. Eine wahre Professorenfamilie! Ich gehe in der Reilin Stube ohne anzuklopfen. Ich kann dabei sein, wenn sie sich morgens die Strümpfe heraufzieht. Die Mägde bringen ein Glas Wasser in der Hand, auf keinem Teller ... Reil kommt abends nach Hause, verdrießlich, hypochondrisch. Er zieht sich andere Wäsche an, dabei darf ein jeder bleiben, das Gesinde, die Kinder, ich. Man setzt sich zu Tische, er tadelt das Essen. Die Reilin macht furchtsame Gesichter. ›Lieber Junge, was fehlt denn dem Essen?‹ Keine Antwort, er steht auf, verläßt das Zimmer.« So warf Löw - angeekelt von soviel Trivialität – seinen ganzen Enthusiasmus auf Schleiermacher, Henriettes Freund, den die Hallenser Universität erwartete. Aber Schleiermacher und Löw: das gab keinen Zusammenklang. Schleiermacher predigte; Schleiermacher war Idealist und stellte sittliche Forderungen, Löw aber wollte nicht in die Schemata der Tugenden hineinkriechen, die der Katheder-Ethiker deduziert hatte. Liebe mich, dachte er, »weil ich Louis bin und kein anderer und nichts anderes«. Schleiermacher aber hatte ein System der Pflichten aufgerichtet und maß den kleinen Louis an den großen Pflichten – und verwarf ihn. Louis wollte das Echo – und stieß auf einen kalten, »unausstehlich kühlen« Dozenten. Schleiermacher wollte den Fleiß, den Eifer, die kleine Talent-Pflanze – und stieß auf eine kompliziertere Natur, die unter seinen ethischen Kategorien nicht mehr war als faul, eitel, hochmütig. »Was hat ein gesunder junger Mensch, dem nichts abgeht, trübe zu sein!« Er hat die Entwicklungsidee zu verwirklichen, die nichtsahnende Universitäts-Philosophen auf die Tafel über dem Katheder aufgemalt haben. Gehorcht er nicht diesem Bild, will er sich nicht bessern, stellt er seinen Willen nicht in den Dienst des Ziels, das sie errichtet haben – so geben sie ihn auf. Schleiermacher (»mit seinen dialektischen Augen«) war Idealist – und gab ihn auf. Er kannte nur die Idee, nicht die individuelle Kraft, nur den freien Willen, nicht die geistige Leidenschaft, nur die korrekte Zielstrebigkeit, nicht den unregelmäßigen Durchbruch. Schleiermacher war ein romantisierender Klassizist: er glaubte – trotz aller Gefühlsseligkeit, trotz seiner Neigung zu lyrischer Dämpfung der unmenschlichen Ratio – an die ehernen Formen, denen der Mensch zu dienen hat, während in Louis eine Epoche heraufkam, die im Menschen die irrationelle Quelle fand für alle Lebens- und Geistesformen, die bestimmte, daß der Mensch nur im Dienste der Ideen leben soll, die im Dienst des Menschen wirken. Schleiermacher und Löw: Präludium einer Dissonanz, die das Jahrhundert durchschrillen sollte und in Nietzsches Kampf gegen jeden Platonismus einen monumentalen Ausdruck erhielt.

Drei Jahre blieb Löw in Halle. »Da wurde die Schlacht von Jena geschlagen, die Franzosen kamen, und die Universität wurde aufgehoben. Napoleon fürchtete Europas Heere nicht, aber den Geist fürchtete er – er kannte ihn. Seine Furcht war eines Helden würdig.« Löw forderte in einer ›Rede an die Juden‹ seine Glaubensgenossen zu einer großen allgemeinen patriotischen Opferung auf. Aber schon bei seinem ersten Schritt in die Öffentlichkeit zeigte sich sein Schicksal: der Zensor. »Der Professor Maas, ein friedliebender Mann, ließ dem Buchdrucker sagen, es wäre ohnedies schon alles in Gärung, er möchte das Ding ja nicht drucken.« Dieser »friedliebende« Professor war der erste in der großen Reihe der friedliebenden Menschen, die am Lebensweg Börnes standen, und ihm im Namen des Friedens in den Arm fielen, wenn er im Namen der Gerechtigkeit zuschlug.

Löw wartete den Schluß der Universität nicht ab. Er ging nach Heidelberg; fuhr auf dem Neckar spazieren und besuchte das Mannheimer Nationaltheater. Aber Heidelberg war von Frankfurt schneller zu erreichen als Halle, es war so »nahe an der elektrischen Athmosphäre der Frankfurter Judengasse«, daß ihm »dann und wann von dorther ein Gewitter über den Hals kam«. Der damalige Konflikt zwischen Vater und Sohn war zunächst weniger prinzipieller als konkreter Natur: Löw hatte in Halle größere Schulden hinterlassen, und der Vater konnte sich aus pädagogischen Gründen nicht entschließen, diese Schulden zu zahlen. Aber der Konflikt wuchs zutiefst aus der väterlichen Tyrannis, welche die Freiheit des Sohnes einengte. Vater Jakob sah nicht, daß der Junge selbständig geworden war, und bevormundete ihn nach patriarchalischer Tradition, ohne hinzuschauen, vielleicht ohne erkennen zu können, wer der zwanzigjährige Louis war.

Wer war Löw Baruch aus der Frankfurter Judengasse, der inzwischen der Medizinstudent Louis Baruch geworden war? Ein fauler, eitler, mißmutiger, gezierter junger Mensch, der nicht den Willen zur Pflege seiner großen Anlagen hat – meinte Schleiermacher. Ein disharmonischer Jüngling, dessen Blick Tiefe hat, dessen Art Gewicht hat, und der weder genug Fleiß noch genug Mäßigung besitzt, um aus sich etwas zu machen – klagte die mütterliche Freundin Henriette Herz. Ein ungeratener Bengel, der die Studienjahre nicht nutzt und immer mehr braucht, als er hat – zankte der Vater. Ein reichlich affektierter Narr – wisperte man in Halle. So hörte er zu allen Stunden von allen Seiten: »Raff dich auf, Louis! Setzen Sie sich ein Ziel, Herr Louis! Seien Sie nicht so eingebildet, Herr Louis!«

Und Louis Baruch – Student der Medizin, Pensionär bei Hetzel in Gießen, bei Herz in Berlin, bei Reil in Halle – sieht sich in dem Spiegel: und erblickt ein sieches Gesicht, einen engbrüstigen jungen Mann, dem das Atmen schwerfällt, der Todesgedanken hat und den Tod träumt, der, ein zwanzigjähriger Hypochonder, immer für sein Leben und seine Gesundheit zittert, mehr zum Patienten als zum Arzt geboren. Sieht tiefer hinein in dieses schmale Leben und findet einen Hypochonder, der ein kühler, klarer Beobachter ist, einen Ironiker, der ein großer Sentimentaler ist, einen Verliebten, der von der Liebe nichts hält, vor allem einen Faulpelz, der ein leidenschaftlicher Stürmer ist. Und während all die Professoren und Hallenser und Judengäßler an den Außenwerken dieses Menschen herumtasten: an seinem Seelen-Marasmus, seiner geistigen Zersetzungstendenz, seiner Clownerie (die bald für Idiotie, bald für Wichtigmacherei genommen wird), während die Katheder-Götter mit »tückischer Psychologie«, die sensationslüsternen Kleinstädter mit ebensoviel bornierter Naivität dies merkwürdige Gewächs hochmütig oder neugierig betasten, nimmt Louis Baruch, herrlich gedeckt durch tausend Mißverständnisse, den Louis Baruch aufs Korn und fordert nüchtern noch von den Ursachen der Ursachen Rechenschaft. Er ist – trotz der empfindsamen Ergüsse infolge unglücklicher Liebe, trotz seiner Seelen- und Körper-Hypochondrien – ein unhysterischer, exakter Mensch. Fremd ist ihm der romantischen Dekadenz psychische Riesenwelle zwischen Zerknirschung, tiefster Reue, Selbstpeinigung und Selbstvergötzung. Besonnener als der kleine, Krisen durchlebende Louis über den moralischen Befund seiner Seele Buch führt, kann auch der Papa, der »Handelsjude« Jakob Baruch, nicht Buch geführt haben über getätigte Geschäfte. Vom Sinnenfälligsten geht er immer aus bei seinen Reflexionen über Louis Baruch, von dem, was alle Welt sieht, von seiner Faulheit. Seine Energielosigkeit ist nicht abzuleugnen: »Ich bin schwach, sehr schwach, und nicht gewohnt, meinen Leidenschaften Zügel zu geben.« Aber Louis ist kein Prediger und kein Mönch (weil er von Geburt ein Politiker ist), er klagt sich nicht an und er zerwirft sich nicht mit sich. Er ist zu wach, zu kritisch-nüchtern, um sich etwa eine bequeme Ideologie zu schaffen für seine Trägheit, »eine Decke, mit der ich meine Fehler umhülle«. Er macht nur Inventur vom inneren Besitz, »es kann ein Mensch nie gut werden *wollen,* als bis er es schon geworden ist«. Moral des Genüßlings, der aus der Schwäche gegen seine Leidenschaften eine Stärke macht? Es kommt auf die Qualität der Leidenschaften, nicht auf die Quantität des vergossenen moralischen Schweißes an. Das begriffen nicht einmal die wesentlichsten Menschen seiner jungen Jahre: weder Schleiermacher noch Henriette Herz.

Weshalb war er so träge? Sicher auch, weil der schwächliche Louis schwerer anzukurbeln war als seine vitaleren, aus Kraftüberschüssen lebenden, von überflüssigen Energien berstenden Altersgenossen. Sicher auch, weil dieser Junge aus wohlhabendem Hause weniger Fleißanreiz hatte als arme Studenten, denen ein Termin für den Broterwerb gesetzt war: »Mir ist überhaupt das Bewußtsein sehr übel bekommen, daß meines Vaters Vermögensumstände es mir verstatten würden, so lange als ich nur will auf der Universität zu bleiben; es hat mich sehr faul gemacht.« Sicher auch, weil die Wissenschaft der Medizin ihn wenig interessierte. Aber all das war nicht entscheidend. Entscheidend war: er gehörte zu denen, die nicht durch Aufgaben von außen zu reizen, die nicht durch Gesetzestafeln, welche einer von einem mehr oder minder heiligen Berg geholt hatte, zu bestimmen waren. Alle Motive, die den unselbständigen Menschen zur Erfüllung des von Professoren und Eltern approbierten Lebenswandels stimulieren, verfingen bei ihm nicht. Er mußte warten auf den Einschlag, der ihn traf – und er selbst wurde beim Warten schon ungeduldig und kleinmütig: »Ich fühle nicht das Feuer und die Wißbegierde in mir, die man haben muß, um etwas Großes zu werden.« Er war abhängig von sich. Deshalb konnte er nicht abhängig werden von den Forderungen seiner Umwelt. Da half keine Aufforderung der Herz, »weniger genialisch zu sein«. Er konnte sich nicht mit anonymem Eifer in ein Problem, in eine Pflicht stürzen, weil er selber Probleme und Pflichten zur Welt bringen sollte. Deshalb konnte er auch nicht den Wert von Predigten anerkennen, mußte ihnen lediglich »einen sinnlichen Eindruck« zuschreiben: denn nur, wer von sich aus keine Richtung hat, kann von außen in eine Richtung gebracht werden. Er ahnte die Naturkraft des individuellen Soll, des Befehls, der nur an einen Einzelnen gerichtet ist. Louis, ethischer Individualist, spottete über das Herbarium der konventionellen Solls: »Wie Gewürzkrämer haben sie Pflichten von verschiedener Güte, von verschiedenem Preise und Range. Da gibt es Pflichten gegen sich, gegen seinen Nächsten, und Pflichten gegen den lieben Gott, und eine ist nicht immer mehr wert als die andere.« Diese Zurückhaltung des trächtigen Menschen von dem Rummelplatz der Probleme und der Pflichten löst das Rätsel: daß der ›träge‹ Louis Baruch das perpetuum mobile Ludwig Börne wurde. Und er war – das ist gerade das Faszinierende an seinen früheren Jahren – durch keine Lockung zu einem Eifer zu bewegen, der nicht *sein* Eifer war. Er warb um Schleiermacher – und ließ sich trotzdem nicht verleiten, Schleiermachers wegen für Aufgaben Interesse zu haben, die ihn nicht interessierten. Er wünschte um seiner Liebe zu Henriette Herz willen, Goethe oder Schiller zu sein – und gab ihr trotzdem nicht nach, stürzte sich trotzdem nicht, erotisch stimuliert, in Tätigkeiten, die nicht *seine* Tätigkeiten waren. Er war unbestechlich. Keine gut gedrillte Pflichterfüllung junger Menschen, keine Strebsamkeit braver Lehrlinge ist so erhebend wie das ›Phlegma‹ dieses Menschen, der erst aufbrennen sollte, als es in ihn einschlug, und der Zeit seines Lebens ›faul‹ war, weil er nie unpersönlich-rührig war.

Schon in diesen Jahren ahnte Louis Baruch bisweilen etwas von Ludwig Börne. Es war dann, als wenn eine untere, noch nicht in das Licht gewachsene Schicht plötzlich aufgedeckt würde. Die behutsam sortierende, rational-dialektische Diktion stürzte unvermittelt in ein Furioso aus Pauken und Posaunen: Geburt des aktivistischen Pathos aus der vernünftelnden Selbst-Reflexion. Aber ebenso plötzlich – ihm war »die goldene Mittelstraße zuwider« – ein lahmer Abgesang. War nicht zuvor der spontane enthusiastische Aufbruch gewesen? Hat er nur irgendwelche Mode-Poeten kopiert? Ist er nach kurzer Selbsttäuschung in den konstitutiven Marasmus zurückgefallen? Es ist von unausschöpfbarem Reiz, dieses erste Flügelschlagen eines Raubvogels, der den Dummen die Dummheit, den Gemeinen die Gemeinheit rauben sollte. Es ist von unauskostbarem Reiz, wie plötzlich, mitten zwischen den Ergüssen des unglücklich Verliebten und des unglücklich Isolierten, mitten zwischen all den eitel-geistreichen und den schmerzhaft-melancholischen Selbst-Analysen, das objektive, Börnes Leben prägende Ur-Verhältnis zum Dasein auftaucht: »Ich erkenne, daß das Leben ein Kampf ist.« Das Leben ist ein Kampf und eine Idylle; voll Hoffnung und ohne Hoffnung; Gestaltungs-Objekt und Genuß-Objekt: was es für den Einzelnen ist, das ist weniger eine Einsicht in das Leben als ein heiliger Bund mit dem Leben. Kampf hieß sein Bund mit dem Leben, »denn nach Freiheit dürstet meine Seele«. Er war kein Freiheits-Phraseur; er machte sich von Beginn an den nüchternen Inhalt des Freiheits-Begriffs klar, der für ihn den einzigen positiven Begriff der Ethik darstellte. Im übrigen können alle moralischen Vorschriften »nur eine negative Tendenz haben, die nämlich: die alten Vorurteile wegzuräumen und zu zeigen, was nicht Tugend, was nicht Pflicht sei. Und hat man einmal dieses Bestreben erreicht, dann sehe ich nicht ein, was einem weiter zu tun könnte übrig bleiben. Denn das wahre Wesen der Tugend läßt sich in wenigen Worten ausdrücken. Was ist Tugend? Tugend ist Seligkeit. Und Seligkeit? Ist Freiheit. Es läßt sich nicht weiter fragen, was Freiheit sei, denn sie ist das ewige, ursprünglich schlechthin Eine, das eins ist mit der Vernunft, eins mit Gott, eins mit dem Unbedingten, das sich selbst erklärt.« Wenige Meilen von Halle entfernt, in Jena, lehrte Fichte. Auch er sagte, daß der Mensch Vernunft und daß Vernunft Freiheit und daß Freiheit Gott sei. Aber Fichte schuf von hier aus ein metaphysisches System, das den Freiheits-Gedanken immer mehr aufgab. Baruch wurde politischer Schriftsteller, der den Freiheits-Begriff immer mehr konkretisierte. So wurde Börne – geistesgeschichtlich gesehen – eine der Brücken zwischen dem deutschen Idealismus (soweit er aktivistisch war) und der revolutionären Bewegung: deren Anfänge er erlebte, deren Ende wir noch nicht absehen. Diese Bewegung ging auch schon durch den Zwanzigjährigen. Der bestimmte sich, »hinauszutreten in das stürmische Leben, gewappnet und gerüstet, und drein zu schlagen mit allen Gliedern des Leibes und des Geistes, daß man wisse, daß ich da bin, ich in Nord und Süd, in Ost und West, so ist mein Wille und meine Lust«. Es war kriegerisches Blut in diesem unansehnlichen, engen, matten Körper, das von Kriegshörnern phantasierte und von Trommeln, von einem glühenden Herzen, das nach dem Schwerte zuckt, von einem Arm von Eisen und von einer Brust aus Stahl, von dem Philistervolk, das vor ihm zittern soll, das er niederdonnern wird, und von seinen Zähnen, die er schärfen will, von seinem Haupt, das er im Sturmwind badet, und von seiner nackten Brust, die er dem Blitz darbietet. Phantasien des Hasses – der produktiv werden sollte. Hatte er den Haß des Emporkömmlings gegen die Angekommenen, den Haß des Neidischen? Er hatte den Haß der Menschen, welche die wahre Hierarchie der Geister gefälscht sehen, die eine gesellschaftliche Rangordnung sehen, welche ein Hohn ist auf die echten Größenverhältnisse: »Die besser sind als ich, denen will ich gerne dienen, aber die Philister dieser Erde möcht' ich zu meinen Füßen sehen. Denn unorganisch wie sie sind, wirken sie feindlich auf mich ein, ich muß sie verschlingen, sonst werde ich von ihnen verschlungen.« Er war geboren als politischer Mensch, weil er zu den Kräften der Gesellschaft, in der er lebte, eine dynamische Beziehung hatte. Denn nicht die politische Tätigkeit macht einen Menschen zu einem politischen Menschen, sondern das Reagierenmüssen auf die Vorgänge der Gesellschaft. Börne war von seinem Schicksal zum Angreifer bestimmt: weil ihn die Fäulnisse der Gesellschaft angriffen. Die Krankheiten der europäischen Gesellschaft wurden die Infektion, unter der seine Existenz am meisten litt, auf die seine Existenz am sensibelsten reagierte, gegen die seine Existenz deshalb alle Kräfte aufbot.

Das Pathos des Kriegers war da; auch schon die Ironie des Schriftstellers: »Mein ganzes Wesen ist Ironie.« Diese erste Ironie war der Freiheitsdrang des Beengten, das Ventil des Verschlossenen. Sie entfaltete sich zeitig: im Anfang nicht ohne einen Stich ins eitle Lippen-Schürzen. Seine Charakteristiken, die er von Menschen und Milieus gab – von Reil und von Schleiermacher, von Halle und von der Frankfurter Judengasse –, waren der boshafte Blick eines hochmütigen Karikaturisten. Der Kern dieser Karikaturen lag schon über der Eitelkeit, über dem Hochmut – die moralische und die ästhetische Empfindlichkeit eines edlen Menschen, der nicht passiv reagierte durch Sich-Zurückziehen, durch Sich-Neutralisieren, durch Verletztsein, sondern aktiv durch Parodie und durch Clownerie. Louis hielt die Rasse, deren Existenz ihn verwundete, fest in frechen Umrissen. Und er hielt sie zum Narren, indem er ihren Narren spielte. Sich selbst spielte er nichts vor. Er war kein ›Selbst‹-Darsteller wie etwa Harden. Aber er machte gern den Hanswurst, der im Geheimen die Lacher zu Hanswursten macht: »Der Triumph meiner Schauspielkunst besteht in der Art, wie ich mich lächerlich mache vor anderen, sobald und sooft ich will.« Selbst Menschen, die ihm so nahe standen wie Henriette Herz, durchschauten sein Theater nicht und hielten ihn schließlich für »affektiert«. In dieser Verstellung brach die Aktivität durch, die sich in seinen Studien und in seinem Umgang nicht direkt ausleben konnte: weder in einem ihm am Herzen liegenden Werk noch in einer Freundschaft. Ironie und Clownerie waren die Kampfsymptome seiner frühen Jahre.

Diese Ironie hatte aber neben der Funktion, Ventil des gehemmten Angriffs zu sein, noch eine zweite Funktion: Ventil der gehemmten Liebe, der gehemmten Sehnsucht zu sein. Auch Louis Baruch gehörte zum Geschlecht jener Ironiker, die verhinderte Schwärmer sind. Deutlich ist die Umsetzung sichtbar: »Wie träumte ich sonst so süß von Tugend und von stillem Glücke, doch die Lösung aller meiner Ahndungen war nicht für diese Welt. Abgebrochen ist die Brücke, die mich aus dem Garten der Unschuld in das wilde Land der Weltgedanken führte, und ich kann nicht zurück. Scheu verschließ' ich meine Augen dem milden Schein des Mondes, der mir vergangene Gefühle zurückzaubert, furchtsam verstopft' ich mein Ohr dem Gesange der Vögel, der mich in den alten süßen Schlummer hineinlullen will.« Opfer der Idylle auf dem Altar des Kampfs, Opfer der Poesie auf dem Altar der Politik, Opfer der Melancholien und Seligkeiten aller tausend Echos der Seele auf dem Altar des Ziel-Willens. Früh opfert die Schwebungen, wer den eindeutigen Ton haben will. Früh opfert die Weltverbundenheit, wer die Weltgestaltung will.

Während Schleiermacher den faulen Studenten anklagte, weil er nicht wie andere Seminaristen ein bemühter Lehrling war, während Vater und Freundin ihm Mäßigung predigten, hatte Louis Baruch schon den Weg zur Meisterschaft, zur großen Askese beschritten. Und während sie die Leistung wollten und Henriette ihn beschwor: Sie irren sich, wenn Sie glauben, »ein Mann brauche nur viel zu sein, ohne viel zu wissen«, ging er *seinen* Weg, der ein Weg zu einer großen Existenz, nicht zu einem großen Gelehrten war. Louis Baruch wuchs nicht in eine sichtbare Karriere, sondern in sein jetzt noch unsichtbares Schicksal hinein.

Ein äußeres Ereignis gab seinem Leben eine neue Richtung. Was Voltaire und die französische Revolution und Lessing nicht erreicht hatten – weil Voltaires Ideen zwar durch die Ghetto-Mauern gedrungen waren, weil die Kugeln der großen Revolution zwar diese Ghetto-Mauern niedergelegt hatten, weil aber weder Ideen noch Kugeln die Ghetto-schaffende Institution getroffen hatten –, das erreichte Napoleon. Er brachte Deutschland Feuer und Schwert: bei dieser Gelegenheit verbrannte auch das Dürre, wurde auch das Baufällige zusammengeschlagen. Für ihn, den Sohn seiner Zeit, der nicht Enkel, sondern Ahnherr war, gab es keine Judenfrage. Als sich christliche Kaufleute einer hervorragenden französischen Handelsstadt bei Napoleon beschwerten, daß die Juden zu billig wären und deshalb mit Erfolg konkurrierten, antwortete der Vollstrecker der französischen Revolution: Er freue sich, daß durch ihre Tüchtigkeit das Publikum billiger kaufe, er würde sie nach Kräften unterstützen. Am neunten September 1806 ergriff der Fürstprimas des neugegründeten Rheinbundes, Karl Theodor von Dalberg, von Frankfurt (und damit auch von Frankfurts Juden) »en toute propriété et souveraineté« Besitz. Es begann ein zähes Ringen zwischen den lokalen Egoismen, den lokalen Vorurteilen und den großen Prinzipien der Aufklärung. Dalberg, begeisterter Anhänger des Genies Napoleon ohne eine Spur seiner Aktivität, neigte zu einer radikalen Lösung der Judenfrage im Sinn der französischen Revolution – und förderte, eingeschüchtert durch die enormen Widerstände, welche die Stadt entgegensetzte, zutage: die »Neue Stättigkeits- und Schutzordnung der Judenschaft zu Frankfurt a. M., deren Verfassung, Verwaltung, Rechte und Verbindlichkeiten betreffend, wie solche von Seiner jetzt glorreich regierenden Hoheit des souverainen Fürstenprimas der Rheinischen Conföderation festgesetzt und sanktioniert worden ist«. Ein elender Zwitter aus Wollen und Nichtkönnen, dem Börne 1808 – bei einem Aufenthalt in Frankfurt – sein erstes Pamphlet entgegenschrieb: die von seinem Vater unterdrückten ›Freymütigen Bemerkungen über die neue Stättigkeits- und Schutzordnung‹. Durch diese Schrift wurde das Frankfurter Ghetto todgezeichnet: weil ein Ghetto-Jude mit Mut und Witz die Mauern der Borniertheit sprengte. Aber noch lebte das Sterbende. Noch machte man das Frankfurter Bürgerrecht abhängig vom Bekenntnis zu einer der christlichen Konfessionen. Das alte Schandwerk, die hochbetagte, zweihundert Jahre alte »Stättigkeit«, war nur ein bißchen modern angeschminkt. Dann kamen Napoleons siegreicher Zug gegen Österreich, der Friede zu Wien, der Primatialstaat Frankfurt rückte zum Großherzogtum auf, die letzten Resistenzen der Stadt wurden gebrochen – und die Juden erhielten (gegen eine Ablösungssumme von 440 000 Gulden) 1811 das volle Bürgerrecht. Die Juden erklärten sich zur Zahlung bereit – und die Idee siegte. Dieses äußere Ereignis gab Louis Baruchs Leben insofern eine neue Richtung, als er das Medizin-Studium aufgeben und sich – mit Aussicht auf einen Verwaltungsposten – den Cameralwissenschaften widmen konnte. Er hatte vieles gelernt, in Gießen, in Berlin, in Halle, in Heidelberg, und wieder in Gießen: Lateinisch, Griechisch, Hebräisch und sogar Arabisch, die medizinischen Disziplinen und die Cameralwissenschaften. Er hatte die berühmtesten Professoren seiner Zeit gehört: Schleiermacher und Reil und Marcus Herz und den Statistiker Crome. Da entlud sich die ganze angesammelte Weisheit in einem aktuellen Pamphlet des Ghetto-Juden: er schrieb nicht aus der Situation der objektiven Kultur, wie sie ihm durch Lehrer und Bücher übermittelt worden war, sondern aus seiner unmittelbaren Erfahrung, aus der Spontaneität eines auf die Änderung einer konkreten Wirklichkeit gerichteten Menschen. Als er zur Feder griff, zwangen ihn nicht Probleme oder Themen; nicht Ideen zu klären war er geboren, sondern Ideen zu verwirklichen; nicht Einsicht zu gewinnen, sondern für Einsichten zu kämpfen. 1808 machte er in Gießen seinen Doktor der Philosophie. Er hatte keine großen Studien vorzuweisen: ›Über die geometrische Gestalt des Staatsgebiets‹ und ›Von dem Gelde‹ – zwei kleine Abhandlungen, von denen die Fachleute keine sehr große Meinung haben, die den Einfluß des spekulativen Zeitalters im schlechten Sinne zeigen. Etwa wenn er behauptete, ein Wesen stehe um so höher im Wert, je länger die Natur zu seiner Produktion brauche – deshalb der verhältnismäßig hohe Preis der Metalle; oder wenn er als eine unerläßliche Voraussetzung zur Verwirklichung des ewigen Friedens forderte, »daß alle Staaten vollkommen arrondiert sind«. Der große Realist Börne propagierte hier: jeder

Staat eine Insel – eine Phantasie, die er dann noch teleologisch aus der Erdgeschichte rechtfertigte. Aber auch hier präludierte schon, in einem einzigen Satz, ein großes Ziel seines Lebens: die deutsch-französische Allianz, und hier forderte er sogar, »daß beide Länder nur einen Staat bilden sollen«. Mit diesen beiden Arbeiten schloß er die kurze und bescheidene Laufbahn des Gelehrten. Mit dem (ein Jahr früher erschienenen) Juden-Pamphlet hatte er die lange und glänzende Laufbahn des »Zeitschriftstellers« begonnen. Dieses Wort stammt von ihm und ersetzt heute, mit unverbrauchten Farben, das abgegriffene Zeichen ›Journalist‹. Börne schrieb aus der Zeit gegen die Zeit für die Zeit: Börne war die Niederkunft des Journalismus.

Katev, der Zeitschriftsteller

»Nicht an Geist, an Charakter mangelt es den meisten Schriftstellern, um besser zu sein als sie sind . . . Aufrichtigkeit ist die Quelle aller Genialität, und die Menschen wären geistreicher, wenn sie sittlicher wären.« Börne

Katev, Witzbold, nannte ihn die alte Elle, als er sein Ghetto im Ghetto, die häusliche Benachteiligung, mit Witz durchbrach. So war er zuerst ein Katev des Hauses Nummer 118; dann ein Katev der Judengasse; dann ein Katev des Ghetto Deutschland; und schließlich ein europäischer Katev.

Seine Witze waren von der Art, die nicht nur Lachen auslöst, sondern auch Revolutionen; von der Art, die weiß, wie wichtig es ist, die Lacher auf seiner Seite zu haben – auf einer Seite, auf der es nichts zu lachen gibt. Es gibt ein pathetisches und ein erlösendes Lachen: ein Lachen, das bedrohlich abklingt; und ein Lachen, das sich ins Nichts heiter auflöst. Katev Börne reizte hervor das Lachen, das Wirklichkeiten vernichtet. Er spielte – den Ernst. Er war grimmig-amüsant. Weder die anklägerisch-pathetischen Publizisten noch die amüsant-charmierenden Feuilletonisten, die sein Erbe antraten, erreichten je das große Vorbild. Und er hatte nur zwei Vorbilder, Lichtenberg, »der einzige Deutsche, der den Mut hatte, witzig zu sein«, und Jean Paul.

Meisterhaft, ohne Vorübung, am Beginn eine Vollendung, verwundete dieser Witz schon in graziöser Brutalität die Juden-Ordnung, die der rheinische Dalberg 1807 den Frankfurter Juden aufgezwungen hatte. Der Kontrast, im Leben meist eingebettet in tausend überwuchernde Details, wurde von ihm mit höchster Energie herausgearbeitet. Das ist das politische Moment im ästhetischen Mittel des phantasierenden Witzes: die Verschärfung der Gegensätze. Der Geist der

Bosheit soll – homöopathisch – durch Bosheit zerstört werden.

Er vernichtet nicht aus böser Lust an der Vernichtung. Nie greift sein Witz das pure Leben an, immer nur die Niedertracht-Abszesse dieses Lebens. Aber wo er Fäulnisse zum Ausbrennen vorfindet, da hat er den Mut zum ätzendsten Witz. Man unterschätze nicht diesen Mut. Man unterschätze nicht die mächtige Front der Nasenrümpfer, die – vornehm – nur die getragene Sprache, die gewählten Worte, die gesetzte Distanz anerkennen; die nur mit Handschuhen leben und verlangen, daß nur mit Handschuhen geschrieben wird; die von dem Stil des Schriftstellers die zivilisatorische Gepflegtheit ihrer Villenviertel verlangen; die das Schrifttum für eine Verklärung ihrer Salons halten. Mit dem Mut, der ihn mehr auszeichnete als irgend etwas, bekannte sich der Anfänger sofort zum schlagenden Wort, gegen den *esprit:* »Offenherzig gesprochen, sind wir nicht deutsch genug, um gleich Krämpfe davon zu kriegen, wenn einmal der Schriftsteller, die Etikette der Logik verlachend, mit Geisteshand kräftige Ohrfeigen austeilt.« Viele haben seitdem die Etikette verlacht: aber nur wenige haben an ihren Geisteshänden keine Schwielen bekommen; er hat auch den Rowdies der Literatur die Bahn geöffnet.

Der Witz dieses Katev hatte die kräftigen Farben ursprünglichen Lebens; nicht die Pastellfarben irgendeiner exquisiten Kaste – und nicht die Märchenfarben des Weisen. Er war kein Humorist (wie Jean Paul), der meist von Sternen-Fernen her auf den Maulwurfshügel Erde herunterlächelte und in milder Überlegenheit die Komik des wunderlichen Erdgetriebes nachzeichnete. Nicht auf einem Stern, sondern in einer Gasse, in einem Land, in einem Erdteil war sein Standort, das Zentrum seines Ausblicks. Nicht über den Dingen, in den Dingen lebte er. Nicht über den Zeiten, ein in der Ewigkeit des Glaubens oder des Gedankens Geborgener: sondern in einer bestimmten Zeit, die eine bestimmte Zeit austrägt. Deshalb traf sein Witz nicht den ewigen Menschen; wie sein Glaube nicht auf das Paradies, seine Philosophie nicht auf den letzten Sinn der Menschheit, seine Kunst nicht auf überzeitliche Formung ging. Er war ganz Politiker: ganz beschäftigt mit seiner Konstellation, die in eine andere Konstellation übergeführt werden soll. Und sein Witz war nur eins der Vehikel dieser Überführung: ein zeitlicher, aus einer zeitlichen Situation erwachsener, an der Überwindung dieser Situation arbeitender, mit dieser Situation sterbender Witz. Denn dieser Katev war ein »Zeitschriftsteller«.

Nicht einer, der die Zeit neutral spiegelte, nicht einer, der die Zeit durchdachte, durch die Zeit hindurch dachte bis zu ihren überzeitlichen Elementen, sondern einer, der die Zeit als ein aktives, irdisches Wesen nahm, das woher kam und wohin ging und also eine Richtung hat. Er war nicht Zeitschriftsteller in jenem selbstverständlichen Sinn, daß er Schriftsteller einer Zeit war (wer nicht?), er war auch nicht nur Zeitschriftsteller in jenem farblosen Sinn, daß die spezifischen Inhalte seiner Zeit die Inhalte seiner Schriften wurden. Er war Zeitschriftsteller in jenem eminenten Verstand (den es in Deutschland überhaupt erst – rechnet man Lessing ab – seit den Befreiungskriegen, seit Arndt und Görres gab): daß er identisch wurde mit der Zeit: daß es ebenso falsch wäre, ihn als Trabanten der Zeit, wie die Zeit als sein Geschöpf anzusehen. Er war der Stoß, mit dem die Zeit vorwärtsstieß in die Zukunft; er war der literarische Niederschlag der Zeit-Tendenz – die er auch war. So lehnte er am Beginn seiner Entwicklung den Schriftsteller ab, der von der konkreten Wirklichkeit fort, statt auf die konkrete Wirklichkeit hin schrieb: den abseitigen Wissenschaftler. ›Das Leben und die Wissenschaft‹ heißt ein Aufsatz von 1808: mit einer unheimlichen Sicherheit ist er sich am Anfang seines Weges dieses Weges bewußt. In immer wieder neuen Formulierungen lebt durch die Geistesgeschichte der Menschheit die platonische Forderung: daß die Denker auch die Lenker sein sollen. Aber sehen die Denker so aus, daß ihnen die Lenkung der menschlichen Angelegenheit anvertraut werden kann? »O, wer da glaubt, daß es hinreicht, Geist und Wissenschaft zu haben, um ein guter Fürstenrat zu sein, der kennt die Welt nicht, oder hat nie einen deutschen Professor gesehen. Steif, wie eine lateinische Deklination, schreitet die deutsche Gelehrsamkeit einher.« Zwischen der ideenfremden, ungeistigen Tat und der wirklichkeitsfremden, unlebendigen Idee will er das dritte: und sein ganzes Werk ist die Ausfüllung der Kluft zwischen lebensfremder Theorie und gedankenloser Praxis geworden, Ausfüllung leider nur in der Ebene des Worts, da die Ebene der Tat damals wie heute dem geistigen Menschen gesperrt ist. »Die einen sind Helden geworden, haben Welten bewegt und Welten zertrümmert; doch wurden sie getrieben von einer unsichtbaren Gewalt, und sie wußten nicht, was sie taten. Die anderen haben der Beschauung sich gewidmet, sie philosophieren über der Menschen Kräfte und wägen ihre Taten ab; sie loben und tadeln nach ihrer Weisheit und meinen oft, es könnte besser sein. Das sind die Gelehrten; doch bringt selten es einer dahin, auch nur ein Sonnenstäubchen aus seinem Gleise zu rücken.« Dem Zeitschriftsteller Börne war es um dies, »rücken«, zu tun, nicht um das philosophieren, »ob sich die Sonne um die Erde, oder die Erde um die Sonne dreht«. Rückbar ist alles, was mit dem gesellschaftlichen Zustand des Menschen zusammenhängt, der umfassender ist als die meisten ahnen. Und während die Kant und Fichte und Schleiermacher, die drei großen Ethiker des deutschen Idealismus, noch den Einzelnen predigten, mit der Tafel der Tugenden in der Hand, war Börne nur auf Änderung der menschlichen Gesellschaft aus; denn er wußte, »daß von den drei Verhältnissen, die das menschliche Wesen beherrschen: seine tierische Natur, seine Humanität und sein bürgerlicher Zustand, daß es der letztere ist, der das größte Gebiet im Besitz hat«. Und selbstverständlich klopfte der Mann, dessen Leben zwischen französischer Revolution und

1848 lag, diesen »bürgerlichen Zustand« vor allem ab auf seine privilegierten und auf seine bürgerlich unterernährten Organe, Ahnherr der Gesellschaftskritik des 19. Jahrhunderts. »Vorzüglich unser ehrliches aber etwas tölpelhaftes Vaterland war immer darauf besessen, nur solche Männer zu Ehrenämtern zuzulassen, deren Ahnen sich rühmen durften, Schlösser verwüstet und den wehrlosen Wanderer geplündert zu haben. Die Söhne ehrlicher Bürger aber wurden verdammt, die Müllertiere des Staates zu sein, die für andere das Mehl herbeischleppten, während sie selbst mit Disteln sich begnügen mußten.« Dieser Kastenstaat ist in Deutschland erst mehr als ein Jahrhundert nach Börnes Kritik gefallen.

Katev, der Zeitschriftsteller, grübelte nie zu den Grenzen politischer Wirksamkeit hin. Und wie er wenig Skepsis besaß, wenig müdes Glossieren – selbst in den Zeiten stärkster Reaktion nicht –, so besaß er auch wenig Dogmatik, wenig utopisches Phantasieren. Vielleicht ist die Wurzel dieses (für einen politischen Kämpfer größten Ausmaßes ungewöhnlichen) Ausfalls von Utopie und Resignation, die immer miteinander sind, daß er, das lebende Individuum, die Zeitergebnisse nicht auf sich bezog, daß er, das lebende Individuum, entweder nicht reagierte oder diese Reaktionen für privatunwichtig, der Aufzeichnung unwert hielt. Immer antwortete er auf die Ereignisse des Tages aus der Leidenschaft des Ziels, nicht aus den Leidenschaften eines Subjekts. Und vielleicht ist nichts bezeichnender für seine Art als diese Verschmelzung von Kampf und Privatperson. Der Kampf-Gegenstand löschte den Privatmenschen aus: er führte den Kampf, der *nicht* um Inhalte seines Privatlebens ging, wie seine private Angelegenheit. Deshalb wurde sein Leben zugleich das Privateste und das Öffentlichste: es gibt hier keine Zweiteilung. Diese merkwürdige Erscheinung, daß die Interessen, die Leidenschaften eines Menschen nicht auf sein individuelles Leben gehen, sondern auf die Welt, auf das Leben, auf Einsichten, auf Ziele, auf Gestaltung, ist das Ur-Phänomen des geistigen

Menschen, den man nicht sauber genug scheiden kann vom geistigen Arbeiter, für den der Geist nur ein Tätigkeitsgebiet, kein Tätigkeitsmotiv ist. Schon vom Knaben Löw erzählt man, wie gleichgültig er sich gegenüber war: immer verschlossen, schien der Knabe nicht bloß lebhafter Gefühle, sondern selbst lebhafter Mitempfindung und Teilnahme unfähig zu sein. Was andere erregte, ließ ihn kalt. Die Quelle seines Urteils über die Menschen und Begebnisse war nie das Gemüt, sondern der Verstand. Was ihm mißfiel, nannte er nie schlecht, sondern immer nur dumm. Er empörte sich weniger über die Schlechtigkeit als über die Albernheit der Menschen. Wie oft hat er nicht von den Gegnern gesagt: Wenn sie nur klüger wären! Selten, daß er als Knabe sich über irgend etwas grenzenlos freute oder grenzenlos erzürnte. Tränen kannte er kaum. Leidenschaft nur, wenn es sich um Unrecht, um Unterdrückung handelte. Dann wurden seine Äußerungen heftig, seine Gefühle rücksichtslos. Trotzdem galt er für temperamentlos. Man mutete ihm Interessen zu, die ihn geistig nicht anregen konnten; kleinliche Familienereignisse traten mit Ansprüchen auf eine Teilnahme auf, die er nicht erwidern konnte. So bekam er früh sein eignes apartes Wesen, trennte sich von seinen Umgebungen und lebte sich in Gedankenreihen und Gemütszustände hinein, in welche ihm niemand folgen konnte. Die Liebes-Leidenschaft seiner jungen Jahre, die Neigung zu Henriette Herz, mit all ihren Süchten, Empfindsamkeiten und Verzweiflungen gehörte mehr der unpersönlichen Naturgeschichte als der spezifischen Geistesgeschichte Börnes an, denn sie blieb ein isoliertes Pubertätserlebnis im Leben dieses Mannes. Eine rohe Psychologie scheidet die Verstandes-Menschen von den Herz-Menschen: und läßt Börne nur auf die Motive des Verstandes reagieren. Gewiß, er glaubte, wie Sokrates, nicht an die Schlechtigkeit, nur an die Dummheit. Aber die Leidenschaft, mit der er diese Dummheit verfolgte, stammte nicht – wie die Erkenntnis dieser Dummheit – aus dem Verstand. Und diese

Leidenschaft, aufzuklären, zu bessern, war die eigentliche Triebfeder seines Lebens. So wurde das Phänomen der Leidenschaft schon Mittelpunkt eines wichtigen Briefes, den der junge Louis an Henriette Herz schrieb: »Wenn wir unserm Schöpfer danken wollen, daß er uns so vollkommen erschuf, so müssen wir ihn dafür am meisten preisen, daß er uns leidenschaftlich machte. Durch Leidenschaft nur genießen wir unseres Daseins, nur durch Leidenschaft wird nach dem Guten gestrebt, wird es erreicht, und verbreitet. Bejammernswert ist das Los derjenigen, in deren Adern das Blut fließt wie Öl.« So sind denn auch die ersten Sätze seiner ersten Schrift, des Juden-Pamphlets, ein Hymnus auf die Leidenschaft, eine kräftige Abwehr der blutlosen ›sine ira et studio‹-Objektivität: »Es war zu jeder Zeit ein Gemeinspruch der Prediger gewesen, daß man bei Erforschung der Wahrheit suchen müsse, sich soviel als möglich vor dem Einflusse der Leidenschaft zu bewahren. Schon der bedingte Zusatz, ›soviel als möglich‹ zeugt unwillkürlich gegen die gänzliche Ausführbarkeit jener Forderung ... Wir bemerken bloß, daß, wenn es auch wirklich *möglich* wäre, die Tätigkeit des Geistes rein wirken zu lassen, ungetrübt von dem Einflusse der persönlichen Lüste, daß dieses doch auf keinen Fall auch *wünschenswert* sei. Denn gleichwie der Körper mit einem Geschmacksinne begabt ist, der in ihm die Sehnsucht nach Nahrung erregt, ohne welche er nicht bestehen kann: so ist auch ein ähnlicher Sinn dem Geiste gegeben, welcher ihn reizt, die Speise, die sein Leben unterhält, zu suchen und sie sich anzueignen. Dieser Gaumen des Geistes aber ist nichts anderes als die Leidenschaft.« Dieser »Gaumen des Geistes« unterscheidet den Politiker Börne von dem Ethiker Kant; das »junge Deutschland« vom deutschen Idealismus; den Kämpfer vom Prediger. Der Idealist begeistert sich für die Idee: die Begeisterung bleibt im Begeisterten als eine poetische Wallung, und sie schlägt sich höchstens nieder im Gedicht oder im rhetorischen Aufruf, also etwa in Kants berühmter

Anbetung der Pflicht. Aber damit die Idee irdisch, die Begeisterung ein Hebel zur Ausrenkung von Wirklichkeiten wird – damit das Individuum sich in den Dienst einer Verwirklichung stellt: dazu muß der »Gaumen des Geistes« gereizt werden. Dieser »Gaumen des Geistes« ist meist ein Geist-Fremdes: Gewinnsucht, Ehrsucht, tausend individuell-private Süchte. In den seltenen Fällen – im Fall Börne! – ist dieser »Gaumen des Geistes« wirklich ein Organ des Geistes, ein geistiges Organ. Wie sieht dieses Organ aus? Es ist die Empfänglichkeit, die Sensibilität für die Differenz einer Wirklichkeit und ihrer Vernunft. Der »Gaumen des Geistes« ist das Erlebnis des Widerstandes gegen einen überindividuellen Willen. Dieser Widerstand schafft die Leidenschaft, weil er die geistige Aktivität staut, weil er das mit einem Welt-Inhalt identisch gewordene Subjekt hemmt, wenn er die Entwicklung dieses Gesetzes, jener Institution, jenes Gesellschafts-Zustands hemmt. Die sachliche Leidenschaft – den meisten Menschen ein Rätsel, schlimmer: ein Schwindel, weil sie diese Leidenschaft in sich nicht vorfinden – stammt aus der Fähigkeit des Menschen, einen Welt-Inhalt in sein persönlichstes Leben aufzunehmen, als seine persönliche Angelegenheit zu behandeln.

Diese Menschen werden immer dasselbe Schicksal haben: man wird sie nach privaten Motiven durchwühlen, um zur Erklärung dieser Sach-Leidenschaft zu kommen. Bei denen, die ihre Leidenschaft lediglich auf Einsichten konzentrieren, welche einer idealen Existenzsphäre angehören, wird man nur in den seltensten Fällen ein besonderes Interesse an der ›Entlarvung‹ ihrer ›wahren‹ Motive haben. Dort aber, wo die geistige Leidenschaft unmittelbar eindringt in das gesellschaftliche Gefüge – Positionen erschütternd, Existenzen angreifend –, dort ist die ›Entlarvungs-Psychologie‹, die zur Verleumdungs-Psychologie wird, einer der stärksten Helfer zur Abwehr. Die moderne, von Jahrzehnt zu Jahrzehnt immer mehr verfeinerte Hintergrund-Psychologie, Tiefen-

Psychologie, Entlarvungs-Psychologie wird in den Händen der Banausen zum ekelhaftesten Mißverständnis, zur Deutung des Geistigen aus den Funktionen des Durchschnitts, zur Vergröberung des Ungewöhnlichen nach dem Maß des Gewöhnlichen.

Ein Mann wie Börne, zu jeder Zeit Angreifer, der sich wohl mehr Feinde schuf als sein Werk Worte hat, war dem ganzen Trommelfeuer der Seelenschnüffler ausgesetzt. Und sie hatten es bequem: sie brauchten nur das Nächstliegende aufzugreifen – den Ghetto-Juden. Er war einer aus dem Frankfurter Ghetto. Er war einer, der die ganze Unvernunft der bürgerlichen Gesellschaft erlebt hatte. Er konnte nicht, wie Millionen Sklaven, abseits träumen, ohne aus seiner Sklaven-Existenz zum Bewußtsein dieser Existenz zu erwachen. Er konnte sich nicht in ein Herren-Dasein hineintäuschen, das aus einigen hingeworfenen Brocken der Herren, aus einigen Titeln, aus einigen bunten Dekorationsbändchen errichtet wird. Zu ihm sagten sie: »Mach Mores, Jud'.«

Sein Körper hatte die Einsichten seines Geistes als Druck auf dem Fleisch gespürt: die Differenz zwischen Vernunft und Wirklichkeit . . .

Wolfgang Menzel, der später selbst noch die Börne-Faust zu spüren bekam, schrieb: »Der Fluch seines Volkes lastet schwer auf ihm«, statt zu schreiben: Dummheit und Niedertracht der Juden-Hetzer lagen schwer auf ihm. Die ›Mitternacht-Zeitung für gebildete Stände‹ druckte in ihrem Literatur-Blatt: »Der Paria-Stempel ward auf seine Brust gedrückt«, statt zu drucken: Es lastete schwer auf seiner Brust, daß es Parias gab. Eine Heine-Biographie urteilte über ihn: »Er gehörte zu den gedrückten Judennaturen, er ging aus jener schaurigen Judengasse hervor und führte das Gedächtnis daran wie ein ewig schwärendes Brandmal mit sich herum«, statt zu urteilen: Der europäische Chirurg versuchte mit dem schärfsten Messer das »ewig schwärende Brandmal« zu säubern. So wuchs der Mythos vom Shylock Börne, der in sich die ganze Rache seines Volkes gesammelt und zum Schwert gegen die Feinde seines Volkes geschmiedet – ein anderer Hannibal, der schon in seiner Jugend den Eid auf den Kampf gegen die Gegner Jerusalems geleistet habe. Und diese Fabel wuchs nicht erst auf seinem Grabe: sie war die Weise, auf die eine Sorte seiner Gegner mit diesem mächtigen Streiter fertig zu werden glaubte, diese Weise, für die er nur eine Antwort hatte: »Sie verstehen mich nicht und ich verstehe sie nicht.« Ebenso unzugänglich, wie ein Geistiger einem Thersites ist, der ihn nur aus sich erklären kann, ebenso unzugänglich ist dieser Thersites einem Geistigen. Trotzdem bemühte sich Börne, in den Denkmechanismus dieser Entlarver einzudringen: »Es ist wie ein Wunder! Tausendmale habe ich es erfahren und doch bleibt es mir ewig neu. Die einen werfen mir vor, daß ich ein Jude sei; die anderen verzeihen mir es; der dritte lobt mich gar dafür; aber alle denken doch daran. Sie sind wie gebannt in diesem magischen Judenkreise, es kann keiner hinaus.« Freund- und Feind-Deuter waren von Börnes Ghetto-Herkunft hypnotisiert. Über seiner zeitlichen Herkunft übersah man seine ewige Herkunft, die sein Dasein prägte: er stammte ab von jenem aufrührerischen Geist, der verurteilt ist, gegen die Wirklichkeit zu leben; der gesegnet ist mit der Leidenschaft für ein Dasein, das sinnvoller, menschlicher ist als das Dasein, in welches er hineingeboren ist; der verdammt ist zum Verzicht auf die Harmonie mit den Menschen seiner Zeit, auf den Genuß dessen, was die Erde nur dem Friedlichen gibt, welcher an Blumen und Tieren und Wiesen und Kindern sein Leben schmeckt; der eine Axt ist, hineingehauen in ein Ghetto, damit die Mauern fallen und den Eingekerkerten Licht und Luft geben.

Das Ghetto der Judengasse war nur der Ausgang: er hatte den bösen Blick für alle Ghettos seiner Zeit. Und er war sich dessen bewußt, daß sein Aufruhr nicht den Riegeln einer Gasse galt: »Nie glomm auch nur ein Funke des Hasses gegen die christliche Welt in meiner Brust; denn ob ich zwar die Verfolgung der Juden lang schmerzlich an mir selbst gefühlt, und immer mit Erbitterung verdammt, so erkannte ich doch gleich darin nur eine Form des Aristokratismus, nur eine Äußerung des angeborenen menschlichen Hochmuts, von den Gesetzen statt gebändigt, frevelhaft begünstigt; ich stieg dann wie gewohnt zu der Quelle des Verderbens hinauf, mich um einen seiner Ausflüsse nicht bekümmernd. Nie habe ich mich für erlittene Schmach, nicht einmal auf eine edele Art zu rächen gedacht.« Dieses Bekenntnis wiegt einen Gaurisankar von Fehldeutungen auf: schnelle oder gehässige Abstempelungen nach dem Maß der Kleinen. Einmal fragte er in einem Brief die Freundin Henriette: »Ist es nicht eine erbärmliche Täuschung, Menschenkenntnis zu haben denken, wenn man bloß sich selbst kennt.« Es war eine erbärmliche Täuschung. Sie kannten nur sich selbst. Richard Wagner, der Juden-Feind, erkannte ihn.

Es konnte das erste Kapitel Börne, Geburt des Aufruhrs aus der Luft einer Kerkergasse, nicht abgeschlossen werden, ohne nicht sofort den Leser von Denkgleisen fernzuhalten, die ihn zu einem schriftstellernden Shylock geführt hätten, aber nicht zu dem, der er war: einer aus dem Frankfurter Ghetto, einer aus dem deutschen Ghetto, einer aus dem europäischen Ghetto – der hinter allen Zwingmauern ein Leben roch, das ihn zum Sturm gegen diese Mauern verführte.

II.

Ein revolutionärer Patriot

Polizei-Actuarius Doktor Baruch

Doktor phil. Louis Baruch kehrte nach Frankfurt zurück. Seine Leute wußten nicht, was sie aus ihm machen sollten. Sie beobachteten ihn, sie umrätselten ihn, sie mißtrauten ihm. Er war ihnen ein unsicherer Kantonist: der Zickzack-Kurs seiner Studien hatte die eingleisig Denkenden verwirrt – zumal die Frucht von acht Lehrjahren nur ein magerer Doctor philosophiae, nichts Handgreifliches geworden war: und die Differenzen mit dem Vater hatten einen Menschen offenbart, der nicht seinen Weg geht, sondern einen Abweg. Einige Generationen später wären Eltern und Verwandte stolz gewesen auf diesen Angehörigen: der in jungen Jahren schon die Bekanntschaft der hervorragendsten Menschen seiner Zeit gemacht hatte und der, dreiundzwanzigjährig, für seine Abhandlung ›Vom Gelde‹ korrespondierendes Mitglied der kameralistisch-ökonomischen Sozietät in Erlangen geworden war.

Der Beruf des frei Schaffenden, des freien Schriftstellers – später die Ausrede so viel träger, so viel unfähiger, so viel gestrandeter Existenzen, bis er die Solidität eines Gewerbes bekam, des kleinen selbständigen Schriftsteller-Unternehmens –, war damals noch nicht gesichtet: die Lessing und Börne schufen erst durch ihr Leben diesen Berufstyp. So konnte Doktor Baruch, der schon ausgezeichnete Proben seines schriftstellerischen Talents abgelegt hatte, nicht unmittelbar einbiegen in den Weg, den ihm Begabung und Temperament bestimmt hatten. Dieser Weg war noch nicht da. Auch wenn es schon freie Schriftsteller gab: es gab noch nicht die Kategorie, es gab kein freies Schriftstellertum. Baruch konnte diesen Beruf noch nicht ›wählen‹. Er wählte die Beamten-Laufbahn. Drei Jahre nach seiner Rückkehr, 1811, wurde er im

Polizeifach angestellt, kaum auf eigene Initiative, höchstwahrscheinlich auf Betreiben seines Vaters, der gute Beziehungen hatte. Vermittler soll der damalige Polizeidirektor von Itzstein gewesen sein. Börne schilderte später einmal seinen Anteil an der Erlangung des Postens: »Ein einziges Mal in meinem Leben sprach ich mit einem Fürsten, der die viel gelobte, aber meiner Meinung nach gar nicht löbliche Sitte hatte, jede Woche für seine Untertanen öffentliche Audienz zu geben. Ich überreichte ihm eine Bittschrift um Anstellung als Actuar bei einem Amte und trug mein Gesuch auch mündlich vor. Nachdem ich fünf Minuten lang von der Sache gesprochen, sagte der Fürst: er sehe gar kein Hindernis ein, warum ich nicht Accoucheur werden könnte. Ich war ungewöhnlich fein, dankte für die gnädigste Bewilligung, ließ meine Bittschrift zurück und ward bald darauf Aktuar.« Der Polizei-Actuarius Dr. Louis Baruch saß in irgendeiner der vielen Kammern des Stadtschlosses Römer. Er visierte Pässe, er prüfte Wanderbücher, er nahm Protokolle auf »bei wichtigeren polizeilichen Untersuchungen, bei Dienststreitigkeiten des Brotgesindes, bei Arrestklagen in civilibus und in Gegenständen der Feuerlösch-Anstalten«, er vertrat in Uniform und Degen bei feierlichen Anlässen die Würde der Polizei. Dieser Büro-Polizist ist kein Witz der Geschichte: die Geschichte produziert Tatsachen, nicht Witze, nur die Geschichtenschreiber modellieren dann und wann die Tatsachen zu geistreichen Impromptus einer Weltvernunft. Der große Ankläger gegen die Reaktions-Polizei war zunächst ein solider stiller Polizeibeamter. »Eine gute Polizei macht die Justiz überflüssig, wie eine gute Diät den Arzt«, Baruch sorgte auf seinem bescheidenen Platz für gute Polizei-Diät. Damals, als er täglich in den Römer ging, um sein tägliches Büropensum abzuarbeiten, war er wohl in absoluter Harmonie mit seiner Stellung. Er stand keineswegs ahnungslos dem Institut Polizei gegenüber. In den ›Staatswissenschaftlichen Fragmenten‹, knappen Aufzeichnungen aus den ersten, wissenschaftlichen Studien gewidmeten Frankfurter Jahren, erzählte er, daß nach einem alten Wiener Polizeigesetz die Fischer mit unbedecktem Kopfe auf dem Markt verkaufen mußten; man wollte sie auf diese Weise zwingen, ihre Waren billig abzugeben.

Und Baruch glossierte schon diese Anekdote, »manche neuere und neueste Polizeitaxverordnung ist zwar delikater ausgedrückt, doch nicht minder grausam«. Aber sein Polizeiressort führte ihn noch in keine innerpolitischen Konflikte, und Mittelpunkt seiner Gedanken über die große Politik war Napoleon, den er neben Moses und Christus als ein Glied der »heiligen Trias der Geschichte« bewunderte – und als Eindringling haßte. Seine Stellung forderte von ihm keine große und keine kleine Politik, sondern Beamtentugenden. Und er war ein guter Beamter: fleißig, tüchtig, wohlwollend gegen seine Kollegen, deren Niveau weit unter seinem Niveau war, zuvorkommend gegen die Bürger gemäß seiner früheren Forderung: »Errichtung einer Höflichkeitssektion auf den Polizeibüros«, unbestechlich gegenüber allen Angeboten streitender Parteien. Er war als Frankfurter Polizeiaktuar ein Muster – bis er als europäischer Publizist ein Vorbild, ein Führer wurde.

Der schlichte Polizei-Actuarius Baruch zeigt klar: daß nicht eine Disharmonie seiner Individualität, sondern die Disharmonie der Gesellschaft – deren Austrag er wurde – den großen politischen Angreifer schuf. Wie einst Kleist und dann Nietzsche aufwuchsen in der Illusion einer Harmonie mit den großen Kultur-Tendenzen ihrer Zeit, bis ihre Erfahrungen den Zusammenklang zerrissen, das Vertrauensverhältnis sprengten, den Harmonie-Glauben erschütterten, so gab es auch für Börne eine Zeit, in der sich (trotz der Erlebnisse des Juden) der Zwist zwischen ihm und seiner Umwelt noch nicht bis zu bewußter Schärfe herausgearbeitet hatte, in der er noch glauben konnte, innerhalb des gegebenen Rahmens seine Ziele erreichen, seinen Geist ausleben zu können.

Der werdende große Revolutionär stand merkwürdig lange, über die schwersten Enttäuschungen hinaus, in einem Vertrauensverhältnis zur herrschenden Ordnung. Er war ein idealistischer Reformator ohne jede Sprengkraft, zunächst: für die Humanität der Gesellschaft, für die Wehr des deutschen Volkes gegen die Fremdherrschaft, und er war außerdem ein anonymes, sehr peripheres Glied in dem großen Beamtenapparat. Staatsdiener-Pflichttreue, nationales Pathos und pantheistische Metaphysik: das war der Polizei-Actuarius Doktor Baruch. Die Beamten-Pflichttreue bestätigte er im Römer. Das nationale Pathos im Frankfurter Journal. Die pantheistische Metaphysik in Logen-Vorträgen. Aber inmitten der pantheistischen Ergüsse wuchsen Ideen von anderer Herkunft: den lyrischen Überschwang durchbrach ein nüchternes Ethos. Auch der optimistisch-pathetische, pantheistisch schwärmende Jüngling, der in der jüdischen Loge ›Zur aufgehenden Morgenröte‹ den ganzen hymnischen Auftrieb seines morgenrötlichen Idealismus ausgab, war nie verblasen genug, nie realitätsblind genug, um nicht den ideelichen Kern und die skandalöse Wirklichkeit der Logen-Gebilde als unerträglichen Widerspruch zu erkennen. Er schied aus seiner Loge aus und trat erst nach Beseitigung der Mißstände wieder ein. Eine der christlichen Frankfurter Logen, die Loge ›Sokrates zur Standhaftigkeit‹, ließ keine Juden zu; sie legte jedem Kandidaten die Frage vor: Bist du ein Christ? Wozu Baruch bemerkte: Sokrates wäre abgewiesen worden. Börne sprengte wie Sokrates die Wirklichkeiten, weil er ihren Sinn aggressiv machte; Börne und Sokrates gehörten zu jenem heimtückischen Realismus, der sich der Wirklichkeit nähert – um sie mit der Idee zu infizieren.

Viele leidenschaftliche Realisten, viele große Bekenner gegen die Ignorierung der harten Tatsächlichkeit sind nüchtern gewordene Schwärmer, ernst gewordene Ideentänzer. Wer die Sünde der Realität-Überfliegung begangen hat, bereut durch unerbittliche Zergliederung des Idealisierens und der lügenden Idealitäten. Sowohl Börnes als auch Nietzsches kritischer Realismus wurde geboren aus dem Zusammenprall ihrer idealistischen Gläubigkeit mit den unverrückbaren, diesem Idealismus fremden Ereignissen der Zeit ... Aber noch stand diese Zeit in der Helle seiner vertrauenden Phantasie. Und er schrieb aus der nationalen Seligkeit des Jahres 1814 im Frankfurter Journal den Artikel ›Was wir wollen‹: »Wir wollen freie Deutsche sein, frei in unserem Hasse, frei in unserer Liebe; mit dem Leibe nicht, nicht mit dem Herzen einem fremden Volke ergeben ... Wir sind Waffensöhne; in dem Eisen ist unser Gold. Wir wollen freie Deutsche sein, und damit wir es bleiben, über sklavische willenlose Völker auch nicht herrschen.« Die letzten Worte: wie gesprochen gegen die Innenpolitik und Kolonialpolitik des kommenden Jahrhunderts; durch die Rhetorik des Begeisterten klang schon die Einsicht des Erkennenden, wie durch den Enthusiasmus des Logen-Bruders die Nüchternheit des Logen-Kritikers. Aber während er die Zukunft schon unbewußt voraus kritisierte, war er in die Gegenwart noch nicht hineingewachsen und füllte die Lücken seiner Erkenntnis mit gläubigen Untertanenträumen: »Es ziemt uns nicht, keck in den Rat der Fürsten einzudringen, sie sind besser als wir. Wir haben das Schwert, sie uns geführt, aber das Schwert kann nur töten; der Wille siegt.« Noch ein Jahr nach dem Wiener Kongreß glaubte er an die Führermission der deutschen Fürsten, an die Revolution von oben, an die un-heilige, aber fruchtbare Allianz zwischen den Regierenden und den freien kritischen Geistern. Dieser Fürsten-gläubige Baruch war kein Mann, der oppositionelle Launen hatte. Er war ein Mann, der ein vertrauensseliges Vorurteil für die Güte des Bestehenden besaß. Nur wer – wie er – bis zum Letzten das Zusammengehen probiert hat: nur der hat das Recht und die geistige Macht, öffentliche Opposition zu sein. Oppositioneller wird man nicht durch Geburt, sondern durch einen Geburtsfehler – oder durch die Schuld der Regierenden. Die echten, großen Oppositionellen sind das heilbringende Fieber der Regierenden. Börne wurde das Fieber Metternichs.

Nichts spricht mehr für den großen Radikalen Börne als des regierungstreuen Patrioten Baruch ernste Versuche, die Regierung und den Louis Baruch in Einklang zu bringen, in *einen* Klang – den revolutionären Patriotismus. Noch 1817 machte er solch einen Versuch, noch nach seinen bösen Erfahrungen mit der Reaktion. 1817 trug sich sein Freund Stiefel mit der Idee, ein Blatt im konstitutionellen Sinne, aber zugunsten der Regierung herauszugeben: ein ›Ministerialblatt‹. Der Preußische Gesandte war dafür. Cotta sollte den Verlag übernehmen. Baruch sollte mitmachen, und wollte mitmachen. Er hatte den Willen zur Zusammenarbeit mit der Regierung, mehr: er hatte den Glauben an eine Konsonanz. Die naive Gläubigkeit seiner revolutionären Vorsicht, seiner konservativen Fortschrittlichkeit, mit der er diesen Plan anpackte, war der Boden, aus dem der rücksichtslose Angreifer wuchs, den blöde Böswilligkeit zu einem sadistischen Kritikaster machen wollte. Nie wieder durchschaut man später den Ursprung seiner heftigen Angriffe so leicht wie hier, wo die Bande des Vertrauens zum herrschenden System noch nicht gerissen waren. »Ew. Wohlgeboren« – schrieb er an Cotta, der das ›Ministerialblatt‹ verlegen sollte – »haben ... in einem Schreiben an Herrn Dr. Stiefel die nicht zu widerlegende Ansicht ausgesprochen, daß um dem Lobe des Löblichen einer Regierung Eingang zu verschaffen, auch der Tadel des Tadelnswerten nicht unterdrückt werden dürfe. Daß im letzteren Falle die Ausdrücke der Mißbilligung mäßig und verständig sein müßten, ist eine umso unerläßlichere Forderung, als selbst die zu gebende Lehre hierdurch an Kraft gewinnt.« Baruch – noch vertrauensselig – war nicht nur für Verteidigung der Regierungs-Handlungen gegen ungerechte Einwände, sondern auch für den Nachweis der Unausführbarkeit mancher zweckmäßiger und billiger Volksvertreter-Forderungen. Einer der ersten und größten deutschen Revolutionäre mahnte hier noch das Volk zur Selbstbescheidung vor der Obrigkeit, »wie erschreckend ist nicht der zur Sitte gewordene Brauch, das Volk nicht der Regierung *gegenüber*, sondern *entgegen* zu stellen und ihm einzureden, es könne nur in einer solchen politischen Temperatur sich wohl befinden, in welcher der Thermometer seiner Untertanenpflichten auf dem Gefrierpunkt steht.« Baruch hatte nicht nur das Vertrauen zur Regierung, er hatte auch das phantastische Vertrauen zu seinem pädagogischen Einfluß auf die Regierung, den er geltend machen wollte. So schlug der künftige Redakteur eines ›Ministerialblatts‹ dem künftigen Verleger dieses ›Ministerialblatts‹ als selbstverständliche Richtlinien vor: daß dies Blatt weder antiministerielle Tatsachen verschweigen noch antiministerielle Ansichten unterdrücken dürfe. Der junge Baruch hatte den Glauben aller jugendlichen Kämpfer, daß nur der Irrtum die Menschengruppen trenne, und daß man keiner Menschengruppe mehr Ehre erweise, als wenn man sie selbst zum Paten *der* Wahrheit erwähle, die gegen sie ist, statt sie dem Angriff von außen auszusetzen. So wollte er – in rührender Ahnungslosigkeit – das Regierungsblatt zum Boden für die oppositionelle Kritik machen. Einer solchen Phantasie-Regierung gegenüber brauchte er natürlich nicht das Volk zur Wachsamkeit aufzurufen. Im strikten Gegensatz zu seinem späteren, die Politisierung des Volks fordernden Programm propagierte er hier noch die Dämpfung der politischen Erregung, die Ablenkung der politischen Energien durch Kunst und Wissenschaft: »Ich liebe die Vorstellung, daß unser Blatt sich auch zuweilen der Kunst und Wissenschaft öffnen und dem gemütlichen Leser vergönnen möge, sich an dem Menschen und dem Bürger zu erholen. Der deutsche Staatskörper leidet an Hypochondrie. Die einzelnen Glieder desselben sind überreizt und dadurch zu einem widernatürlichen Selbstbewußtsein gekommen. Das Gemeingefühl ist zu erhöht. Zerstreuung möchte dem Kranken, der nur ein solcher ist, weil er sich dafür hält, besonders wohl tun. Wollen wir nicht darum unsere Zeitungsleser von der bestäubten Heerstraße der Politik an die freundlichen Gärten der Kunstblüten und der Früchte des Wissens hinüberlocken?« Noch 1817, kurz vor den Karlsbader Beschlüssen, war er »eine rechtgläubige Seele, und sehr dumm, wenn ich mich so ausdrücken darf«. Aber die einst Rechtgläubigen werden die besten Ungläubigen. Die besten Ungläubigen sind die, welche einen leeren Himmel mit einer Gottheit füllen. Börne war so ein Rechtgläubiger: und wurde so ein Ungläubiger.

Die Herkunft der Offensive Börne war also: der regierungstreue, an die Fürsten glaubende, der blutstillenden Kraft von Kunst und Wissenschaft vertrauende, auf die Privatmoral von Ministern bauende, in den süßen Banden eines Jünglings-Idealismus schmachtende Doktor Baruch; wie die Herkunft des europäischen Hassers Nietzsche der sensible Pastorensohn war, der aus Hellas, Wagner, Schopenhauer, idealistischem Gelehrtentum und Jünglings-Sehnsucht sich ein Paradies schuf – aus dem ihn die Erfahrung vertrieb. Diese Erfahrung war im Leben Nietzsches ein Intimwerden mit *den* Wirklichkeiten, deren Ideen er besungen hatte, ein Hineinwachsen in konkrete Anschauungen, die Phantasien zerstörten. Diese Erfahrung war im Leben Börnes eine viel massivere, sehr schmerzhafte, sehr unmißverständliche Lektion, welche die große Weltgeschichte dem kleinen schmalbrüstigen Louis höchst persönlich erteilte. Millionen sind Zeitgenossen der größten Weltereignisse, ohne daß sie von diesen Weltereignissen viel mehr erfahren als was die Zeitung schreibt. Börne mußte in seinem Leben die Weltgeschichte seiner Zeit absolvieren: die Judengasse war ein Kapitel Weltgeschichte; Napoleon vertrieb den Studenten aus Halle; Napoleon öffnete dem Studenten die Verwaltungs-Karriere; die Reaktion warf den Beamten aus dem Amt – die Weltgeschichte hatte es unmittelbar auf Louis Baruch abgesehen. Zwischen der Zeitgeschichte und der Privatgeschichte Louis Baruch bestand ein inniger Zusammenhang: die Zeitgeschichte strömte direkt durch sein Leben hindurch; es war nicht seine Natur, es war sein Ort innerhalb der bürgerlichen Gesellschaft, der ihm die Idylle verbot. Aber auch auf den Kratern der Vulkane bauen sich nach jedem Ausbruch immer wieder die vertriebenen Menschen an; unerschütterlich glauben sie an den festen Boden – und wenn er ihnen noch so viele Risse gezeigt hat. Börne gehörte nicht zum Geschlecht derer, die immer wieder vergessen und so immer wieder die Zeit zum Stillstehn bringen; aber doch auch nicht zum Geschlecht derer, die (hysterisch) nichts vergessen – und deshalb von der Zeit vergessen werden. Die Zeit riß ihn mit: da riß er die Zeit mit.

Er brauchte seiner Zeit nicht erst auf die Schliche zu kommen, sie machte sich ihm so nachdrücklich bemerkbar, daß der versponnenste Träumer sie nicht hätte übersehen können. Sie drang in das Büro des Polizeiaktuars, sie kündigte dem Polizeiaktuar den Dienst. Am 2. November des Jahres der Schlacht bei Leipzig hatten die verbündeten Heere Frankfurt am Main besetzt. Es folgten die Matadore der Anti-Napoleonfront: Alexander I., Franz I., Friedrich Wilhelm III. Dalberg war in die Schweiz geflohen; Ende 1813 war es aus mit der siebenjährigen Herrschaft des großherzoglichen Fürstprimas. Frankfurt fiel an die ›Zentralverwaltung für die zurückeroberten deutschen Länder‹. Ihr Chef, Freiherr von Stein, schuf ein besonderes General-Gouvernement für Frankfurt und die fürstlich Isenburgschen Länder unter dem österreichischen Feldmarschall-Lieutenant Prinz Philipp von Hessen-Homburg. Dies General-Gouvernement verordnete 1814: »Von diesem Zeitpunkt an erhalten die ehemaligen, vor Einführung des Code Napoleon in jedem einzelnen Landesteil in Gültigkeit und Gebrauch gewesenen eigenen, älteren Rechte, Verordnungen, Vorschriften, Gewohnheiten und Verfassungsnormen wiederum ihre vorige verbindliche Kraft und Gültigkeit.« Der Code Napoleon war also »mit allen in

Beziehung auf die französische Gesetzgebung erschienenen und damit zusammenhängenden Verordnungen aufgehoben.« In der Mitte des Jahres waren die alten Rechte fast alle wieder in Kraft: man hatte die Episode Dalberg nach Kräften ausgelöscht. Schon vor dem Gouvernements-Edikt war die Einzahlung der Juden auf die Obligationen der Ablösungssumme nicht mehr angenommen worden. Da wußten sie, welche Stunde geschlagen hatte, die Stunde der Rückwärts-Revidierung; die »sieben fetten Jahre« waren vorbei. Die Dreizehner-Kommission, die zur zeitgemäßen Änderung der alten Frankfurter Verfassung eingesetzt worden war, schlug vor, den Juden die politischen Rechte abzuerkennen, die privatbürgerlichen Rechte, die sie sich erworben hatten, zu belassen. Selbst dieser rückschrittliche Entwurf einer ›Staatsverfassung für die freie Stadt Frankfurt‹ ging dem General-Gouvernement noch nicht weit genug zurück. Man behandelte die Judenfrage eine Weile dilatorisch; dann erfolgte auf eine Beschwerde des jüdischen Gemeinde-Vorstands beim obersten Verwaltungs-Departement die denkbar schlechteste Entscheidung: daß das Departement »in Betracht des Verhältnisses der israelitischen Glaubensgenossen in der Stadt keine Änderung oder nähere Bestimmung über die deshalb in der Constitution gemachte Festsetzung treffen kann, sondern sie das weitere darüber von der Gerechtigkeit und dem Gemeinsinn der constitutionellen städtischen Behörde zu gewärtigen haben«. Die Frankfurter Juden wußten nach den Erfahrungen einiger Jahrhunderte sehr genau, was sie »von der Gerechtigkeit und dem Gemeinsinn der constitutionellen städtischen Behörde zu gewärtigen haben« – eine neue Judengasse; eine neue »Stättigkeit« nach dem Vorbild des alten Matthias; wieder einen gelben Ring als Brandmal, in neuer Aufmachung. Der Frankfurter Senat machte die Streitfrage zum Rechtsstreit, holte Gutachten der drei juristischen Fakultäten Gießen, Marburg, Berlin ein und ließ sich bescheinigen: das Untertanen-Verhältnis der Juden – »deren Bekenner man haßte aus angeerbter Gespensterscheu« – besteht zu Recht, die Erteilung des Bürgerrechts an diese Juden von seiten des Großherzogs ist null und nichtig, dem Frankfurter Senat steht es frei, die Juden-Ehen zu beschränken, der Bundestag ist nicht einmal berechtigt, Einspruch zu erheben, »da die Juden im unmittelbaren Subjektionsverhältnisse zu dem Senate und der Bürgerschaft stünden«. Da entsandten die Juden eine Deputation (auch Börnes Vater gehörte ihr an) auf den Wiener Kongreß, der gerade im Großen und im Kleinen Europa frisch modellierte. Hier meldeten sie ihre Rechte an: das juristische und das moralische Recht; für 440 000 Gulden hatten sie die Freiheit gekauft, durch den deutsch-jüdischen Patriotismus in den Freiheitskriegen sich als vollgültige, das heißt: mit Vergnügen auf dem Felde der Ehre sterbende Staatsbürger erwiesen. Sollten sie aber durchaus wieder zurück hinter das Gitter einer »Stättigkeit«, dann lieber in die alte kaiserliche Oberschutz-Herrlichkeit (zum Pech der Juden war nur kein deutscher Kaiser mehr da!) als unter die Fuchtel des judenfeindlichen, »siebenschläfrigen« Frankfurt. »Was hat denn« (fragten sie den Freiherrn von Stein) »die hiesige Gemeinde verbrochen, um solche Behandlung zu verdienen, und warum wird sie allein in Trauer versetzt, während durch Euer Exzellenz Gnade allen übrigen Bewohnern Frankfurts die Wohltaten einer liberalen Verfassung zuteil geworden sind ... Eingeborene dieser Stadt, beigezogen gleich allen übrigen Bürgern zu den öffentlichen und außerordentlichen Abgaben, sollten wir von neuem von allen im Staate eingeführten Gewerbs- und Nahrungszweigen ausgeschlossen, einzig auf den Handel beschränkt und auch hier sogar allenthalben mit Fesseln belegt sein, und dies alles sollte in einem Zeitpunkt geschehen, wo aufgeklärte Regierungen die freie Regsamkeit der Kräfte allen Staatsmitgliedern ohne Unterschied der Konfession zusichern? Wer würde es auf sich nehmen können, 3000 eingeborene Deutsche und alle künftigen Geschlechter derselben mit in ihrem Vaterland der Sklaverei und Schmach preiszugeben? Ein wahres und gerechtes Wort Euer Exzellenz würde 3000 deutsche Einwohner Frankfurts beglücken und unter den Segnungen der übrigen Bürgerschaft auch deren Segenswünsche für Euer Exzellenz zum Himmel steigen machen.« Die angekündigten jüdischen Segenswünsche konnten nicht zum christlich-deutschen Himmel aufsteigen. Stein war Antisemit und hätte die Juden gern an Afrikas Nordküste angesiedelt. Sein Kollege Hardenberg aber war der Ansicht, daß »die Verhältnisse der Frankfurter Judenschaft als gesetz- und rechtmäßig feststehend, nicht bezweifelt werden können« und daß es *deshalb* (deshalb!) »der Preußischen Intercession bei dem Kongreß gar nicht bedarf«. In der Selbständigkeits-Akte, die Metternich der Stadt gab, wurde »auf die Erhaltung aller wohlerworbenen Rechte jeder Klasse von Einwohnern fest bestanden, damit jede rückwirkende Maßregel vermieden werde«. Der Vertreter des Frankfurter Senats beim Kongreß, der beim Wiener Polizeiminister die Ausweisung der ihm unbequemen Frankfurter Juden-Delegierten fast erreicht hätte (weil sie »als Deputierte der Frankfurter Judenschaft durch Ränke und Bestechungen bei dem Kongresse gewisse Freiheiten, die ihnen der vormalige Großherzog von Frankfurt verkauft hatte, durchsetzen wollten«), intrigierte mit allen Mitteln. Er gab eine lahme, auf Hardenberg und Metternich hingeschminkte Erklärung ab: man wolle den Frankfurter Juden alle Freiheiten geben, »welche auch die aufgeklärtesten Regierungen deren Glaubensgenossen angedeihen lassen, *insofern solche mit der hiesigen Lokalität vereinbar sind«*, und erhob gegen den Großherzog Dalberg die schwere Anklage, er habe die Frankfurter Judenschaft »wider alle Regeln der Staatsklugheit, zum größten Nachteil der christlichen Bürger und Einwohner, zur Verkürzung wohlerworbener Rechte und zum Schaden der Juden selbst auf eine Weise begünstigt, wovon man in keinem Staate ein Beispiel fände«. So kam denn als Artikel 16 der Bundesakte dies Zwitter-Resultat zustande: »Die Verschiedenheit der christlichen Religionsparteien kann in den Gebieten des deutschen Bundes keinen Unterschied in dem Genusse der bürgerlichen und politischen Rechte begründen ... Die Bundesversammlung wird in Beratung ziehen, wie auf eine möglichst übereinstimmende Weise die bürgerliche Verbesserung der Bekenner des jüdischen Glaubens in Deutschland zu bewirken sei, und wie Insonderheit denselben der Genuß der bürgerlichen Rechte gegen die Übernahme aller Bürgerpflichten in den Bundesstaaten werde gesichert werden können; jedoch werden den Bekennern dieses Glaubens bis dahin die denselben in den einzelnen Bundesstaaten bereits eingeräumten Rechte erhalten.« Obwohl mit diesem Wipp-Artikel, mit diesem Einerseits-Andrerseits-Paragraphen die Juden schon wirklich bis nach Afrika zu jagen waren, redigierte ein kleiner Fälscher bei (freiwilliger oder unfreiwilliger) Unaufmerksamkeit des schlafenden oder tanzenden Kongresses ein ganz kleines »in« in ein ganz kleines »von« – und rettete so Deutschland vor Zion. Der Vertreter Bremens, Herr Schmidt, der mit den Vertretern Waldecks und Schaumburg-Lippes den Entwurf nach der formalen Seite hin zu revidieren hatte, nahm den deutschen Juden alle von Napoleon empfangenen Rechte, indem er im letzten Satz des zitierten Juden-Paragraphen ihnen nicht die »in den einzelnen Bundesstaaten bereits eingeräumten Rechte« garantierte – sondern die »*von* den einzelnen Bundesstaaten« eingeräumten Rechte. Ein knapper, entscheidender Betrug. Schlief der Protokollführer Gentz? Und Hardenberg? Jakob Baruch fuhr von Wien betrübt nach Haus: »Ich kann alsdann mit meinen unglücklichen Brüdern in Frankfurt weiter nichts tun, als ein trauriges Los beweinen, welches unsere so teuer erworbenen bürgerlichen Rechte der Willkür einer Obrigkeit preisgibt, die von jeher unsere bedauernswürdige Gemeinde von 3000 Seelen nur in der tiefsten Erniedrigung zu erhalten gewohnt ist.« Jakob konnte »weiter nichts tun, als ein trauriges Los beweinen« – Louis, ein Opfer dieses Loses, konnte mehr tun: er konnte das Leid der Erniedrigung umsetzen in kämpferische Energie.

Frankfurt hatte es herzlich leicht, Hardenberg und Metternich frankfurtsch zu interpretieren: als am zwanzigsten Juni 1815 das General-Gouvernement abdankte und die Stadt in ihre Souveränität einsetzte – in eine Unabhängigkeit, wie Frankfurt sie noch nie gehabt hatte. Man brauchte auch vor dem preußischen Geschäftsträger bei der freien Stadt Frankfurt keine Angst zu haben, der keineswegs »die preußische Glorie in der Begünstigung des Judentums suchen und mit dergleichen *odiosis* in Frankfurt debütieren wollte«. Am liebsten hätte man die Juden sofort wieder eingeriegelt und die Gefängnis-Statuten des seligen Matthias frisch gedruckt und so (gemäß der Senats-Proklamation) »den echten Bürgersinn, die Eintracht und den Eifer für alles wahrhaft Gute entfaltet«. Jüdische *Freiwillige* standen noch im Feld – bei den Jägern, bei der Infanterie; Oppenheim war Trompeter und Doktor Stiefel Bataillonsarzt bei den Lützowern –, da wurden zu Hause schon wieder jüdische *Unwillige* geschaffen: man schloß Juden von Bürgerversammlungen aus; man entschied sich wieder für einen besonderen Juden-Eid, also für eine neue konfessionelle Scheidung der Bevölkerung vor Gericht; man erließ Eheverbote; Gewerbeverbote. »Es hatten eine große Menge Juden gegen Napoleon die Waffen ergriffen und für die Freiheit ihres deutschen Vaterlandes gekämpft. Doch als sie unter den Siegern zurückgekehrt, wurden sie gleich wieder unter die Heloten gesteckt, trotz der gerühmten Treue und Rechtlichkeit der Deutschen.« Louis spürte die deutsche Nibelungentreue am eigenen Körper. Noch bangte Mutter Baruch um den Sohn Philipp draußen, er möchte für die deutsche Freiheit totgeschossen werden – da opferte man den Sohn drinnen der deutschen Unfreiheit, dem Judenhaß: die Patrioten der Heimat begannen, den fremdrassigen Polizeiaktuar von dem nationalen Aktenstaub des ›christlichen Staats‹ wegzudrängeln.

»In dieser Stadt, die seit fünfundzwanzig Jahren den Frieden nicht gesehen, hatten so lange Stürme nicht vermocht, die Sümpfe stehender Gesinnungen zu beleben und zu erfrischen, und kaum war der Wind vorüber, so entquollen ihnen von neuem verdunkelnde Düfte, die ebenso giftig als unbehaglich waren.« Als Baruch diesen Satz in seiner (auf Veranlassung des Vaters geschriebenen, auf Veranlassung des Vaters unterdrückten) Schrift ›Die Juden in der freien Stadt Frankfurt und ihre Gegner‹ 1816 schrieb, hatten seine Gegner schon gesiegt und ihn aus dem Amt getrieben; die Stürme und Winde der Kriege überschätzte er aber immer noch: er wußte immer noch nicht, daß sie zu jener Gattung von Winden gehören, die in die Sümpfe hineinfahren und aus ihrer Tiefe alle »verdunkelnden Düfte« erst heraufholen. Und da es allenthalben stank, kam man auf die patriotische Idee: die Juden röchen schlecht. Deshalb mußte der jüdische Polizei-Actuarius Baruch an die frische Luft.

Börne stellte später einmal die großartige wider-christliche These auf: Unrecht leiden ist ebenso schlimm wie Unrecht tun. So kämpfte er mit zäher Energie für sein Recht. Man führte zunächst den Guerilla-Krieg der kleinen Gemeinheiten gegen ihn: man wollte ihm das Amt verleiden. Man beschäftigte ihn mit geisttötenden Registraturarbeiten. Louis Baruch hatte den längeren Atem – und er konnte nach den Bestimmungen der Kongreß-Akte hinsichtlich der Großherzoglich-Frankfurtischen Staatsdiener nicht entlassen werden. Konnte nicht? Aller Machtkampf maskiert sich in der bürgerlichen Gesellschaft als Rechts-Streit. Die Rechts-Paragraphen sind die gutwattierten Gewänder über tausend häßlich-nackten Egoismen. Da das Gift der täglichen kleinen Nadelstiche nicht wirkte, mußte die Rechts-Maschine, schwerstes aller Folterinstrumente, heran: man hoffte, ihn auf die Straße zu setzen unter dem Vorwand, daß er kein Großherzoglich-Frankfurtischer Staatsdiener, sondern nur provisorischer Angestellter sei. Baruch wies in einer Reihe von Schreiben an den Polizeiminister, an den Senat, an die Ausgleichskommission sein Recht auf Pension nach. Er stellte zunächst seine moralische Position in helles Licht: er habe die Pflichten seines Amtes mit der größten Strenge erfüllt; er habe für sich das anerkennende Urteil der Vorgesetzten und das Zeugnis des Publikums. Er hatte noch mehr für sich: die Geschichte seiner Beamtenkarriere. Unter dem Präsidenten von Itzstein hatte er einen großen Teil der deutschen und französischen Korrespondenz zu führen, Entwürfe über verschiedene Polizei-Einrichtungen zu machen, öffentliche Bekanntmachungen und Verordnungen zu verfassen, als laufendes Geschäft die Registratur zu erledigen. Nach dem Großherzoglichen Dekret über die Organisation verschiedener Verwaltungszweige von 1812 sollten bei der Oberpolizeidirektion drei Aktuare angestellt sein. Baruch war zunächst der vierte. Anfang 1813 starb einer der drei etatmäßigen Aktuare. Baruch erhielt eine Stelle durch landesherrliche Genehmigung; er rückte also in eins der landesherrlich bestätigten Aktuariate ein. »So wie keiner der Polizei-Actuarien mit einem landesherrlichen Dekret versehen wurde, weil die Stabilität des Dienstes der Subalternen von dem Wohlverhalten derselben abhängen sollte, ebenso verhielt es sich auch mit mir.« Aber ihm wurde die Registratur abgenommen und die Führung aller polizeigerichtlichen Untersuchungen übertragen ... Jetzt zeigte das Hintertür-Verhältnis mit seiner »Wohlverhaltens«-Klausel das Hintertürchen: man revidierte sein Ressort rückwärts; Napoleons Sturz brachte neben vielem andern wieder – den Registraturbeamten Baruch. In der ersten Hälfte des Jahres 1815, wohl nach dem Scheitern der unterirdischen Schikanen, beschloß der Senat offiziell Baruchs Amtentlassung. Wie man sie ihm mitteilte, erinnert an einen bekannten Witz: Herr Müller ist gestorben; seine Frau weiß es noch nicht; man teilt es ihr indirekt mit, indem man an ihre Wohnung klopft und sie fragt: »Verzeihen Sie, wohnt hier die verwitwete Frau Müller?« Man teilte dem Beamten

Baruch seine Entlassung mit – indem man ihm eine Pension ablehnte. Der Senat erließ diese Verfügung über einen ungekündigten Beamten: es »ist dem Dr. Baruch zu eröffnen, daß man die Pensionierung desselben ebensowenig als die der übrigen Büreauisten anerkennen könne«. Auf solch neckische Weise erfuhr der Staatswitwer Baruch, daß ihm sein Amt weggestorben war.

Die Kündigung war – wenn auch indirekt – ausgesprochen: Baruch wies zugleich das unsachliche Motiv dieser Kündigung und seinen Anspruch auf Pension nach: »Wenn aus ... meiner gehorsamsten Darstellung klar hervorgeht, daß auf die Förmlichkeit meiner Anstellung mit Grund nichts eingewendet werden könne, wenn ich in meinem Innern das Zeugnis trage, durch keinerlei Handlung oder Schuld Veranlassung gegeben zu haben, mir eine Stelle zu entziehen, welche ich seit fünf Jahren redlich bekleide, wenn auch selbst die Notwendigkeit einer Beschränkung des Polizei-Personals aus finanziellen Gründen nicht angeführt werden kann, da der Polizei-Etat zur nehmlichen Zeit, wo meine Dienstentlassung beschlossen worden, bedeutend erhöht worden ist und daher Ersparung meines Gehalts unmöglich bezweckt worden sein konnte; wenn eine Verminderung des Personals aus Gründen des Dienstes selbst einesteils eine rechtliche Anwendung auf mich nicht haben kann, und andernteils jetzt um so weniger denkbar ist, als in dem dermaligen Augenblick die Geschäfte der Polizei statt vermindert eher vermehrt werden dürften und man gewiß genötigt sein würde, meine Stelle durch einen anderen zu ersetzen, wenn endlich das Polizeiamt provisorisch auf ein Jahr in seiner gegenwärtigen Einrichtung bestätigt worden ist; so bitte ich einen hochpreislichen Senat ergebenst, mir meinen Dienst, der meine Lebsucht ausmacht, wenn auch nicht definitiv doch wenigstens provisorisch auf ein Jahr mit dem den Actuaren bewilligten Gehalt zu bestätigen und erneuere mein gehorsamstes Gesuch um die Auszahlung der für das vergangene Jahr den übrigen Actuaren bewilligten Gratification. Sollte ich das Unglück haben, daß meine Verabschiedung gegen mich Schuldlosen unabänderlich verhängt wäre, so wird ein hochpreislicher Senat meine rechtlichen Ansprüche auf Fortbezug meines Gehaltes als Pension *gerechtest* nicht verkennen.« Man verkannte sie – ungerechtest. Und so gab der »hochpreisliche Senat« (dem Baruch liebenswürdigerweise insinuiert hatte: daß er, der Senat, »gewohnt ist, für das Glück jedes Bürgers besorgt zu sein«) folgende epigrammatische Antwort dem Baruch, Bürger zweiter Klasse, der es gewagt hatte, alle denkbaren Ausreden von vornherein durch prophylaktische Widerlegung unschädlich zu machen: »Es wird dieses Ansuchen abgeschlagen.« Nachdem Baruch sich noch mit einer zweiten »untertänigsten Vorstellung« vergeblich an den »hochpreislichen Senat« gewandt hatte – er war der Ansicht, daß nur die Mächtigen auf die Bücklingsfloskeln verzichten können –, schrieb er an die »hochlöbliche Kommission«. Beschluß: Baruch hat einen Pensionsanspruch, aber nur auf 400 fl. monatlich, nicht auf die geforderten 800 fl. ... Dieses Ende des Polizei-Actuarius Baruch war noch nicht zu Ende. Seine Staatsdienst-Episode hatte später noch ein groteskes, kleines Nachspiel. Der Stadt-Pensionär Börne erhielt seine Pension zeit seines Lebens, trotz schlechten Benehmens. Weder die Zensurkämpfe des Frankfurter Redakteurs noch die Verhaftung auf preußische Veranlassung im Jahre 1820 störten den Bezug dieser Pension. Erst Ende 1831, sechzehn Jahre nach seiner Entlassung, »erinnerte« man sich an den in Paris lebenden Frankfurter Polizei-Actuarius außer Diensten, griff auf seinen Brief des Jahres 1815 zurück, in dem er sich jederzeit zur Verfügung des Amts gestellt hatte, sistierte sein Gehalt und forderte ihn auf, sich binnen sechs Wochen zu stellen. Wieder war er in den Zähnen der Rechtsmaschine. Den ehrenvollen Ruf veranlaßte wohl weniger die Sehnsucht nach dem Verfasser der ›Briefe aus Paris‹ als der Wunsch, einen frechen Pensionär loszuwerden. Börnes Advokat Reinganum rief zurück: Börne habe keine Verpflichtung mehr, weil erstens das Frankfurter Polizeiamt nicht mehr dasselbe sei wie die frühere Oberpolizeidirektion, weil Börne zweitens gar nicht sein volles Gehalt bezogen habe, Voraussetzung jenes zitierten Briefes, und weil der Stadtdiener Börne jetzt kränklich sei. Der Senator Ihm erstattete darauf diesen gutachtlichen Bericht: »Daß es keineswegs angemessen sein möchte, den Dr. Börne anjetzt noch als aktiven Staatsdiener in Anspruch zu nehmen.« »Anjetzt noch«: wo sich wohl die Balken des Römer über diesen Polizeiaktuar gebogen hätten.

Am siebzehnten April 1818 teilte Doktor Baruch im Frankfurter Journal »seinen Freunden und allen, mit denen in Verbindung zu stehen er die Ehre hatte«, mit, daß er sich Dr. Ludwig Börne nennen und unterzeichnen werde. Sein erstes Gesuch, den Namen ändern zu dürfen, war abgelehnt worden: er hätte keine Gründe beigebracht; Namensänderungen könnten nur in wichtigen Fällen gestattet werden. Baruch erwiderte, daß »viele Regierungen den Juden die Abänderung ihrer alttestamentarischen, sie einerseits nicht immer bestimmt bezeichnenden, andrerseits von der Volksmenge zu sehr heraushebenden Namen gern gewährt, sie ihnen oft sogar zur Pflicht gemacht hatten«. Baruch wollte eine Zeitschrift herausgeben, um zu sagen, was er zu sagen hatte, und um sich eine materielle Basis zu schaffen. Der Name Baruch wäre aber von Beginn an eine schwere Belastung für diese Zeitschrift: der Leser würde sofort den Juden erkennen und die Zeitschrift des Juden entweder nicht lesen oder nur mit Vorurteil lesen. Die Behörde erkannte die Stichhaltigkeit dieser Argumente an; nur stellte sich der Genehmigung für den Namen Börner, den Baruch vorgeschlagen hatte, ein unüberwindliches Hindernis entgegen: ein Frankfurter Schriftgießer hieß schon Börner, und eine auf das Wohl ihrer Untertanen wohlbedachte Behörde konnte dem braven Manne Börner wirklich nicht zumuten, seinen Namen mit einem ehemaligen

Baruch zu teilen. So wurde dem Baruch der Börner zwar abgeschlagen, aber anheimgestellt, »einen Namen zu wählen, welcher dahier nicht üblich sei«. Baruch radierte ein r weg, sah im Adreßbuch nach, ob auch kein Frankfurter Börne existiere, und wurde so in Frankfurt, vielleicht überhaupt, der erste Börne. So daß die Urenkel des braven Schriftgießers Börner heute nicht den berühmten Namen des Verfassers der ›Briefe aus Paris‹ zu tragen brauchen.

In dem ausgesprochenen Motiv, das ihn zur Namensänderung trieb, muß man wohl auch das unausgesprochene Motiv seines Übertritts zum Christentum sehen. Am fünften Juni 1818 trat er mit Hilfe des Pfarrers Bertuch in Rödelheim zum Protestantismus über, ohne viel Aufhebens zu machen. Bertuchs Sohn wurde Börnes Pate und schenkte ihm seinen Vornamen Karl. So kam der Protestant Karl Ludwig Börne zustande. Es ist anzunehmen, daß der Kämpfer Börne für seinen Kampf die Arme frei haben wollte und daß ihm die Ablegung des angestammten Namens und der angestammten Konfession lediglich ein Akt kämpferischer Taktik war, ein Akt, der ihn kaum Selbstüberwindung kostete. Sein Konfessions-Wechsel war also durchaus nicht das Resultat eines religiösen Prozesses; seine geistige Stellung zum Judentum und zum Christentum berührte er nicht, sie war vorher dieselbe wie nachher. Wie Baruch Börne wurde, so wurde der Jude Protestant: ein gesellschaftliches, kein religiöses Ereignis. Er wurde freier; freier sogar für einen Kampf im Interesse der Juden. Schon ein Jahrzehnt vor seinem Übertritt hatte er diesen Aphorismus niedergeschrieben: »Wenn ich nicht selbst ein Jude wäre, so wollte ich manches zum Lobe der Juden sagen; aber die deutsche Eitelkeit zwingt mich, Bescheidenheit zu affektieren.« Börnes Übertritt war keine Seelen-Konfession, sondern ein politischer Zug, welcher der moralischen Beurteilung ebensowenig untersteht wie der Wechsel seines Namens. Die falsche moralische Akzentuierung einer (für Börne lediglich) zweckmäßigen Handlung zeigt sich am deutlichsten in der sentimentalen Deutung dieses Briefes an die Frankfurter Lesegesellschaft: »Ew. Wohlgeboren! Ich erlaube mir, mich an Sie als einen der Vorsteher der hiesigen Lesegesellschaft zu wenden. Es ist mein Wunsch, derselben als Mitglied beizutreten. Zwar haben mich Freunde versichert, daß ich Hindernisse finden würde, wegen meiner Abstammung von einem, ich weiß nicht welchem, der zwölf Stämme Israels. Indessen schmeichle ich mir, daß Sie meine herzliche Bitte berücksichtigen und mit Teilnahme für mich reden werden. Es ist mir nicht bloß darum zu tun, den Vorteil und den Genuß einer Anstalt, die sonst jedem wohleingerichteten Menschen offensteht, auch mir zuzuwenden; dieses allein würde meine Abneigung, in eine Gesellschaft einzutreten, wo auch nur zwei mich ungern sehen, nicht haben überwinden können. Aber diese Lese-Anstalt ist mir unentbehrlich, da ich Herausgeber einer Zeitschrift bin« (der ›Wage‹) »und wir Journalisten, wie Sie wissen, weder Honig, damit zu erquicken, noch Wachs, damit zu leuchten, machen können, wenn wir nicht auf den literarischen Wiesen bald diese, bald jene Blume aussaugen. Man hat mich versichert, daß Sie, wertester Herr, die Gefälligkeit selbst wären, und sich gewiß bemühen würden, meinen Wunsch in Erfüllung zu bringen.« Man schlug ihm sein Gesuch ab: weil die Gesetze der Anstalt Israeliten ausschlössen. Und Börne hat viel Lobstriche geerntet, weil er bei dieser Gelegenheit seinen Übertritt verschwiegen, den Vorteil dieses Übertritts nicht genutzt habe. Sentimental-Moral; so unbörnisch wie möglich gedacht. Weshalb ist er denn übergetreten? Um seine ewige Seele zu retten? Oder nicht vielmehr: um die Würde der Deutschen, der europäischen Menschengruppe retten zu können?! Moralisch gesprochen: er hätte sogar die Pflicht gehabt, sich der Lesegesellschaft als Protestant vorzustellen und so das Hindernis für seine Mitgliedschaft wegzuräumen, denn er brauchte den Apparat der Lesegesellschaft für seine publizistische Arbeit. Sollte man also diese Lesegesellschaft-Affaire durchaus ethisch ausdeuten müssen, so hätte man höchstens eine sentimentale Schwäche des Politikers Börne festzustellen. Wahrscheinlich wollte er aber nur die Auseinandersetzung mit seiner Familie, die zunächst noch nichts wußte, hinausschieben, und hielt deshalb seinen Übertritt so geheim wie möglich. Einige Jahre später setzte ihn die Frankfurter Polizei irrtümlich auf der Hauptwache fest. Der Aktuar schrieb – zur Einleitung des Verhörs – Börnes Name, Stand, Religion und alle andern hundert Steckbrief-Kategorien des Staatsbürgers auf. Er hatte die Rubrik Religion schon mit »israelitisch« ausgefüllt: da hörte er zu seiner nicht geringen Verwunderung, daß Beklagter Christ sei. So wurde Börnes Protestantismus publik durch die Polizei – die ihn zwar aus Versehen vierzehn Tage festsetzte, aber bei dieser Gelegenheit die unerhörte wichtige Entdeckung machte, daß Ludwig Börne nicht an die jüdische Gemeinde, sondern an die protestantische Kirche seine Steuern abführte.

Als er nun zum erstenmal in die Öffentlichkeit trat, Herausgeber der Zeitschrift ›Die Wage‹, war er der Protestant Dr. Ludwig Börne, ehemaliger Polizei-Actuarius der Stadt Frankfurt am Main. Und er war schon mehr: gläubiger Idealist a. D.; pantheistischer Pathetiker a. D.; zur Zeit: ein zielsicherer, nüchterner Soldat. Der schrieb am Vorabend seiner ersten Schlacht, des Erscheinens seiner ›Wage‹, das schlicht-richtungssichere, nüchtern-lebensbejahende Manifest: »Eines ist, was nützt: die Klarheit. Eines ist, was besteht: das Recht. Eines ist, was besänftigt: die Liebe.«

Die Klarheit des eindeutigen Schriftstellers, die Rechtlichkeit des zielbewußten Politikers, die besänftigende Liebe einer ungewöhnlichen Frau wurden die drei großen Sterne seines Daseins.

Theaterkritiker in Frankfurt am Main

»Das stehende Schauspiel eines Ortes ist selten besser, nie schlechter als die Zuhörer darin, und so wird es die höflichste Art, einer lieben Bürgerschaft überall zu sagen, was an ihr sei, daß man über ihre Bühne spreche.«

»Die Frankfurter mögen nur schweigen und dem Himmel danken, daß einer unter ihnen lebt, der besser ist als sie.«

»Ich beklage verlorene Zeit und fruchtlose oder übel verwendete Mühe.«

»O Fips, du bist glücklich; stirbst du auch ruhmlos wie eine Maus, so fällt dir doch im Leben immer etwas ab. Unter Deutschen lohnt sich's der Mühe nicht, mehr zu sein als ein Schneider.« Börne

Die Leidenschaft des Schriftstellers, Sätze zu bauen, die bannen, die verführen, lebte sich bei dem jungen Börne schon in seinen ersten schriftlichen Äußerungen aus: in seinen Briefen. Er wußte schon zur Zeit dieser Jünglingsbriefe, daß sich der Gedanke erst im Wort vollendet. Er verwarf schon, ohne professionell zu sein, einen passenden Ausdruck, wenn er spürte, daß dieser Ausdruck nicht aus seinem Inhalt erwachsen, nur angelesen war. Argwöhnisch auch gegen sich selbst, suchte er Eitelkeit für diese Originalitätssucht verantwortlich zu machen. Er sah noch nicht, daß er – als Schriftsteller geboren; denn die Schriftsteller-Moral macht den Schriftsteller – nur dem obersten Gebot dieser Schriftsteller-Moral gehorchte: den Gedanken allein in sein ihm zukommendes Wort, allein in sein von ihm erschaffenes Gefäß münden, nicht aber fertige Worte auf fertige Gedanken fallen zu lassen, Ungefähres auf Ungefähres.

Die Lieblingsautoren des werdenden Schriftstellers waren der Historiker Johannes von Müller, und Voltaire, der Philosoph, Essayist, Polemiker. Im Stilisten Johannes von Müller bewunderte Börne taciteische Prägnanz, im Stilisten Voltaire die Anmut, den Glanz. Diese beiden Vorbilder zeichnen den Umkreis der darstellerischen Effekte des großen Wort-Verführers Börne: der graziöse, mit leichter Eleganz, im Schmuck seiner Sprach-Geschmeide tanzende Wortspieler Börne war zugleich der markige, derbe, Antithesen wie Quadersteine nebeneinanderwuchtende Sätzebauer Börne. Die Historiker haben festgestellt, daß ihr großer Ahnherr Tacitus (den Börne übersetzt hat) der Antithesen-Symmetrie zuliebe Tatsachen retouchiert habe. Auch der Prototyp nüchterner Sachlichkeit opferte also dem Reiz des Rhythmus; der taciteische Satz ist die erhabene Spannung zwischen dem Souverän Tatsache und dem Souverän Wort, Satz, Periode. Börnes Perioden wurden Geschöpfe dieser Spannung, Geburten des klingenden Wortgefüges aus der fremden, unerbittlichen, massiven Welt der Tatsachen. Prosa-Poesie! So ist Börne ein ›Lyriker der Tagesgeschichte‹ geworden – kein Dichter, dem am Anfang steht der Zauber des ausgewogenen Wortgefüges. An allen Anfängen Börnescher Schöpfungen stehen die Fakten des Tages. Aber an allen Enden weht der Sprachatem einer Persönlichkeit ... Mehr als Tacitus und Johannes von Müller, mehr als Voltaire bestimmte ihn ein Dritter, der ihn tiefer traf, weil er mehr als den Schriftsteller traf: Jean Paul. Börne las Jean Paul in den Frankfurter Häusern, in denen er verkehrte, befreundeten Frauen vor, und soll beim Vorlesen fast erstickt sein. Der Reiz halbversteckten Gedankenspiels zog ihn an; ihn zog an Jean Pauls Fruchtbarkeit an Gleichnissen, die seinen Ideen die Farbe des reichen Lebens gaben; und Jean Pauls Gefühlsweite zwischen gutmütigem Spott und aufrufender Predigt. Doch so verwandt sie beide sind, Jean Paul und Börne: Jean Paul ist ein phantasierender Spintisierer im Urwald menschlicher Gestalten und Gefühle – Börne ein Urwald-Roder, ein Lichtungen-Hauer. Jean Paul, beheimatet im Zwielicht des Lebens, ist magischer – Börne, beheimatet in der Helle bewußten Willens, ist eindeutiger. So ist auch Börnes Stil klarer, einfacher, Börnes Witz knapper, schärfer, Börnes Tendenz eindeutiger. Stil, Witz, Tendenz: ärmer an tausend Schwebungen, reicher an tausend Feststellungen. Dieser Gegensatz ist Börne vielleicht weniger bewußt geworden als ihre Verwandtschaft, der er in seiner berühmten, von einer weit ausschwingenden Feierlichkeit gehobenen ›Denkrede auf Jean Paul‹ gehuldigt hat. Und klar hob er hier ans Licht, was er nicht mit Worten aussprach – die eine geistige Rasse, die den Träume und Wirklichkeiten zusammenspinnenden Schwind-Deutschen Jean Paul verbindet mit dem in kahlerem Raum lebenden Anti-Idylliker Börne, »die Freiheit des Fühlens«; daß Jean Paul »der Dichter der Niedergeborenen« war; daß er nie »eine niedre Regung mit dem Golde seiner Worte« bedeckte; daß er ein Dichter war, dessen Mission weiter ging als »die Trostbedürftigen zu trösten und als befruchtender Himmel dürstende Seelen zu erquicken«. Der Dichter »soll auch der Richter der Menschheit sein, und Blitz und Sturm, die eine Erde voll Dunst und Moder reinigen. Jean Paul war ein Donnergott, wenn er zürnte; eine blutige Geißel, wenn er strafte; wenn er verhöhnte, hatte er einen guten Zahn«. Börne liebte in Jean Paul mehr den Richter als den Dichter.

Börne schrieb schwer wie alle echten Schriftsteller; nur der Routinier schreibt leicht. Er suchte lange und mit Ausdauer das Wort, das Bild, das er brauchte, und das ungesucht auftauchende, faszinierende Bild, das er nicht brauchte, quälte ihn: daß er es gebrauche. Er begann die Niederschrift erst, wenn die Sätze im Kopf schon beisammen waren; so schrieb er leicht nieder, was der Kopf schwer zusammengefügt hatte. Sehr schwer: denn er war anspruchsvoll. In der ›Ankündigung seiner gesammelten Schriften‹ hob er eine Selbstkritik hervor: »Vielleicht verdiene ich keine Achtung für das, was ich geschrieben, aber für das, was ich nicht geschrieben, verdiene ich sie gewiß.« Er war mehr als dreißig, als er sich »an die Wortdrechselbank« setzte, »ich hätte früher anfangen, fleißiger fortfahren können, ich tat es nicht, ich kam spät und kehrte selten wieder«. Er war kein fruchtbares Wort-Karnickel, das seine Wortwürfe »gleich einem Wolkenbruche auf die armen Leser« niederprasseln ließ. Man hielt ihn für faul, während er wählerisch war. Er hat sich das Schreiben schwer gemacht: aus einer Achtung vor dem Wort, die nur der echte Schriftsteller kennt. Er probierte, experimentierte – wo er hätte billig übernehmen können: »So habe ich mühsam erfunden, was ich leichter hätte finden können.« War er denn nicht aber – nach tausend Bekenntnissen – der große Anti-Artist? Mit allen Sinnen und allen Gedanken nur gerichtet auf die großen Inhalte, die er aussprechen wollte? Das Ästhetische verstand sich ihm von selbst – er war ein Schriftsteller.

Seine journalistische Bahn begann mit kleinen anonymen Artikeln im Frankfurter Journal, dessen Redakteur, Doktor Stiefel, ihm befreundet war: pathetisch-rhetorische Ansprachen, geboren aus den Erregungen der Erhebung gegen Napoleon. Den Verleger Cotta, damals Protektor aller aufstrebenden Talente, lernte er 1815 auf einer Vergnügungsreise nach Stuttgart kennen. Cotta bot ihm schon damals in einem Gespräch seine Zeitungen und Zeitschriften zu Veröffentlichungen an. Dann verhandelten sie 1817 wegen des ›Ministerialblatts‹, aus dem nichts wurde. Es wurde aus vielen seiner Mitarbeiterpläne nichts. Börne gehörte nicht zu den Schriftstellern, deren Eier in jedem Nest ausgebrütet werden können, weil sie, anonym, in jedem Nest legitim sind. Für ihn war kein Platz da, wie für jede starke, originale Kraft erst Platz da ist, wenn sie sich Platz geschaffen hat. Dieses Platzschaffen auf dem überfüllten, von dem Durchschnittsgeschmack der (Modeuniform tragenden) Durchschnitts-Schriftsteller stets okkupierten Boden ist so aussichtslos, daß die stärksten Publizisten immer wieder den Ausweg der eigenen Zeitschrift wählten. Auch Börne ging diesen Weg: im Juli 1818 erschien das erste Heft der ›Wage‹. Sie sollte in zwanglosen Heften ausgegeben und bandweise bezahlt werden. Die ersten fünf Hefte erschienen in monatlichen Abständen, dann zwei

Hefte ein halbes Jahr später, das achte nach einer Zeitspanne von einem Jahr; 1821 ging die Zeitschrift ein. Börne – kein Betriebsamer, unbeholfen und scheu sich an die Publizistik herantastend – hatte vor dem Beginn die Bedenken, welche die Besten immer wieder haben: Wird das Publikum, das den Hinzen und den Kunzen Beifall klatscht, mich haben wollen? Aber die kluge Freundin gab ihm die ermutigende Antwort, die immer wieder gelten muß (man soll nicht fragen, ob sie gültig ist): »Das Publikum liest eben das, was man ihm bietet, und würde gewiß eine bessere Lektüre wählen, wenn begabtere Männer ihm eine solche böten. Sie sollten schreiben.« Zunächst hatte die Freundin recht: das Blatt errang einen ungewöhnlichen Erfolg. Börne nahm selbst die Bestellungen an und zahlte die ersten Ausgaben aus seiner Tasche. Das erste Heft konnte bald nach Erscheinen in zweiter Auflage herauskommen; die Anerkennung war allgemein. In Wien erregte die ›Wage‹ Aufsehen. Aus einem Briefe der Rahel Varnhagen ist das Urteil des einflußreichen Publizisten Gentz bekannt geworden: »Dr. Börne schreibt ein Journal ›Die Wage‹. Mir empfahl es Gentz als das Geistreichste, Witzigste, was jetzt geschrieben würde, er empfahl es mir mit enthusiastischem Lobe; seit Lessing, sagte er mir – er meinte einen bestimmten Artikel darin –, seien solche Theaterkritiken nicht erschienen! Ich glaubte natürlich Gentz. Aber weit übertraf das Werk sein Lob an Witz, schöner Schreibart. Es ist scharf, tief, gründlich, wahr, mutvoll, nicht neumodisch, ganz neu, gelassen wie einer der guten Alten, empört, wie man soll, über Schlechtes in der Kunst. Und so gewiß ich lebe, ein sehr rechtschaffener Mensch! Wenn Sie seine Theaterkritiken lesen und nie die Stücke gelesen haben, so kennen Sie diese, als hätten Sie sie vor sich. Den Stücken zeigt er ihren Platz an. Machen Sie ja, daß Sie seine Kritiken lesen. Sie lachen sich gesund. Anderes von ihm kenne ich nicht. Gentz tadelte stark seine politischen Meinungen, fand aber begreiflich, daß er sie hatte.« Die ›Wage‹ nannte sich eine »Zeitschrift für Bürgerleben, Wissenschaft und Kunst.« Alle drei sollten »eine heilige Einheit bilden, die Toga des Bürgers zugleich das Feierkleid des frohen Menschen und das Hausgewand des ruhenden Vaters« sein. So stand es wenigstens in der Einleitung des ersten Heftes, in dem zunächst die (als Prospekt vorausgeschickte) Ankündigung neu abgedruckt war, in dem dann ein Artikel über die angebliche Pressefreiheit in Bayern, ein satirischer Aufsatz ›Ernsthafte Betrachtungen über den Frankfurter Komödienzettel‹, schließlich eine Reihe Theaterkritiken, Buchkritiken und Aphorismen gebracht wurden. Aus dem Kleiderschrank der drei angekündigten Gewänder – der Toga, dem Feierkleid und dem Hausgewand – holte Börne am häufigsten die Toga. In der Toga wog er auf seiner ›Wage‹ die deutsche Gesellschaft, vor allem seine Theaterkritiken zeigten die Gewichte an, den Mangel an Gewicht, die Unwichtigkeiten: »Ach Himmel, an Gewichten fehlte es mir nicht, aber ich hatte nichts zu wiegen.« Mit der Frankfurter ›Wage‹ begann der Publizist Börne, mit der Pariser ›Balance‹ endete der Publizist Börne: die Gewichte, immer dieselben Gewichte, waren in Frankfurt und Paris, waren für das Theater und für die Politik, waren anno 1819 und anno 1836 eine untragbare Last, waren lästig. Eine Zeit flog auf.

Er begann das Abwiegen Europas – als Theaterkritiker in Frankfurt am Main. Weshalb als Theaterkritiker?

Es gibt kein zweites Gebilde des kulturschaffenden Menschen, das soviel Bedürfnis-Befriedigungen in sich birgt: von der Sucht, den neusten Hut zur Schau zu stellen oder eine Frau auf der Bühne zwei Stunden lang mit dem Opernglas abzutasten – bis zur Leidenschaft der Versenkung in die großen tragischen Situationen oder in die großen Innen-Offenbarungen des Darstellergenies. Die Motive zum Theaterbesuch sind in ihrer Fülle ohne Vergleich mit den Verlockungen anderer Künste. Also ist auch alle Erziehung, alle Beeinflussung, alle Prägung der Gesellschaft am leichtesten dort zu erreichen, wohin die Menge mit tausend Lockungen geholt werden kann. Es ist nicht die Rede davon, was das Theater heute ist – es ist die Rede davon, was das Theater heute, gerade heute, sein könnte.

Die Theaterkritik lebt von der Anziehungskraft des Theaters. Die Theaterkritik färbte sich mit dem Farbenreichtum des Theaters: so wurde sie in ihren besten Stunden die bunteste, lebensnahste, wirkungsvollste Äußerung im Reiche der Kritik. Sie hat von Natur die meisten Chancen beim lesenden Publikum, weil das Theater als zentrales Gesellschafts-Ereignis die meisten Chancen hat. Sie ist dank der komplexen Art ihres Gegenstandes, der Elastizität verlangt, elastischer als die Buchkritik, als der Bildungsartikel: die Theaterkritik wurde der Ursprung des Feuilletons und ist mit ihm heute noch eng verbunden – gewissermaßen der Mikrokosmos des Gesamt-Feuilletons. Noch heute, wo sich das Gebiet des Feuilletonismus unendlich erweitert hat, ist die Bedeutung der Theaterkritik innerhalb der Zeitungen unerschüttert: eine Tatsache, die man ablehnen, aber nicht als wichtigstes Symptom übersehen kann, die vielleicht durch die heutige Existenz des Theaters nicht gerechtfertigt ist, aber die einmal berechtigt war und wieder einmal berechtigt sein wird. Und noch heute hat eine noch so interessante Beschreibung einer noch so interessanten Südsee-Insel oder des Friseurladens der Nachbarstraße oder eines Prozesses (wenn er nicht vom gesellschaftlichen Rang einer Premiere ist) nicht das Interesse des Theaterberichts. Der Schriftsteller, der aus dem Brennpunkt der *gesellschaftlichen* Kultur schreiben will, benutzt seit einem Jahrhundert diesen Zusammenhang und – schreibt als Theaterkritiker. Für die meisten Theaterkritiker ist die Theaterkritik nur ein Vorwand: sie ist der Rahmen, in dem viele Schreibmotive sich ausleben können. Deshalb gibt es innerhalb des Journalismus kaum einen zweiten gleich stark differenzierten Berufstyp. Soviel Motive das Publikum ins Theater locken, soviel Theaterkritiker-Typen existieren: Leute, die Bildung geben, Leute, die Partei-Politik machen, Leute, die gesellschaftlich-persönliche Privatgeschichten des Parketts und der Kulisse ausplaudern, Leute, die sich im Theater-*Feuilleton* zur Schau stellen, wie sich die andern im Theater-*Foyer* zur Schau stellen. Die Theaterkritik ist das Sammelbecken für tausend Ziele von tausend Schriftstellern. Viele publizistischen Wege führen zur Theaterkritik. Auch der Weg des politischen Journalisten Börne führte zur Theaterkritik: »Die Bühne, ich mache kein Geheimnis daraus, muß mir zur Versilberung der Pillen dienen, die man euch, während ihr den Mund zum Lachen öffnet, geschickt beizubringen weiß.«

Zu Börnes Zeit stand die Theaterkritik noch in ihren ersten Anfängen: ihr Geburtsort ist Hamburg gewesen. Dort war im Jahre 1767 von einem Komitee der Bürgerschaft ein ›Deutsches Nationaltheater‹ begründet, Lessing zum Dramaturgen dieses Theaters gemacht worden; er sollte durch regelmäßige kritische Berichte über die Aufführungen das Theater überwachen, geistig lenken, aktivieren; und er sollte gleichzeitig dem Theater ein wirksames Echo schaffen innerhalb der Bevölkerung. Mit einer Deutlichkeit gesagt, mit der man damals die Konsequenzen seines Auftrags noch nicht hatte voraussehen können: er sollte zugleich Kritiker sein, der das Theater beurteilt, und Propagandachef, der das Theater lanciert. Lessing war an dieser Verkoppelung des Unverkoppelbaren gescheitert: empfindliche Schauspieler hatten sich gegen seine Kritiken aufgelehnt und ihn zum Verzicht auf die Schauspielkritik gebracht, als er in der Verbindung eines Theaterkomitee-Mitglieds mit einer Schauspielerin die uneinnehmbare Kernposition der feindlichen Front erkannt hatte. Nur ein Teil der ›Hamburgischen Dramaturgie‹ enthält Darstellungskritik. Seitdem gehört die Unabhängigkeit der Theaterkritik vom Theater zu den Selbstverständlichkeiten, über die nicht mehr diskutiert wird, obwohl immer wieder

Fälle auftauchen, in denen Schauspieler und Direktoren dem unabhängigen Kritiker eine Schädigung ihrer wirtschaftlichen Interessen vorhalten – und ihm mit diesem Argument das Lasso ihrer Interessen überwerfen wollen. Ihrer Ansicht nach soll der Kritiker unabhängig sein, solange er niemand wehe tut; frei, zu jeder Anerkennung. Sie wollen die Öffentlichkeit – ohne das Risiko des öffentlichen Menschen; sie wollen öffentlich genannt und gelobt – aber nicht öffentlich getadelt werden. Minister und Richter und Dichter und Philosophen, Generäle und Baumeister und Polizeipräsidenten können öffentlich angegriffen werden, wenn sie öffentlich wirken, nur schlechten Schauspielern bleibt es vorbehalten, sich immer wieder zurückzuziehen auf die Schädigung materieller Interessen, sich also gleichzeitig der Öffentlichkeit zu stellen und vor der Öffentlichkeit zu verkriechen, vom Kritiker zu verlangen, was der erste große Kritiker schon als Widersinn erlebt hat: mit *gebundener* Marschroute – auf ein *unabhängiges* Urteil loszumarschieren; mit *Rücksicht* – *frei* zu urteilen.

Zu Beginn des neunzehnten Jahrhunderts hatte sich die Besprechung von Theaterabenden bereits eingebürgert. In den Wochen- und Monatsschriften der Literaturzeitungen wurden Theaterkritiken mit dem Ernst gelehrter Traktate abgefaßt: akademische Abhandlungen, in denen das Theater weniger als ein individuelles, geistig-sinnliches Ereignis, mehr als Anfangsglied sehr abstrakter Gedankenketten lebte. Diese ästhetisch-dogmatische Kritik hatte dieselbe Herkunft wie das moderne Theater: die esoterische Bildung. Denn die Tradition des deutschen Dramas reicht nicht zurück bis zum volkstümlichen Renaissancestück. Das achtzehnte Jahrhundert hatte neu angesetzt: die Gelehrten, die Dichterschulen schufen das moderne Drama. Und die ersten Kritiker waren von ihrer Art. Namentlich die Romantiker erarbeiteten einen unverlierbaren Besitz dramaturgischer Einsichten; auf das Theater ihrer Zeit, ihres Tages wirkten sie mit diesen Einsichten nicht, weil sie unter dem Blickpunkt ewiger Ideen, nicht unter dem bescheidenen Gesichtspunkt eines sichtbaren, wirklich existierenden, durch Raum und Zeit bedingten Theaters konzipiert waren. So waren auch hier die tiefsten Beobachter die unfruchtbarsten: wer praktische Erfolge will, muß in derselben Ebene denken, in der die Wirklichkeit liegt, für welche, gegen welche er denkt. Die Zu-Tiefen überlassen den Zu-Oberflächlichen die Realität: wie die Zu-Edlen den Zu-Gemeinen. Während die Schlegel und Müllner über das *Theater als Idee* philosophierten, also über das existierende Theater hinwegphilosophierten – wucherte rings um das *Theater als Wirklichkeit* ein aus Kulissenzauber, Cliquenklatsch und Referentenhochmut genährter sensationeller Theater-Feuilletonismus, der in Wien sein bestes Klima hatte. Der akademischen Kritik war das Theater eine körperlose Idee – dem Theaterschwatz war das Theater ein ideenloser Körper, den es bald hier, bald da pikant zu enthüllen galt. Die akademische Kritik der »vom Blute der Autoren vollgesogenen Literatoren« (wie Grillparzer sie nannte) hatte kaum Einfluß auf das lebende Theater, weil sie nicht mit dem Theater mitlebte, sondern über dem Theater schwebte in der reinen Region zeitloser Gedanken. Das plaudernde Theater-Feuilleton hatte Einfluß auf das lebende Theater; aber nicht auf das, was am Theater Kunst war, sondern auf das, was am Theater Kulisse, Garderobe, Privates war.

Börne war weder Akademiker noch Kulissen-Schmock. Er stand dem Theater nicht zu fern und nicht zu nah. Er nahm das Theater nicht als Ausgangspunkt für Philosophien und nicht als Endpunkt für Schlüsselloch-Neugier. Er nahm es als den Spiegel einer Gesellschaft. Im Stück, in den Darstellern, in der Inszenierung, im Publikum fand er die Grundkräfte einer Gesellschaft abgebildet. Deshalb war es ihm ernst mit dem Theater: wie es allen ernst ist, die im Theater mehr als ein bißchen Bühnenflitter sehen – mehr als die Phantasien des Dramatikers X., als die Akrobatik der Schauspielerin Y., als die Zeitvertreibungsstelle für ein Parkett Z. Das Theater ist ebenso ernst zu nehmen wie die Gesellschaft, deren Funktion, deren Repräsentation es ist. Wer es bagatellisiert, ist kurzsichtig: er erkennt es nicht als bedeutsame Quelle von Einsichten in die Gesellschaft; er erkennt es nicht als Hebel zur Bewegung der Gesellschaft. Es war Börnes gewaltiges Verdienst, daß er in den Ifflands und Kotzebues und Weißenthurns und Voß' und Houwalds nicht ein bißchen bessere oder schlechtere Theaterschriftsteller, sondern Exponenten ihrer Gesellschaft, der Interessen-Enge, der Philistrosität ihrer Gesellschaft besprach; daß er in Herrn Urspruch und Frau Keller nicht mehr oder weniger gute Darsteller, sondern Prototypen eines ausgelaugten Lebens kritisierte; daß er im Theaterpublikum nicht gleichgültig-müde Theaterbesucher, sondern gleichgültig-müde Staatsbürger aufrüttelte: »Ich sah Lessings ›Minna von Barnhelm‹ aufführen. Darin sagt der Wachtmeister Werner: ›Unsere Vorfahren zogen fleißig wider den Türken, und das sollten wir noch tun, wenn wir ehrliche Kerls und gute Christen wären.‹ Varna war gerade an den Russen übergegangen, und ich dachte: Jetzt geht der Lärm los! ... O mein Gott! kein Goldfingerchen hat sich gerührt. Ja, es war stiller als vorher; es schien, als hätte der Atem des ganzen Hauses gefürchtet, irgendeine Teilnahme zu verraten. Dieses geschah freilich in Hannover; aber Hannover ist nur der Titel des Landes; ganz Deutschland ist hannöverisch. Der Teufel mag Komödien schreiben für solche Menschen.« Zunächst *kritisierte* einmal der Teufel für solche Menschen, für solche Schlafmützen. Deshalb wurde Börnes Kritik so aufreizend: er stellte nicht irgendwelche Kunstmängel fest, sondern er stellte – im Medium des Theaters – stagnierendes, ausgehöhltes Leben fest. Ging der Weg des Theaters nur von der Bühne zum Leben, so ging der Weg seiner Theaterkritik vom Leben zur Bühne zurück – und erlöste so die Bühne aus ihrem Rampenlicht-Bann. Er kritisierte im Theater die Erscheinungen des Lebens: daher das innere Pathos seiner Theaterkritik; daher die kämpferische Schärfe seiner Theaterkritik; daher – Börne war keine Krähe unter Krähen – sein Kampf gegen jene Theaterkritik, die das isolierte Theater mit seinen Stars und internen Wichtigtuereien überschätzt, sein Kampf gegen diese »Papierverbraucher, die dafür sorgen, daß ja kein gemeines niedriges Wort, nichts von Gott, nichts von der Natur, von Geschichte, nichts von Freiheit und von Recht gedruckt werde, sondern nur unter das Volk komme, was ihm zu wissen not tut, nämlich wie Herr Der in Danzig den Mortimer gespielt habe am 2. Februar des verflossenen Jahres«. Börne schied sich von den »Kunstkennern«, den »Kunstrichtern«, »diesen gottlosen Chinesen«, denen nur die Form gilt. Er zeichnete seine Kollegen von der Zuckerbäcker-Fakultät erbarmungslos-ironisch als Hausmarschälle, »die uns alle Tage mit treuer Einfalt erzählen, wie alle die Müller, alle die Bäcker, alle die Wolf, alle die Schmidt, alle die Franz, wie alle Schauspieler aller deutschen Bühnen, sowohl in Trier als in Berlin, sowohl in München als in Wiesbaden, sowohl in Wien als in Mannheim, wie sie gespielt haben oder hätten spielen sollen, sowohl den Ferdinand als den Posa, sowohl den Otto von Wittelsbach als den Schneider Fips, sowohl den Justizrat als den Fridolin, und wie sie gespielt haben, sowohl gestern und vorgestern als vor sechs Monaten«. Börne aber stieß immer durch den inselhaft abgeschlossenen Theaterraum hindurch in die gesellschaftliche Wirklichkeit hinaus, und seine Pfeile gegen die Theaterleute saßen – im Fleisch der Gesellschaft. Börne war in der Maske des Theaterkritikers Gesellschaftskritiker, Menschenkritiker. Er nannte sich selbst einen »Natur-Kritiker«, womit er ausdrücken wollte, daß er nicht nach den Gesetzen der Ästhetik über Kunstgebilde, sondern nach »Gefühl und Gewissen« über Lebendes richtete. Was im Rampenlicht sich ereignet hatte, stellte seine Kritik ins Sonnenlicht; so verblaßte der Trennungsstrich zwischen Bühne und Parkett, Geschminkte und Ungeschminkte saßen auf derselben Bühne – vor der Börne als Beobachter saß. Ein Beobachter, der das in das Theater sich vergaffende Publikum und seine Theaterkritik haßte: »Man glaubt sich in die Zeiten des römischen Kaiserreichs zurückversetzt, wo entartete Fürsten und entartete Völker, vom Schlamm der Lüste über und über bedeckt, mit heißdurstigen Blicken einem Wagenführer in der Rennbahn nachsahen und überhörten, daß die Barbaren schon die Türme stürmten.« Börne glotzte nicht die Wagenführer an: Börne kämpfte gegen die Barbaren, indem er von Wagenlenkern sprach. In seinen dramaturgischen Blättern und seiner Theaterkritik sind erste Ansätze einer Kritik des Theaterpublikums, man ist leider über diese Ansätze noch nicht weit herausgekommen. Da sitzt er in dem Lustspiel ›Beschämte Eifersucht‹ der Frau von Weißenthurn, die er zur »Bühnenmutter« avancieren läßt, nachdem der Bühnenvater Kotzebue gestorben ist. Der gelangweilte Börne hat viel Zeit: von der Bühne, auf der man dies Lustspiel agiert, hinzusehen auf die Bühne, auf der das Publikum sich unbeobachtet glaubt: »Ist denn wirklich die Frankfurter Menge ein ewiges Kind, das nie des süßen Breis entwöhnt wird? Hat es keine Zähne für Fleisch und Brot, ist sein Kopf für Wein noch nicht stark genug?« Er würde die Stückschreiber nicht so ernst nehmen, wenn er nicht das Publikum ernst nähme, das in ihnen die Lieferanten seiner Wünsche hat: »Was einen aufbringt über all das zudringliche Bettelvolk von deutschen Komödien, das ist nicht die Armseligkeit der Schauspieldichter, sondern der Zuhörer.« Und als ein schlechtes Lustspiel in seiner Abwesenheit durchfiel, bedauerte er, nicht dabei gewesen zu sein, denn »ich freue mich immer, wenn meine Landsleute Geschmack zeigen«. Aber sie zeigten nur selten Geschmack. Er konnte sich nur selten freuen. Und er wußte, daß das Theater nicht besser wird, bevor das Publikum nicht besser wird. Er war dem Sinn der Theaterkritik auf der Spur: Publikums-Pädagogik.

Börne sah das Theater von dort her, von wo aus er alle Erscheinungen des Lebens prüfte und richtete: von der

Gesellschaft her, von seinem Willen zur Änderung der Gesellschaft her. »Ich mußte lachen« – schrieb einmal Gutzkow –, »als mir Börne Ende des Jahres 1836 von Paris aus sagen ließ, er wolle zu der in Frankfurt damals erscheinenden ›Börsenzeitung‹ eine Sonntagsbeilage schreiben, ganz ›mit Ausschluß der Politik‹. Ich wußte recht gut, daß Börne nur über die Taglioni und die Malibran zu schreiben brauchte und darum doch staatsgefährlich bleiben würde.« Als eine Schauspielerin vom Städtischen Theater in Graz gastierte, stellte er fest: Wenn die Stände in Graz so leise sprächen wie diese Dame, dann müsse es um die Freiheit Steiermarks sehr schlimm stehen. Als ein Mitglied des Königlich Ständischen Theaters zu Prag gastierte, bemerkte er: Wenn die böhmischen Stände keinen besseren Redner hätten, so stände es schlecht um ihre Volksvertretung. Börne assoziierte immer soziologisch: ob er nun einen Witz machte oder ein Stück zergliederte oder – spazierenging. Er promenierte auf der »Schönen Aussicht« den Main entlang und sah hinunter in den eistreibenden Fluß und sah wieder nur das Kräfte-System der Gesellschaft: »Wie zogen die Eisschollen so stolz und langsam vorüber, die kleineren allein, die größeren gefolgt von den kleinen, ganz wie beim höfischen knechtischen Menschen.« So wurden seine großen Kritiken – die Tell-Kritik, die Hamlet-Kritik, die Kritik über Immermanns ›Trauerspiel in Tirol‹ – ausgreifende geschichtlich-politische Essays; bisweilen die Ansprache eines Volkstribunen. Und wie er die Stücke unter soziologischen Kategorien sah, so auch die Stückschreiber. Als der Autor der ›Sappho‹, die er begrüßt hatte, mit dem ›Goldenen Vlies‹, das er ablehnte, herauskam, schrieb er über Grillparzer: »Der arme Mensch, ich hätte weinen mögen. Nichts gehalten von dem, was die Sappho versprochen, so weit unten, daß er nicht mehr sinken kann. Wie konnte es anders kommen? Er ist in Wien und ›schematisierender Hofconzipient‹. Teufel auch, das könnte einen Shakespeare zugrunde richten.« Er deutete und aburteilte die Literaten von ihrer gesellschaftlichen Bedingtheit her, er fand die Mängel ganzer Literaturen in den Mängeln der Gesellschaft, die sie hervorgebracht hat: »Die Gebrechen des französischen Dramas sind die ihrer Nationalität; die Gebrechen des deutschen Dramas zeugen von der Unnationalität der Deutschen, und das ist zum Verzweifeln, das ist keine bloße Komödie. Ein Volk, das nur der Pferch zum Volke macht, das außer demselben den Wolf fürchtet und den Hund verehrt, und wenn ein Gewitter kommt, die Köpfe zusammensteckt und geduldig über sich herdonnern läßt; ein Volk, das beim Jahresschlusse der Geschichte gar nicht mitgerechnet wird, ja, das sich selbst nicht zählt, wo es selbst die Rechnung macht – ein solches Volk mag recht gut, recht mollig, ganz brauchbar für das Haus sein; aber es wird kein Drama haben; es wird in jedem Drama nur der Chor sein, der weise Betrachtungen anstellt, es wird nie selbst ein Held sein. Alle unsere dramatischen Dichter, die schlechten, die guten und die besten, haben das Nationelle der Unnationalität, den Charakter der Charakterlosigkeit. Unser stilles, bescheidenes, verschämtes Wesen, unsere Tugend hinter dem Ofen und unsere Scheinschlechtigkeit im öffentlichen Leben, unsere bürgerliche Unwürdigkeit und unser großes Maul am Schreibtische – alles dieses vereint, steht der Entwicklung der dramatischen Kunst mächtig im Wege.«

War es eine willkürliche Marotte, die den Kritiker Börne zwang, im Theater das Abbild der gesellschaftlichen Wirklichkeit zu sehen? Oder ist das Theater nicht immer Spiegelbild einer Gesellschaft gewesen? Und oft genug – vor allem im Deutschland Lessings und Schillers – Sinngebung, Vor-Bild einer Gesellschaft? Wenn Lessing klagte: »O über den Irrtum, den Deutschen eine Nationalbühne geben zu wollen«, so offenbarte er sein Ziel, im Theater die Gemeinschaft zu verwirklichen! Und wenn Schiller nach der Aufführung seines ›Fiesco‹ verzweifelt ausrief: »Was verstehen meine Pfälzer von einer Republik!« – so wird in dieser Verzweiflung sein politischer Wille sichtbar. Das antike Drama war festliche Selbstbesinnung einer Gemeinschaft, oft von solcher enormen Wirkung, daß diese Gemeinschaft – wie nach der Aufführung der ›Perser‹ – durch Verbot des Dramas vor übermäßiger Erregung geschützt werden mußte. Das große Drama der Romanen, das Drama Corneilles und Racines und Molières, Calderons und Molinas ist immer die Quintessenz einer Gruppen-Individualität gewesen: »Racines Halbgötter, im höchsten Rausche ihrer Begeisterung, wissen nichts Erhabeneres zu denken als: La Cour, la Ville et l'Univers.« Börne brachte also an das Theater nicht einen fremden Maßstab heran, wenn er es immer wieder nach seinen aktuellen, das Parkett von 1818 angehenden Themen und Haltungen fragte. Er urteilte über das Theater seiner Zeit aus dem Wissen um das, was das Theater in seinen besten Zeiten immer war, was es immer sein kann, was es immer sein soll: Funktion des lebenden Menschen, Zeiger in die Richtung, in der der Mensch leben soll. »Auf der Bühne soll der Mensch eine Stufe höher stehen als im Leben«, sagte Börne. »Der einzige Vorwurf von Dichtung: der ist die Erneuerung des Menschen«, sagt der Dramatiker Georg Kaiser. Das große Theater war und ist und wird immer sein: tiefer treibendes, höher treibendes, weiter treibendes – also: religiöses, ethisches, politisches – Theater. Und wenn sich vor diesem mächtigen Maßstab die Dramen der Herren Clauren und Raupach und der Frau von Weißenthurn etwas mikroskopisch ausnahmen: war es Schuld des Maßstabs oder der Zwerge? Und bot nicht diese Inkongruenz von Postulat und Bestand eine wesentliche Einsicht: die Einsicht in eine verzwergte Gesellschaft? Man macht den Kritikern »harmloser« Lustspiele immer wieder zum Vorwurf, daß sie mit Kanonen gegen Spatzen schössen, daß sie diesen bescheidenen Unterhaltungsstücken eine Wichtigkeit gäben, die ihnen gar nicht zukomme. Untersucht man aber diese »bescheidenen« Unterhaltungsstücke auf die moralische Konterbande, die sie mit sich führen, so findet man oft, daß die »harmlosesten« Stücke die gefährlichsten sind, weil sie durch Plaisir einschmuggeln, was das Publikum in seinen schlechtesten Instinkten bestärkt. Sie sind oft ebenso amüsant – wie korrumpierend. Über Tausende von ihnen hat Börne mit einem einzigen Satz den Stab gebrochen: »Dieses Lustspiel ist gut, angenehm, unterhaltend, es hat artige Streiche; doch nur mit Widerwillen lasse ich ihm Gerechtigkeit widerfahren, weil Äußerungen gegen Recht und Sittlichkeit darin vorkommen, die nicht zu verzeihen sind.« Börne war noch viel zu gerecht: die Unterhaltsamkeit eines Stücks darf niemals ein Passepartout sein.

Im Theaterkritiker Börne erschienen die ersten zarten Umrisse des späteren liberalen Revolutionärs. Auf einem seiner Notizblätter fand man die Aufzeichnung: Goethe vertritt den deutschen Adel, Schiller das deutsche Bürgertum, und die übrigen den Pöbel. Er hat sich als Theaterkritiker vorwiegend mit dem deutschen Pöbel auseinandersetzen müssen: denn seine Aufforderung an die Dramatiker, sich »nicht ohne großen Gegenstand« zu regen, war angesichts einer gegenstandslosen Dramatik erfolgt. Nur selten hatte er Gelegenheit, andere Gegner zu treffen als die Vertreter des Pöbels; vor allem in seiner ›Tell‹-Kritik traf er das deutsche Bürgertum. »Aus Schillers liebevollem, weltumflutendem Herzen entsprang Tells beschränktes, häusliches Gemüt und seine kleine enge Tat«, dem Börne war der »Papa Tell« zu idyllisch. Der Politiker Börne bekämpfte in Tell den privaten Revolutionär, den Tyrannen-Mörder – dessen Motive aus seinem persönlichen Leben fließen, der nach der Tat friedlich wieder in sein Privatleben zurückkehrt, dessen Aufsässigkeit eine kurze Episode ist zwischen häuslicher Idylle und häuslicher Idylle. »Papa Tell« war ein harmloser Familienvater vor der Tat, »Papa Tell« wird wieder ein harmloser Familienvater nach der Tat. Börne – mit allen Sinnen gerichtet auf den Durchbruch durch die Mauern der Willkür, durch die Mauern des Macht-Mißbrauchs – konnte in diesem freundlichen Schweizer Kleinbürger nicht den Held sehen, der ein geknechtetes Volk zur Sprengung seiner Fesseln führt. Im Tell wird das stille Familienglück, die selige Ruhe des Unpolitischen geschildert, der zwar nicht in Frieden leben kann, wenn's seinem bösen Nachbarn Geßler nicht gefällt, der auch mal, wenn's zu bunt wird, diesen bösen Nachbar um die Ecke bringt (unter dem Beifall aller Guten) – der aber dann wieder so schnell wie möglich in die Arme der teuren Hausfrau eilt, »es tut mir leid um den guten Tell, aber er ist ein großer Philister«. Börne, schon an seinem Beginn über die Helden-Idylle hinaus, sah: Diese Tells sind erhebende Themen festlicher Reden, aber die Zeit braucht Soldaten der Revolution in Reih und Glied, nicht Feiertags-Figuren. Börne war kein Poet der Revolution, kein Rhetor der Revolution, kein Schauspieler der Revolution. Und noch mit allen Fasern ein naiver Liberaler. Der wollte den »Zweck der Natur, daß alle Kräfte, die in jedem Menschen keimen, zur Entwicklung gebracht werden«. Noch war lange nicht März. Noch war er nicht der harte, illusionslose Revolutionär der Juli-Revolution. Noch stand er doch dem Tell – nicht dem Papa Tell, aber dem Optimisten Tell – näher als Robespierre und St. Just, die er trotz aller politischen Sympathie ablehnte: »Einem solchen Terrorismus widerstrebt mein Gefühl, und ich könnte nie die Ungerechtigkeit billigen, sonst vielleicht gute Menschen zu morden, weil sie anders denken und zu meinen wagen als ich.« So hatte er jetzt seine Position zwischen dem individualistischen Zufalls-Revolutionär Tell, der seine Tat vollbringt ohne Kontakt mit seinem Volk, der nur so am mächtigsten allein ist, wie der Mörder am stärksten ist ohne Komplizen – und dem Terroristen Robespierre, der sein Volk vergewaltigt, um es zu befreien. Börne war zur Zeit seiner Theaterkritik ein pazifistischer Fortschrittler, der noch glaubte an den Fortschritt ohne Zwang zum Fortschritt; der noch glaubte an das »Vaterland« – und erst ganz nebenbei einmal skeptisch fragte: ob die Gesetze des fremden Siegers nicht vielleicht auch einmal besser sein können als die Gesetzlosigkeiten des »Vaterlandes«. Dachte er vielleicht an Napoleon, die Juden und die Deutschen? Dachte er vielleicht an den ehemaligen jüdischen Polizei-Actuarius Doktor Baruch, dem die Befreiung des Vaterlandes die Knechtschaft seiner Glaubensgenossen gebracht hatte? Vielleicht dachte er daran – aber noch war er ein Harmonie-gläubiger Individualist.

Börne hatte nur selten Gelegenheit, am großen Drama seine dramaturgischen Einsichten auszubauen. Nicht die Klassiker, sondern die Nutznießer der Philister-Seligkeiten und Philister-Schmerzen beherrschten die Bühne seiner Tage, immer wieder mit denselben Witzchen, immer wieder mit denselben Situatiönchen, immer wieder mit denselben Rühr-Pillen: »Sagt mir, Ihr lieben Leute, wie ertragt Ihr es nur, auf der Bühne all den oberflächlichen Jammer und die kleinen bürgerlichen Verlegenheiten darstellen zu sehen, die Ihr in Eurem Hause so viel natürlicher habt?« Oasen in dieser Wüste, die er mit zarter Innigkeit begrüßte: Kleist, der schon tot war, und der junge Grillparzer. Neben den selten gespielten Klassikern Shakespeare, Lessing, Schiller; neben den spärlichen Ansätzen einer jungen dramatischen Kunst; neben dem Kotzebueschen Rührstück – »Schaum, nichts als Schaum!« –, neben den antiquierten Schilderungen Ifflands, die für Börnes Zeit stimmten wie für unsere Zeit »Alt-Heidelberg« stimmt; neben dem ganzen patriotischen Nachlaß aus den Befreiungskriegen, wo – nach Gutzkow – »alle Personen die Kokarde trugen und jeder junge Liebhaber früher freiwilliger Jäger gewesen war und Anspruch auf das Eiserne Kreuz hatte, wo die Kosaken immer noch als Brüder behandelt wurden, freisinnige Idealisten aber als Projektenmacher, von denen im letzten Akt herauskam, daß sie schon gestohlen hatten« – neben diesem allem herrschte das Schicksalsdrama, Produkt einer ranzigen Romantik, das antike Fatum im Zerrspiegel hysterischer Überhitzung. Das geisterte bei den Werner und Müllner und Houwald nur so durch die Räume verhängnisvoller Schlösser oder durch die Einsamkeiten eines abgelegenen Strandes: diese metaphysischen Abenteuer massierten die Kleinbürger-Nerven, bis sie in einem wollüstigen Schauer vibrierten. Börne hatte diese Schicksalsdramen-Seuche, die in den Jahren seiner Theaterkritiker-Episode grassierte, zu kurieren: er zergliederte ihren Bazillus am respektabelsten Beispiel, an Grillparzers ›Ahnfrau‹. Und schließlich nahm er diese Talmi-Philosophie, die von Zacharias Werners ›Vierundzwanzigstem Februar‹ abstammte, nur noch ironisch: »Welches Unheil würde daraus entstehen, wenn man einer in der neuen ästhetischen Schule gebildeten Jury die Strafgerechtigkeit in die Hände geben wollte? Schlägt ein Vater seinen Sohn tot, um ihm sein Geld zu stehlen, denkt eine politische Jury: es war ein vierundzwanzigster Februar, und spricht: Nicht schuldig. Erschlägt ein Kain seinen Bruder, wird es einer Zigeunerin zugeschoben und der Mörder losgesprochen.« Börne hatte wenig Gelegenheit, das Drama zu fördern: nicht als Pionier einer dramatischen Produktion, als erster Verkünder des vorstoßenden, kämpfenden Theaters ist seine Dramaturgie zu werten. Die Grundlage jedes Vorstoßes, jedes Kampfes ist der nüchterne Blick. So konfrontierte er, was sich auf den Brettern abspielte, die meist die Welt nicht bedeuten und hölzern knacken, mit dem, was sich in den Häusern und auf der Straße abspielte. Er hatte den bösen Blick für die theatralischen Erschleichungen: für alle die Dinge, »die oft in dramatischen Dichtungen, in der Wirklichkeit aber gar nicht vorkommen«. Er kontrollierte das Theater am Leben, nicht das Leben am Theater. Und tausendmal lieber war ihm die natürliche Trivialität als ein »Stelzentritt der Empfindung«, so daß er einmal als »einzige natürliche Rede« aus einem »Trauerspiel« diesen Kuchenvers herausfischte: »Wie schön der Kuchen diesmal mir geraten ist.« Er blamierte die schwungvollste Handlung – durch eine schnelle Versenkung der Theaterwände. Er korrigierte die Theater-Psychologie nach dem Original des lebenden Menschen. Da baute Herr Ernst von Houwald in seinem Drama ›Der Leuchtturm‹ eine Mords-Geschichte auf, und als Caspar – weil es die Geschichte so will – Leuchtturmwächter wird, bemerkte Börne: »Die Admiralität muß sich gewundert haben, als sich ein gebildeter Mann um diese Stelle bewarb.« Und der Leuchtturm wackelte. Die wenigsten Theaterstücke vertragen den Wind der Wirklichkeit. Der Kritiker Börne war dieser Wind und blies die theatralischen Kartenhäuser seiner Zeit schnell und gründlich zusammen.

Ein Wind, der Morsches zu zerstören hat, kann kein Zephir sein: der Theaterkritiker Börne war kein Zephir. Er schwindelte sich nicht in die steife Pose des anonymen Kunstfehler-Korrektors, er rückte ganz indezent seinen Autoren und seinen Schauspielern auf den Leib. Er nahm das Werk persönlich, und er durfte persönlich werden, weil er in der Person, scheinbar in der Privatperson, immer nur den Urheber des Werkes traf. Er karikierte den Herrn von Voß: wie er wohl nur in Begleitung seines Sekretärs auf die Gesellschaft ging, um auf keinen Fall eines seiner köstlichen Dichterworte zu vergessen. »Man gewahrt es ganz deutlich, wenn der Prinzipal zwischen zwei Sätzen Tee geschlürft hat, und fühlt es, wenn die Tasse im Eifer der Rede übergeschwabbelt.« Er wurde persönlich, weil er als Person – nicht als Institution reagierte. Börne war der große Anwalt der vergewaltigten Zuschauer, er hatte noch das natürliche Empfinden für die Qual, der Öde belangloser Theaterstücke hilflos ausgesetzt zu sein: »Da drucken sie unten am Zettel spöttisch und schadenfroh hin: ›Das Ende gegen 9 Uhr.‹ Dreistündige Leiden, als wäre das nichts bei der Kürze des menschlichen Lebens.« Börnes Theaterkritiken sind oft eher Niederschriften seiner Leiden als seiner Gedanken, oft eher Reaktionen seiner Nerven als seiner ästhetischen Urteilskraft. Da er ein Mensch war, nicht eine Urteilsmaschine, am Theater innerlich beteiligt, nicht nur beruflich interessiert, da er dauernd die Spannung zwischen seiner Vorstellung und den unzulänglichen Schustereien durchlitt, bekamen seine Berichte den bitteren Ton, den Ton sachlich berechtigter Gereiztheit. »Beim Himmel, man verläßt manchen Abend ganz vergnügt das Schauspielhaus, und denkt: nun, ärger könne es doch nicht kommen; aber am anderen Tage findet man sich betrogen.« Weshalb nahm er es immer wieder auf sich, die Stätte seiner Qualen zu besuchen? »Glaubt mir's, ich täte keinen Schritt ins Parterre, wo es einen Gulden kostet, fände ich nicht meine Freude daran, schreckhaften Menschen zuweilen eine Knallerbse unter die Beine zu werfen.« Es klingt zunächst zynisch, wenn man feststellt: Börne ging nicht des Theaters, sondern der Theaterkritik wegen ins Theater. Aber diese Theaterkritik war keine eitle, ästhetisierende Selbstbespiegelung, sondern eine Augiasstall-Reinigung – und niemand wird Herkules vorwerfen, daß er nicht des duftigen Gestanks wegen in den Stall ging, sondern um ihn auszumisten. Diese Aufgabe wurde dem Börne saurer als dem Herkules seine letzte Prüfung: »Alle Tage derselbe abgeschmackte Jammer, derselbe abgeschmacktere Spaß. Es ist nicht Heuchelei, nicht Spott, nicht Ziererei, es ist Ernst und Wahrheit, wenn ich meine Leser versichere, daß mich die Vorstellungen auf unserer Bühne oft krank machen, daß mir der Kopf brennt, das Herz zittert, die Brust beklommen ist, wenn ich an den Theater-Abenden diese fürchterliche Pein der Langeweile zu ertragen habe.« Nur wer mit Aufgaben verwachsen kann, muß eine solche Pein ertragen, der die Lohndiener der Arbeit sich schnell zu entledigen pflegen. Tausende saßen im Theater, verlachten zufrieden ihre freien Stunden. Einige blieben fort, weil sie kalt ließ, was in Schminke und bunten Fähnchen über die deutsche Bühne zog. Börne war nicht gleichgültig und doch nicht entzückt – er war zu seiner Qual gefesselt; er konnte nicht lassen, was er nicht ertragen konnte.

Börne war noch nicht eingespannt in die Hast der Tages-Kritik. Seine Berichte mußten noch nicht innerhalb von zwölf Stunden vorliegen. Sie erschienen oft erst viele Wochen nach der Aufführung. Man las sie in deutschen Städten, in denen man bis dahin wohl kaum eine Ahnung vom Frankfurter Theater gehabt hatte. Er gab einem lokalen Ereignis überlokale, deutsche Bedeutung. Er verstand viel vom Theater. Ein seltenes Ereignis: denn nirgends herrscht soviel Dilettantismus bei soviel Interesse, so wenig Kennertum bei so allgemeiner Beteiligung wie im Urteil über Theatralisches. Selbst unter einem klugen Publikum mit literarisch geschultem Verstehen findet man im Theatralischen die krasseste Ahnungslosigkeit. Die Popularität der großen Darsteller täuscht hinweg über die enormen Mißverständnisse, denen sie ihren Ruhm verdanken; stets hat der konventionellste Komiker das Parkett schneller als der größte Menschendarsteller. So kommt der Schauspieler-Kritiker immer wieder in die ungeheure Gefahr, dem Publikum seine Lieblinge und den Lieblingen ihr Publikums-Attest nehmen zu müssen. »Einem Mann von Urteil und Geschmack«, sagt Gutzkow, »ist nichts so peinigend als der Beifall, der den Fehlern der Schauspieler gespendet wird.« Der von den Fehlern der Schauspieler – noch mehr: von dem diesen Fehlern gespendeten Publikums-Applaus – gepeinigte Börne wurde ein Schauspieler-Schreck. Da waren sie nun im Städtchen Frankfurt am Main von lokalem Stolz und glücklicher Ahnungslosigkeit hinaufgeklatscht und hinaufgelobt worden zu Königen der Kunst und hatten sich gewöhnt an die Huldigungen, die man ihnen enthusiastisch erwies, und ahnten wohl selbst nichts von der Komik des Lokal-Purpurs, den sie majestätisch trugen – und plötzlich kam irgendein Ludwig Börne, wog sie auf seiner ›Wage‹, statt an ihr stadtbekanntes Gewicht zu glauben, und schrieb wirklich haargenau ihr echtes Gewicht, ihre Unwichtigkeit auf. War er also nicht ein destruktiver Kritiker? Einer, der nur zerstören, aber nicht aufbauen konnte? Einer, der nichts vom Theater verstand? Man drohte ihm. Man munkelte von Nachstellungen, von Mordplänen. Eine Szene für viele: Zeit – nach dem ersten Akt des ›Wilhelm Tell‹; Ort – Börne sitzt in seiner Loge. Ein Freund kommt schreckensbleich auf ihn zu: »Es ist ein Komplott gegen Sie im Werke, man wird Sie heute abend nach dem Theater auf der Straße überfallen und – durchprügeln. Herr X hat geschworen, Ihnen Arme und Beine entzweizuschlagen. Ich weiß alles. Bringen Sie sich in Sicherheit.« Börne verläßt das Theater, er lehnt ein »Stiergefecht« ab, da ihn die Natur nicht zum »Matador« bestimmt hat. Zu Haus reut ihn seine Nachgiebigkeit. Er steckt eine »gewaltige Pistole«, »ein Kabinettsstück, das den Siebenjährigen Krieg mitgemacht hatte«, zu sich und geht zurück. Vor dem Theater dunkle Gestalten, offenbar die Komplizen der Verschworenen. Aus seiner Tasche ragt heraus: der große Kolben seiner Pistole – die nicht geladen ist. Aber Theater-Pistolen sind nie geladen – und tun doch ihre Wirkung: für die Theater-Konspiration reichte sie aus. Börne ließ sich nicht einschüchtern, er rüstete sich nur auf jeden Fall mit Pistolen, man weiß nicht, ob sie immer nur Attrappe waren. Gute Freunde lachten über diese Verschwörungen aufgescheuchter Komödianten, sie hielten auch diese Attacken nur für Theaterei. Andere gute Freunde, ängstliche Gemüter, machten ihn ängstlich; sie rieten ihm, der perfiden Hetze aus dem Wege zu gehen. Börne wich nicht. Da er sein eigenes Blatt hatte, konnte er sich auf die einzige Art, die einem Schriftsteller solchen Methoden gegenüber zukommt, mit der Feder wehren. Und der Herr Schauspieler Urspruch, der dieser Feder reichlich zu tun gab, wurde so »Mitarbeiter der Wage wider Willen« ... Alle scharfen Kritiker loben überschwenglich. Es ist, als ob sie – hungrig nach einem Gegenstand kritischer Sympathie – aus dem unnatürlichen Zustand des ewigen Neinsagens sich mit Enthusiasmus stürzen auf den Anlaß der Zustimmung. Da war am Frankfurter Theater eine junge Begabung: Betty Urspruch. Börne förderte sie nach Kräften. Er war froh, daß sie da war; das Glück des Kritikers, Werdendes, das noch nicht durchgesetzt ist, zu fördern, gab seinen Urteilen über Betty Urspruch ihren Glanz. Wenn er tadelte, tadelte er behutsam-zart; denn das vorübergehende Versagen eines starken Darstellers macht immer noch glücklicher als das vorübergehende Aufraffen eines schwachen. Und in dieser Freude, mitwirken zu können an dem Aufstieg eines Talents, entdeckte er noch im winzigsten Nebenbei ihres Schaffens Schönheiten. Und vielleicht schrieb er einmal über einen einzigen Satz, den Betty Urspruch in einem Stück zu sprechen hatte, mehr als über sämtliche Hauptrollen-Darsteller dieses Stücks insgesamt. Die Kritiken über Betty Urspruch waren die überschwengliche Dankbarkeit für eine Oase in dürrer Wüste ... Er wahrte strenge Distanz gegenüber Stammtisch und privaten Schmeicheleien der Theaterleute. Erhielt er von einem Künstler Besuch, zeigte er diesen Besuch im nächsten Heft der ›Wage‹ an: ausgezeichnete Vorsicht gegen eventuellen Mißbrauch dieser Privatgespräche durch Besucher, die ihren Zweck nicht erreicht haben. So schrieb er einmal: »Herr Keller war bei mir, um mich zu bestimmen, seine Frau in der Rolle der Emma von Falkenstein zu *schonen*. Ich tue es hiermit.« Und vier Tage später: »Madame Keller von Hannover spielte die Hedwig. Ich schone sie noch einmal.« Börne machte den Schauspielern auf sehr plausible Weise klar, weshalb Besuche bei ihm wertlos seien: er habe keine Neigung, die Leser der ›Wage‹ zu betrügen. Trotz dieser Warnungen und trotz seiner Hausanweisung drang eines Morgens ein Schauspieler bei ihm ein, der Schultern »wie zwei Börne« hatte, aber beruhigenderweise nur einen halben Kopf größer als Börne war. Er wollte immer wissen, ob Börne Börne wäre. Börne wollte ihn immer in einem Ruhestuhl mattsetzen. Börne siegte: wer in einem bequemen Stuhl sitzt, ist der Schwächere; wer daneben steht, die Hände auf den Schultern des Sitzenden, der Stärkere. Börne ging zur Attacke über: »Wenn Sie wollen, so werde ich kein Wort mehr von Ihnen sagen.« Aber er wollte nicht.

Börne maß den Schauspieler, wie er das Drama maß:

durch Konfrontation mit dem Leben. Wie er die aufgedonnerte Sprache, die brüchige Logik, das schiefe Gleichnis leerer Theaterstücke enthüllte – wie er die erbärmliche dramaturgische Feigheit bloßstellte, die den Beichtvater Domingo in einen Staatssekretär, die Österreicher des ›Tell‹ in »Fremdlinge« verwandelte und über die kaiserliche Herkunft des Käthchen von Heilbronn schamhaft hinwegschlich: so kam er auch allen tausend armseligen Flickereien darstellerischer Ohnmacht auf die Schliche. Er war immer aus auf Zerstörung einer isolierten Theaterwelt aus Schminke, Requisiten und traditionell-ausgehöhlten Theatergebärden. Er kritisierte die Bühnengestalt von ihrer Lebenswahrheit her: »Auf der Bühne gibt es eine Menge herkömmlicher Manieren, die ohne Sinn gebraucht werden. Ist einer ein junger Sausewind, so *geht* er nie, er *läuft* beständig. Man soll aber die Natur studieren. Meine Herren, beobachten Sie den hastigsten jungen Menschen Ihrer Bekanntschaft, wenn er auch erst 18 Jahre alt wäre, und sehen Sie, ob er wie eine Knabe springe.« Er ließ sich nichts vormachen: er wollte den Menschendarsteller, nicht die konventionellen oder willkürlichen Phantasien komödiantischer Inzucht. Doch verstand er zuviel von den Gesetzen der Menschendarstellung, als daß er die stumpfe Abschmiererei der Wirklichkeit propagiert hätte: »Den Rausch wissen nur wenige Schauspieler darzustellen, man sollte gewöhnlich glauben, sie wären in der Tat vom Weine voll.« Die schöne Pose war ihm ebenso verhaßt wie der naturalistische Unfug, und einen auf edlen Stil geschminkten Schauspieler glossierte er einmal: »Und wenn er uns alle Bildwerke der Villa Borghese vormeißelt, das macht sein Spiel nicht ausdrucksvoller. Der Herzog schmachtet im Kerker mit Weib und Kind, und siehe! er bewegt sich voller Grazie.« Er kontrollierte die Betonungen der Deklamations-Perioden und stellte fest: daß die Schauspieler eine Rede wie eine Rakete zum Schluß knallen ließen. Er kontrollierte die Gebärden und stellte fest: daß das »Fingerdeuten auf den Sitz der Gefühle« »etwas Tadelnswertes« sei, »es wird hierdurch die Liebe zu einer bloßen Wallung des Geblütes herabgezogen, und ihr Schmerz als ein Muskelkrampf erklärt«. Es wird hierdurch die lebendige Umsetzung der Phantasie in Gebärde ein für alle Mal matt gesetzt durch die Formeln einer starren Gebärdensprache. Börne kannte die Bedingungen dieser Sprache. Vor mehr als hundert Jahren forderte er den *denkenden* Schauspieler. In einer Kritik schrieb er: »Herr*** fühlt, was er spricht, aber *der Schauspieler soll nur denken, was er zu fühlen scheinen soll.* Der Warme wird den Zuhörer nie erwärmen.« Und in einer anderen Kritik: »Frau*** möge sich ja hüten, aus jedem Worte das Herz reden zu lassen, dies ist das unfehlbarste Mittel, vom Zuhörer die Rührung abzuhalten.« Tausend Erhitzungs-Schauspieler, tausend Herzblut-Schauspieler, tausend Hysteriker wären auf andere Bahnen gelenkt worden, wäre diese Erkenntnis von der notwendigen Distanz zwischen Darsteller und Darsteller-Figur Praxis der deutschen Bühne geworden. Diese Distanz gilt für jede Kunst: das Werk muß abgerückt werden von seinem Schöpfer. In der Schauspielkunst ist die größte Gefahr die Verkennung dieses ästhetischen Grundgesetzes, weil die Abrückung nicht räumlich sichtbar gemacht werden kann, weil der Schauspieler-Mensch zugleich Gestalter und Gestalt, der Dichter und die Dichtung ist. Nur den größten Schauspielern gelingt, die Demarkations-Linie exakt zu ziehen, ohne die Gestalt jeder Intimität der Gestalter-Nähe zu entziehen.

Leicht nur ritzte Börne die Oberflächen dieser Tiefen-Erkenntnisse. Er spann die Theorien nicht aus; er spann sie nur an – er verließ nicht das lebende Ausgangs-Ereignis. So lasteten alle die schnellen, blitzhaft-kurz aufleuchtenden Aperçus auf irgendeinem Herrn X oder Y, der nur ein zufälliger Anlaß war, der die Prinzipien-Abbreviaturen des Herrn Börne nicht verstand, und der sich mit diesem unbequemen Kritiker höchstens dann abgefunden hätte, wenn

Börne systematisch-ästhetische Hochbauten aufgerichtet hätte, in deren imponierender Prinzipien-Majestät eingeschlossen zu werden für einen winzigen Menschen keine Schande ist. Börne aber entfernte sich nicht sichtbar vom Einzelfall zum Prinzip; das verletzte Prinzip rächte er sofort an dem, der es verletzt hatte. Er legte nicht die Verletzung dar, er strafte sie. Er war nicht Gesetzgeber, nicht Richter: sondern Exekutor. Und den Exekutoren – weil sie den Schein gegen sich haben – billigt man nie das Maß sachlicher Motiviertheit zu wie den Gesetzgebern und Richtern. War dieser Kritiker-Exekutor ein Beckmesser? Ein Gewächs aus satanischem Ressentiment? Ein bösartiger Gnom im Hinterhalt, nur darauf bedacht, herabzusetzen, kaputtzumachen, zu verwunden? Seine Feder stieß zu, hüpfte nicht; schrieb um, umschrieb nicht; zeichnete Aussagen auf, nicht Arabesken um Aussagen. Börne war scharf: weil er direkt war. Börne war direkt: weil er nicht plaudern, sondern wirken wollte. Man wirkt nicht, wenn man Ereignisse umplaudert: man muß sie treffen, um sie zu ändern. Wer Börnes Theaterkritiken zerlegt in richtige Erkenntnisse und zu scharfe, zu aufreizende, zu provozierende Formulierungen dieser Erkenntnisse, wer seine Resultate gelten läßt, aber nicht ihren sprachlichen Ausdruck, verkennt sein Ziel – *er wollte nicht Richtiges sagen, sondern Falsches ändern;* er wollte das Theater nicht glossieren, sondern beeinflussen; er wollte in erster Linie nicht das Publikum zum Auflachen, sondern die Theaterleute zum Aufhorchen zwingen. Alle, die witzig und spritzig und schmissig und schnittig und flockig und lockig schreiben – amüsante Paraphrasen über das Thema Theater –, wollen den Leser, nicht den Schauspieler; sie zielen nicht mit Einsichten, sie zertänzeln Einsichten. Sie haben es nicht nötig, scharf zu sein, weil sie gar nicht schneiden wollen. Mißt man an ihnen den scharfen, den kämpfenden Kritiker, so könnte man auch am eleganten Messer-Jongleur den Operateur messen – und den Operateur tadelnd darauf hinweisen, daß der Messer-Jongleur kein Blut vergießt. Der eleganteste Chirurg – und führte er das Messer noch so graziös; und der Chirurg Börne hatte wirklich eine entzückend leichte Hand – muß immerhin *schneiden*. Der alte, brave Haussegen *»suaviter in modo, fortiter in re«* – auf deutsch: hau ihm den Kopf ab, aber höflich und ohne ihn zu verstimmen – entspricht vielleicht der Diplomaten-Praxis, Brutales zu verschleiern: aber nicht der Kritiker-Aufgabe, Verschleiertes zu enthüllen. Wer Realitäten formen will und weder Geld noch Soldaten, nur das Wort zur Verfügung hat, muß schon sagen, was er will, und muß mit dem Wort schlagen können. Börne schlug mit dem witzigen Wort: mit einem Witz, der ein Blitz war. Generationen witziger Theaterkritiker folgten ihm: Legitime und Illegitime. Die Illegitimen wollten nur den Witz, der Witz wurde die Sackgasse ihrer Kritik. Die Legitimen wollten den Einschlag, und den Witz nur, weil er zünden kann. Börnes Witz war Waffe. Er war »der Enterhaken, der feindliche Schiffe anzieht und festhält«. Noch die Gemeinplätze des Theater-Referats färbte er witzig-kriegerisch: »Bei der Darstellung hat jeder das Seinige getan. Das ist das bequemste, höflichste und wahrste aller Urteile, und wobei Leser, Kritiker und Schauspieler vergnügt und gesund bleiben.« Immer zielte dieser Witz auf ein Resultat, nicht auf das Funken-Sprühen. Eine Maria Stuart tritt auf – und er dekretierte, »daß man sich glücklich schätzen darf, wenn die Theaterdirektion die Gelegenheit, diese Maria zu engagieren – verschläft«. Ein amüsanter Satz – der zweimal einschlug.

Mehr als das Pathos verwundet die Ironie, weil der Besiegte lieber den atemlosen als den lächelnden Sieger sieht. Dies Lächeln reizt auf, auch wenn es meist nur ein gespieltes Lächeln ist. Die Ironie ist immer schon der vergiftete Speer. Sie ist Haß, das Pathos ist Klage. Sie ist Resignation, das Pathos ist Hoffnung. Börne, der Ironiker, schrieb, wo er nichts mehr zu bessern fand, etwa über eine ›Jungfrau von Orleans‹-Aufführung: »Offenherzig zu gestehen: nichts von dem, was ich über die heutige Aufführung zu sagen mich erkühnen möchte, verdient auch nur die geringste Berücksichtigung. Gleich nach den ersten Szenen mißmutig gemacht, empfand ich die größte Langeweile, trippelte ungeduldig mit den Füßen und geriet in eine solche Stimmung, daß ich ganz die Geistesfreiheit verlor, die zur Beurteilung einer theatralischen Vorstellung erforderlich ist. Höchstwahrscheinlich haben sie alle vortrefflich gespielt, und ich Betrübter habe es nicht gemerkt. In meiner üblen Laune erschien mir alles so schleppend und seelenlos, daß ich gar nicht begreifen konnte, wo die lieben Zuschauer ihre Geduld hergenommen haben, die die meinige, welche sogar bis zum vierten Akt reichte, noch um ein Fünftel übertraf. Ich erinnere mich noch dunkel, daß Herr***, der den Feldherrn Talbot machte, auf eine sehr komische Weise den Geist aufgab. Eine ganze Loge voll schöner Damen in meiner Nähe belachte diese Sterbeszene. Ernst zu sprechen, es kam daher, weil Herr*** nicht starb, sondern sich hinrichtete. – Der Krönungszug war ungemein prächtig; es wurde daher fast nur mit einer Stimme Vivat gerufen, wahrscheinlich um akustisch darzutun, wie *einstimmig* das Volk in seiner Freude sei.« Am schärfsten sind weniger die ironisch-epischen als die ironisch-epigrammatischen Berichte: »Die drei Personen, welche in diesem Stück vorkommen, haben schlecht gespielt für sechs.« Oder: »Halt, dachte ich, der Mann versteht's; da gibt's Schatten und Licht! Aber es dauerte nicht lange und die Natur forderte ihre Rechte zurück; beim Schatten blieb's.« Oder: »Lindner, Susette; Herr Otto, Malesherbes; Herr Schmitt, Peter – keine Rose ohne Dornen. Demoiselle Lindner war die Rose.« Hier hat die Ironie ihr Feld: wo nichts wächst, braucht auch kein Unkraut gejätet zu werden, wo nur Unkraut wächst, braucht auf den Boden keine Rücksicht genommen zu werden. Die Ironie ist die Abwehr dessen, der keine Chancen der Besserung sieht. Die Ironie ist Verzicht auf Kampf – sie will nur die Markierung der Sterilität.

War er ein Beckmesser? Ein Thersites? Ein Satanas? »›Sie sind zu scharf‹ – sagten mir oft Freunde, weil sie dachten, ich hätte es auf einen Dichter, einen Schauspieler abgesehen. Guter Gott! Wäre der Dichter oder der Schauspieler mein Sohn gewesen, ich hätte ganz so von ihm gesprochen wie von dem Fremden, so wenig dachte ich daran, einem wehe zu tun.« Vielleicht ist es leichter, dem anonymen Gesetz zu verfallen – als einem, der sich nie versteckt hat hinter die Buchstaben ästhetischer Deduktionen. Vielleicht reizt das tadelnde Ich mehr als das tadelnde Es. Börne versteckte das Ich nicht hinter der Sache – und er machte die Sache nicht zur Folie des Ich: er war weder Akademiker noch Pfau. Er machte die Sache zu seiner Sache: so konnte sein Ich sich ungeniert zeigen – und meinte nie sich. So wurden seine Aussagen ursprünglich, persönlich, umwittert von der Atmosphäre eines lebenden Menschen (nicht von der dünnen Luft eines abstrakten Prinzips) – und trotzdem gegenständlich, sachlich, nicht Privatangelegenheit irgendeiner ins Blaue kritisierenden Phantasie. Aber nur wenige kennen den Unterschied der willkürlichen Subjektivität und der von einem lebenden Subjekt umwitterten Sachlichkeit. Und so wurde Börne, dessen starkes, selbstbewußtes, weithin sichtbares Subjekt den Notwendigkeiten der Gegenstände nichts nahm, aber vieles gab – tausend Organe, sie zu erfassen, tausend stilistische Reize, sie dem Leser nahezubringen –, schlicht und unrecht als Subjektivist, das soll nun heißen: als irgendeiner, der irgendwelche Meinungen zusammenphantasiert, abgetan. Er war nie Romantiker wie Jean Paul; er war immer gefesselt an Wirklichkeiten, deren Gesetze er nicht brechen, die er nur unter Anerkennung ihrer Gesetze, im Rahmen ihrer Gesetze ändern wollte. Der Eigenduft einer Individualität, der alle seine Äußerungen einhüllt, dem ein spezifischer Börne-Stil entstammt, war immer nur eine Atmosphäre um den zentralen Kern seiner Persönlichkeit: um sein Gerichtetsein auf den Inhalt. Seine Stil-Elemente sind die Stil-Elemente des

Impressionismus; er war Impressionist aus Sensibilität, nicht aus Gleichgültigkeit der Gegenständlichkeit gegenüber. Wie alle Willensmenschen, wie alle politischen Menschen war ihm die subjektfremde Härte der Realitäten selbstverständlich, ihre Erkenntnis das Mittel, ihre Umgestaltung das Ziel. Wer sich täuscht über diese Artung Börnes, sieht nur sein Talent, nicht sein Geblüt. Er war ein impressionabler Mensch, aber kein Impressionist, ein ästhetisch Empfänglicher, aber kein Ästhet, ein sprühender Stilist, aber kein lebendes Feuerwerk. Wie man von einer reizvoll-preziösen Frau gern schließt auf ein Nichts-dahinter, so schloß man von dem reizvoll-preziösen Stilisten Börne auf ein Nichts-dahinter. Die Fassade für einen Charakter hat – nach populärer Psychologie – ein stilistischer Granitblock zu sein. Börne war ein Granitblock, dem man den Zauber seiner (stilistischen) Erscheinung übelnahm.

War er ein Beckmesser? Ein Thersites? Ein Satanas? Da sitzt er in seiner Loge – ein Alpdruck der Schauspieler, Regisseure, Theater-Leiter: unter einem naiven, ahnungslosen, gleichgültigen, versnobten Publikum vielleicht der einzige, dem der Zuckeraufguß der Weißenthurn und Konsorten Übelkeiten macht; dem der Schwindel phrasenhafter Schauspieler-Mätzchen auf die Nerven geht; den die Phantasielosigkeit der Gerümpel-Inszenierungen bis zur Verzweiflung anödet. Und so armselig ist er nicht: um von der *Aufdeckung* aller theatralischen Zerschlissenheit entschädigt zu werden. Er hat sich verbissen, in seine Aufgabe verbissen, er hat sich verurteilt zur Unfreude an seiner Arbeit, die er leidenschaftlich durchführt: »Ich habe die Verpflichtung übernommen, Theaterkritiken zu schreiben; aber daß die Erfüllung jeder Pflicht süß sei, das schwätzt auch nur der Operntext so in den Tag hinein . . . es tut mir in der Seele weh, daß ich an unserer Bühne so oft nur zu tadeln finde, ich lobte lieber, aber es ist mir unmöglich, gegen mein Gefühl und meine innere Meinung zu reden.« Theater-Leute: das ist das wahre Gesicht des blutigen Kritikers Ludwig Börne! Zwischen Schauspieler und

Kritiker ist ein natürlicher Gegensatz, und – das Schlimmste – die Macht ist ungleich verteilt; der Schwächere kompensiert daher seine Ohnmacht durch groteske Phantasien. Der schwächere Schauspieler malt den Kritiker mit den Farben des Hasses – weil er nicht ebenbürtig mit ihm kämpfen kann. Er befriedigt seine verletzte Eitelkeit durch Selbstbetrug, er schafft den Kritiker um in ein boshaftes Wesen, das ihn nur aus persönlichen Motiven tadelt, das die Kollegin nur aus persönlichen Motiven lobt – in einen größenwahnsinnigen, von seiner Gottähnlichkeit überzeugten Narren, dessen Gefährlichkeit seine Zugehörigkeit zur mächtigen Presse ist. Dieses Phantasiebild – geboren aus der Isolierung des Theaters, das, wie der Film, wie die Universität, eine abseitige Insel innerhalb des Lebens ist – vergiftet auch die Besseren, die Produktiven ... Und eines Tages erschienen keine Theaterkritiken mehr in der ›Wage‹«: nicht unmittelbar unter dem Druck böser Mimen. Aber doch, weil Börne in der Atmosphäre nicht mehr atmen konnte. Und vielleicht auch, weil ihm eines Tages das Abbild unwichtig wurde vor dem Urbild, das Theater unwichtig vor den Stücken, welche die Gesellschaft höchstselbst – ihre Regierung und ihre Regierten – aufführte. Er hatte »die Zeitung des Morgens im Komödienzettel des Abends, die Natur in der Kunst« treffen wollen, jetzt machte er sich unmittelbar heran an die Natur. »Ich schlug den Sack und meinte den Esel«: jetzt wollte er gleich den Esel schlagen. Er sah »im Schauspiele das Spiegelbild des Lebens«, und wenn ihm das Bild nicht gefiel, zerschlug er den Spiegel. Wie später Harden und Jacobsohn genügte ihm eines Tages der Spiegel nicht mehr und nicht der Schlag gegen den Spiegel: er wollte dichter heran – an die ungeschminkten Akteure.

Heimat der Liebe / Heimat der Vernunft / Lieblose, unvernünftige Heimat

»Als ich die Wartburg vorbeikam, wo Luther dem Teufel das Tintenfaß an den Kopf geworfen . . . fiel mir ein: wie schön sinnbildlich das sei. Ja, das Tintenfaß muß man dem Teufel an den Kopf werfen; ihn zu verjagen, muß man schreiben und immer schreiben gegen ihn.« Börne

Börne findet irgendwo ein leeres Gesinde-Büchlein der freien Stadt Frankfurt am Main. Er dient niemand – trotzdem schreibt er aufs Titelblatt: »Dem Ludwig Börne von Frankfurt, gebürtig in Frankfurt, Stand Doktor der Philosophie, Religion Christ, Jahre alt 32, mittler Statur, schwarze Haare, schwarze Augen und frisches Gesicht, wird hiermit die Erlaubnis erteilt, dahier in Mietdienst zu treten. Frankfurt am Main, den 13. November 1818.« Wem will er dienen? Auf dem ersten Blatt fragen die vorgedruckten Rubriken, die er ausgefüllt hat: »Trat in Dienst wann? 15. Januar 1818. Bei wem? Frau Wohl. Auf wielange? Auf ewig. In welcher Eigenschaft? Als Freund. Trat aus wann? An seinem Sterbetag.« Und er trat erst an seinem Sterbetag aus dem Dienst der Frau – die ihm gedient hat.

Fast zwanzig Jahre später starb er. Seine letzten Worte galten Jeanette Wohl: »Sie haben mir viel Freude gemacht.« Sie war die einzige Herrin, die einzige Dienerin, der einzige Freund seines Lebens. Was sie ihm war und was er ihr war, entzieht sich den klaren Kategorien Ehe, Verhältnis, Freundschaft. Sie lebten in einem Zusammen, das alle Merkmale der Ehe zeigte, ohne daß sie verheiratet gewesen wären. Sie lebten in einem Füreinander, das alle Merkmale des Verliebtseins zeigte – ohne daß sie miteinander intim gewesen wären. Wer war der Herr? Wer war der Diener? Wer war der

Gebende? Wer war der Nehmende? Wer war der Starke? Wer war der Schwache? Und Kameradschaft ist ein zu blanker Begriff für diese Zweisamkeit, die umwittert war von allem, was zwischen Mensch und Mensch sein kann. Fast zwanzig Jahre lebten sie miteinander, füreinander, durcheinander: sie waren Eheleute ohne Ehe, Verliebte ohne die Intimität der Liebe, Freunde unter Einschluß dessen, was die Ehe mehr noch an Nähe, der Liebesbund mehr noch an Innigkeit hat.

Als Börne sie kennenlernte, war er einunddreißig, sie vierunddreißig. Sie hatte – wie berichtet wird – beseelte dunkle Augen, einen schön geformten Mund, reiches Haar, eine feine, mäßig gebogene Nase und ein wohlklingendes Organ. Mit zweiundzwanzig Jahren war sie verheiratet worden. Dann hatte sie sich von ihrem Mann getrennt, weil er ihr fremd geblieben war. Jeanette Wohl gehörte zu den Frauen, die einer starken geistigen Potenz verfallen können, die sich in den Geist verlieben können, die – wie Goethe das Geheimnis der Madame Récamier einmal umschrieb – die Fähigkeit haben, »das Talent zu heben und zu begeistern, sich selbst zu entzünden beim Anblicke der Eindrücke, die es hervorbringt«. Jeanette Wohl hob Börnes Talent aus ihm heraus, indem sie seine Produktion mit allen Mitteln anregte – und entzündete sich selbst an dieser Produktion. Sie gehörte nicht zu den intellektuellen Frauen, die sich selbständig, unvermittelt das Geistige für ihren Hausgebrauch zurechtmachen – sie hatte zum Geist nur den Zugang durch Börne. Sie gehörte aber auch nicht zu den geistfremden Frauen, die nur den Mann lieben können. Sie liebte die Idee – die Börnes Antlitz hatte. Und wie der Priester leidenschaftlicher nachlebt, was sein Gott unbefangener hervorbringt, so lebte die Priesterin Jeanette Wohl mit einem heiligen Ernst noch einmal, was ihr Gott Börne viel natürlicher, viel nüchterner vor-gelebt, vorgeschaffen hatte. Sie diente diesem Leben echt, nicht sklavisch; echt dienen heißt: mit den Gedanken seines Herrn –

selbständig denken. Sie spornte dieses Leben und besänftigte es, richtete es und rechtfertigte es, betrauerte es und pries es – in kritischem Enthusiasmus. Dies eine aber blieb bei allen äußeren und inneren Wandlungen zwanzig Jahre hindurch diesseits von Enthusiasmus und Kritik der Inhalt ihres Lebens: Schutz seiner Existenz, Förderung seines Werks. Diesen Lebensinhalt konnte niemand und nichts verdrängen, zu ihm wurde alles, was sie erlebte, sofort in Beziehung gesetzt. Wie der Gott den Priester braucht, so braucht der Priester den Gott: sie lebte aus ihm, sie dachte aus ihm und handelte aus ihm, sie war ihres Schützlings – Schützling. Und die strenge Hüterin sandte dem Behüteten, den sie wie ein kleines Kind hegte und pflegte und schalt und ermahnte und ermunterte, auf eine Reise diese Worte nach: »Ach, warum haben Sie mich auch verlassen, mein väterlicher Freund, mein Beschützer! Wer soll mir nun raten?« Sie riet ihm zeit seines Lebens.

Als er sich in sie verliebte, als er ihr Briefe der Sehnsucht und der Leidenschaft schrieb, als er sie heiraten wollte, versuchte sie leise und zart seine Wünsche einzuschläfern. Ihre ursprüngliche Neigung zu Börne war nicht von der Art, die den Mann will. Aber die Qualitäten einer Neigung sind ein ständiger Prozeß, nicht ein fixes Verhältnis zwischen zwei Konstanten: in dem Prozeß der zwanzigjährigen tiefen Neigung dieser beiden Menschen füreinander tauchte immer wieder auch die Qualität des Verliebtseins auf aus der Fülle dessen, was Jeanette Wohl für Börne empfand. Doch ihr Verliebtsein wurde nie herrschend, wurde sehr schnell immer wieder unterirdisch. Ihr Verliebtsein hatte keine starken Wurzeln, aus denen es eigenkräftig hätte wachsen können, war eher ein Epiphänomen anderer Sympathie-Formen. Nur in der Maske der Selbstironie wagte es sich dann einmal mager und schüchtern ans Licht. »Ob ich wohl verliebt bin?« fragte sie brieflich und verneinte diese Frage, da sie ein großes Stück Torte mit eingemachten Früchten und ein ganzes

Glas Wein konsumiert habe und ein solcher Appetit der Psychologie des Verliebtseins widerspräche. So begleitete sie ihre liebenden Briefe an den Freund mit dem leisen Hinweis, »ce n'est pas l'amour qui fait cela, ce n'est que la plus sincère amitié«. Immer wieder versuchte sie mit freundschaftlicher Neckerei die überschwenglichen Liebesbriefe der ersten Jahre zu dämpfen, »auch hoffe ich von meinem genesenden Patienten, daß er bald völlig von solchen faselnden, noch etwas krankhaften Anreden und Ausrufungen wie ›mein schöner Engel‹ – geheilt sein werde und sich in recht gesunder kernhafter Sprache vernehmen lassen wird. Solche Süßigkeiten könnten mich gar bald krank machen«. Mit liebender Ironie, mit zarter Delikatesse, mit der sie ihm von Beginn an Klarheit gab über die Art ihres Gefühls für ihn, bog sie immer wieder die Richtung ab, die er ihrem Bund geben wollte ...
Allerdings ist das Nichtzustandekommen der Ehe nicht damit erklärt, daß Jeanette Wohl keine starke erotische Neigung für Börne, vielleicht sogar eine leise erotische Abneigung gegen Börne empfand – und daß Börne wohl auch nicht Erotiker genug war, um sie zu einer Neigung zu verführen. Sie liebte ihn so unermeßlich stark, so aus tiefstem Herzen, daß ihr diese Liebe genug Anlaß für eine Ehe gewesen wäre. Und oft wurde eine Ehe erwogen, sehr ernst während seines Berliner Aufenthalts. Weshalb heirateten sie nicht? Jeanette antwortete zunächst: »*Sie* kann ich nicht heiraten, dazu gehört mehr Mut und mehr Selbstvertrauen, als ich habe.« Diesen Mut und dieses Selbstvertrauen gewann sie mit zunehmendem Einfluß auf die Gestaltung seines Lebens und seiner Arbeit. Aber mit zunehmender Einsicht in die Schwierigkeiten eines Zusammenlebens mit ihm erkannte sie auch, daß kein Mut und kein Selbstvertrauen hinreichten, um mit Börne zu leben – was sie schließlich aus tiefster Seele wünschte. Börne, nicht Jeanette, war das große Hindernis zu dem Ziel, das er ersehnte: zur Ehe mit Jeanette. »Ich liebe die Menschheit, doch die Menschen sind mir gleichgültig.

Ihrem Herzen aber steht jeder Einzelne nahe«; er liebte nur auf Entfernung, nicht die Nahen; er liebte wohl auch Jeanette brieflich stärker als im Zusammenleben. An Börnes Ideen-Liebe, an Börnes abstrakter Liebe scheiterte sein einziger Wunsch für sein privates Leben: »Nur einen Wunsch habe ich – mit Ihnen zusammen zu leben, da meine Neigung zu Ihnen das einzige ist, was meine Kräfte verbinden, mir Geist und Herz zusammenhalten und meinem Leben Einheit geben kann.« Nicht Börne war der Resignierende in diesem ewig schwebenden, nicht nur im Sinne der Konvention schwebenden Verhältnis: Jeanette, scheinbar souveräne Trägerin dieses Verhältnisses, war die Leidtragende. Jeanette resignierte: »Was ich noch Gutes auf der Welt hätte erleben können, hätte mir durch Sie, oder – von Ihnen kommen müssen! Das ist nun aber nicht so, soll also nicht so sein; ich betrachte dies nun wie einen Traum, und – leg ihn zu den übrigen, vergangenen! Daran sind aber weder Sie, noch ich schuld, daß es nicht anders und besser sein kann.« Ihr Traum war – trotz allem! – die engste Lebensgemeinschaft mit ihm. Dieser Traum zerging, nicht vor der tragischen Tatsache ihrer erotischen Gleichgültigkeit gegen diesen Mann, den sie innig liebte – wenn auch eine starke erotische Neigung die Verwirklichung dieses Traums wohl erzwungen hätte; dieser Traum zerging auch nicht vor der damaligen Schwierigkeit einer Mischehe – und der anderen Schwierigkeit, zwischen diesem Mann und ihrer Mutter zu wählen, welche die Heirat mit dem Christen Börne nicht wollte. Dieser Traum zerging, weil der kränkliche, leicht erregbare Eigenbrötler Börne nicht zur Zweisamkeit geboren war, und weil Jeanette für Börne leben, aber nicht das Martyrium einer Ehe mit Börne sterben wollte. Sie wurde seine Heimat, nicht sein Opfer. Sie konnte ihm viel geben und viel von ihm empfangen, weil sie verzichtete, ihm alles zu geben und alles von ihm zu empfangen. Und als sie, eine Fünfzigerin, in den letzten Lebensjahren Börnes Herrn Strauß heiratete, schuf sie durch diese Heirat dem Freund ihres Lebens einen neuen Freund, eine neue Heimat, ein letztes Asyl.

In einem seiner frühesten Aufsätze schilderte Börne sein Frauen-Ideal: »Auch sollen unsere Frauen sich dem eitlen Tand entwöhnen, tun, was ihnen ziemt, nicht Netze stricken. Penelope, die Mutter der Gracchen, und des Ritters züchtige Braut saßen nicht am Spieltisch moderner Damen. Sie sollen weben und Wunden heilen, die das Schwert oder das Geschick uns schlägt. Sie sollen das heilige, ungetrübt Menschliche bewahren, worin sich Völker entfernter Zeiten und Regionen als Brüder erkennen; das eine, worin die tausendfachen Kräfte, in welche die Natur des Mannes zersplittert, sich wiederfinden und versöhnen – die Liebe.« Sie sollen Wunden heilen: die beiden Frauen, die ihm viel bedeuten, Henriette Herz und Jeanette Wohl, heilten die Wunden seines Lebens. Beide hegten ihn und schützten ihn, Börne war das Kind, nicht der Mann der Frauen, die er liebte. Ist es auch der Wille dieser beiden Frauen, nicht sein eigener Wille gewesen, daß er nicht ihr Mann wurde, sondern ihr Sorgen-Kind blieb – Börne unterwarf sich doch diesem Willen, lebte doch eben sein ganzes Leben im Rahmen dieser Beziehung zur mütterlichen Frau. Keine Verbindung der Leidenschaft sprengte diesen Rahmen. Nicht der geistige Freund, nicht weibliche Sinnlichkeit und nicht die intellektuelle Erotik kluger Hetären bannte ihn, sondern die energische Sanftmut, die aktive Güte, die überlegene Stille einer fest in sich ruhenden, abhängig-herrschenden Frau. Er war kein Don Juan, sondern ein engbrüstiger, aus schwachen Lungen atmender rauher Krieger. Er hatte den Angriffswillen des Kriegers, aber nicht des Kriegers Körper. Börne war nicht Asket aus Geist, sondern aus der Schwäche seiner Natur: er war nicht der Mann, welchem die Frau fremd war – sondern der Mann, welcher die Frau nicht besiegte. Jeanette Wohl war Börnes weiblicher Freund.

Sie war nie ein ebenbürtiger Partner, selbständiger Geist

neben einem selbständigen Geist. Sie war aber auch nie sklavische Nachbeterin seiner Urteile, blinde Rechtfertigung seiner Wege; sie war der Pädagoge des größeren Zöglings, sie war die Führerin des Stärkeren, sie war eine Erwachsene, die ein geniales Kind führte auf einem Wege, dessen Richtung das Kind gab. Sie durfte ihn auch gegen seinen Willen einmal führen, weil sie oft besser wußte, wohin sein Wille wollte. Sie hatte ihn so zentral erfaßt, daß sie ihn immer messen konnte an ihm selbst. Sie kannte auch die Schliche und Ausreden seiner Schwächen und überführte ihn in Sermonen, die sich immer in taktvoller Scham als Neckereien kostümierten. Wie echte Biographen einen Menschen oft viel besser verstehen, als er sich selbst verstanden hat, so wissen auch echte Pädagogen oft viel mehr um die Richtung ihres größeren Zöglings als er selbst. Die einfühlfähigen, kongenialen Freunde leben das Leben, das sie mitempfinden, richtungssicherer als die, welche es hervorbringen. Jeanette Wohl war so ein einfühlfähiger, kongenialer Freund, deshalb durfte sie ihn führen – obwohl er der Führer war. Sie empfing die Richtung von ihm – und sorgte, daß er sie nicht verfehlte. Sie war sein »lieber gnädiger Hauptmann«, der ihm die Befehle gab: die seine Befehle waren. Sie war die verkörperte Wachheit über dem komplizierten Prozeß seines Lebens.

Da war viel zu wachen. Vor allem hatte sie zwei Aufgaben, die bei ihrer Feindschaft gegeneinander nur lösbar waren, weil sie den Instinkt für sein Leben hatte: ihn zu stacheln und ihn zu beruhigen; ihn zur Arbeit zu treiben und ihn zur Schonung zu zwingen; seinen Ehrgeiz zu reizen und sein Selbstbewußtsein zu stärken. Sie hatte die schwere Sorge, immer auszubalancieren zwischen seiner Trägheit und seiner Erregbarkeit. In den ersten Jahren ihrer Freundschaft, vor seinem ersten Blutsturz, wurden ihre Briefe ganz Antrieb. Börne hatte die Pränumerando-Zahlung für den zweiten Band seiner Zeitschrift die ›Wage‹ schon erhalten, die Abonnenten hatten aber erst fünf Hefte. Jeanettes Briefe wurden eine einzige Beschwörung, seinen Verpflichtungen nachzukommen und die fehlenden Hefte herauszugeben, »in der Loge neben mir hörte ich ganz deutlich von mir sagen: ›Das ist eine sehr genaue und gute Freundin von Doktor Börne, dem unrühmlich bekannten ›Wag'-Bankerutteur‹. Schöne Ehre hat man von Ihrer Bekanntschaft«. Und in einem anderen Briefe trommelte sie ihm das ominöse Wort immer wieder ins Ohr: »Was macht die ›Wage‹? Werden Sie bald die ›Wage‹ herausgeben? Was lassen Sie diesmal in Ihr ›Wag‹-Heft drucken? Kommen große prachtvolle oder kleine niedliche Aufsätze in Ihre nächste ›Wage‹? Das Publikum sieht mit angenehmen Erwartungen Ihrem nächsten ›Wag‹-Heft entgegen. Wie freue ich mich auf ›Die Wage‹ ... Sie können es gewiß gar nicht erwarten, bis Sie mir das erste Exemplar zugeschickt? ... Ich grüße freundlich den Herausgeber der ›Wage‹, aber nur an den Herrn Verfasser dieser Zeitschrift ist dieser Gruß und meine Zuschrift gewendet. Sollte er sich diesem Berufe entzogen haben oder noch entziehen wollen, so sehe ich mich gezwungen, ihm auf lange ein Lebewohl zu sagen, oder – ›Die Wage‹, ›Die Wage‹, ›Die Wage‹!!!« Und dann ein Brief, der über vier Oktavseiten nur das eine Wort hatte: »Die Wage.« Börne antwortete: »Sie sollten wenigstens mein Christentum schonen und nicht an Sonntagen mit mir zanken. Lassen Sie mich alle Sonntag einmal ausruhen, denn ›auch Deines Viehes sollst Du Dich erbarmen‹, sagt die Heilige Schrift. Sie sind die furchtbare Göttin der ›Wage‹, die unerbittliche Nemesis. O Du schreckliche Tochter der Nacht, werde ich Dich nie versöhnen können?« Es ging nicht nur um die ›Wage‹, es ging Jeanette Wohl um das Ideal Börne. Es ging ihr vor allem um das Werk Börnes, das sie oft genug herausstacheln mußte. »Schläft Brutus?« Und sie legte über ihre Befehle eine Glasur von harmloser Frozzelei – die den Ernst nur bedeckte, nicht verdeckte. »Schade, daß der brave Börne für die politische und literarische Welt verloren ist. Der hat immer unumwundene Wahrheit gesagt. Es heißt, er sei ein reicher Mann geworden, lebe von seinen Renten und bekümmere sich nicht um Welthändel.« Da saß in Frankfurt ein braver Lokaldichter, ein Herr Malß, und Jeanette schrieb: »Der Malß, das ist ein anderer Mann, der gibt doch wenigstens alle Jahr einmal den Leuten etwas zu lachen. Aber gewisse andere Professionisten von der Schriftstellerei geben weder zu lachen noch zu weinen.« Eine ehrgeizige Frau, die einen Mann ihrem Ehrgeiz opferte? Eine dumme Gans, die nichts von den Bedingungen des schaffenden Menschen wußte? Schamhaft verdeckte sie unter tausend Neckereien den einen Ernst; und wenn sie Börne als ihren »Glücksritter« malte, der »mit Orden und Bändern geschmückt« in seiner Vaterstadt auftreten solle, schien durch all diesen Firnis von Humor und Tändelei dieser eine Ernst: die Sorge darum, daß er wird, was er ist, daß er sich erfüllt, daß er sein Werk schafft.

Und dann wurde diese Sorge abgelöst von der anderen Sorge – die Sorge um das Denkmal seines Geistes wurde abgelöst von der Sorge um die Kräftigung seines Körpers: »Ihre Gesundheit geht vor allem.« Als er zwischen dreißig und vierzig von Ems nach Soden und von Soden nach Ems reiste, um seinen zerstörten Körper mühselig zu flicken, wurde Jeanette Wohl aus der großen Aufrüttlerin eine große Sänftigerin. Sie drohte, ihre »Berichte über deutsche Angelegenheiten«, die ihm »große Gemütsbewegung« machten, einzustellen, falls er sich nicht zusammennähme und schone; Jean Paul, sein geliebtes Vorbild, habe sich nie oder selten so tief bewegen lassen. Und sie, die durch ihre angeborene Menschlichkeit und durch Börnes Beispiel eine leidenschaftliche Revolutionärin geworden war, schrieb an ihn die Worte höchster Entsagung: »Ist das erlaubt, daß Sie sich diesen täglichen Zeitungs-Qualen aussetzen? Seien Sie ein Dichter, leben Sie in einer idealen Welt, schaffen Sie sich eine, schreiben Sie einen Roman oder eine Geschichte der Vergangenheit oder einer Zukunft.« Diese Sätze waren nicht die Torheit einer Frau, die übersah, daß Börne nicht Schöpfer einer idealen, sondern Umgestalter einer realen Welt sein mußte; daß die Zeitungs-Qualen Voraussetzung seiner Lebens-Arbeit waren. Diese Sätze waren auch nicht die Gleichgültigkeit einer Frau gegen die Ereignisse des gesellschaftlich-politischen Lebens; denn als ihr Börne während der polnischen Erhebung schwärmerisch über Pariser musikalische Ereignisse schrieb, antwortete sie gut börnisch: »Wo haben Sie jetzt Zeit für Italiener und ihre Melodien! Die polnischen Sensenträger – die polnische Freiheit – daneben klingt jetzt gar nichts.« Sie trieb ihn nicht aus Weiber-Eitelkeit an, die den dekorierten Mann als Schmuck will; und sie hielt ihn nicht aus Weiber-Ignoranz zurück, die den Mann vor politischer Zugluft schützen will. Sie war als Sporn und als Hemmung immer nur die Verkörperung des geistig-physischen Börne-Egoismus: gewissermaßen der Verstand seines Egoismus. Hinreißend, erhaben, wie diese Frau, die Jahre hindurch an seinen Ehrgeiz, an seine Aktivität, an seine Pflicht zum Werk appelliert hatte, um seinen Fleiß herauszureizen, plötzlich das Steuer herumriß: »Mein lieber guter treuer Peter, tu mir doch auch einmal den allergrößten Gefallen und sei wieder Hans ohne Sorgen, wie Du immer warst, der Mensch darf seine Natur nicht verleugnen.« Das herrliche Sophisma der Hüterin eines Lebens: das – durch Krankheit bedroht – nicht eine erhöhte Anspannung, sondern eine Abspannung verlangte ... Die Genialität dieser Frau war, daß sie die Balance des labilen Börne war. Jeanette Wohl war Börnes Gleichgewicht. Sie korrigierte kontinuierlich sein Leben, nicht aus eigener Machtvollkommenheit nach eigenem Bild – sie hatte kein eigenes Bild, sie hatte über ihn nicht eine fremde Macht. Sie nahm den Maßstab für ihre Korrektur aus den existierenden und normativen Kräften, die er lebte. Sie war nicht geistig überragend, sie produzierte keine eigenen Inhalte. Sie war menschlich überragend: sie reproduzierte das Leben eines andern so intim, daß sie die

Entscheidungen dieses Lebens richtiger traf als sein Träger. Bevor Börne in den ›Briefen aus Paris‹ seine Schriftsteller-Art klassisch dargestellt hatte, zeichnete sie, Prophetin dieser Briefe, der wir dieses grandiose publizistische Werk verdanken, Börnes Begabung: »Ich habe heute die ganze Nacht nicht geschlafen, so lebhaft habe ich mich mit dem Gedanken beschäftigt, wie Sie damit Glück machen könnten, wenn Sie jetzt in Briefform schrieben, oder besser nur Briefe schrieben. Auch weiß ich ja schon von früher, wie das mit Aufsätzen geht. Bis nur der Plan fertig, ist schon soviel Zeit verloren, und manchmal, oder gar oft auch, wie das natürlich, die Lust zur Ausführung. Wenn Sie nur wüßten, wie schön Ihre Briefe sind! Jeder einzelne gedruckt, würde das größte Interesse erregen! ... Ist nicht in Briefen eine weit frischere, lebendigere, anziehendere und ansprechendere Darstellung möglich als in Aufsätzen? ... Aufsätze sind wie Bücher, sie ziehen zuviel vom Allgemeinen aufs Einzelne ab. Dahingegen Briefe alles umfassen können, je unvorbereiteter, desto frischer, lebenskräftiger und liebenswürdiger. Sagten Sie nicht neulich selbst? ›In dieser ungeheuer bewegten, tatenreichen Zeit kann man keine Bücher schreiben.‹ Also Briefe, Briefe! Sparen Sie die Aufsätze auf nachher! Bedenken Sie täglich den so reichen Stoff! ... Sie sollen mir unbefangen schreiben wie bisher. Denn gerade in kleinen Zügen und unbedeutend scheinenden Sachen spricht sich die Individualität am besten aus und verleiht dem Ganzen Reiz und Leben. Das heißt, ganz besonders bei Ihnen.« So nahm diese Frau aus dem genialen Verständnis der Produktions-Bedingungen Börnes die Form einer der größten publizistischen Schöpfungen des Jahrhunderts vorweg; sie stellte diese Form zu einer Zeit heraus, als sie noch in Börne schlummerte, eine Möglichkeit. Ihr Leben war so auf Börnes Leben gepfropft, daß sie in einer glücklichen Stunde die Umrisse seines klassischen Werks vorzeichnen konnte.

Kein Wunder, daß für Börne diese Frau, die ihm sein eigenes ungeborenes Werk vorplante, die sein Leben regulieren konnte, weil sie sein Instinkt war, und mit diesem Vorplan und diesen Regulierungen nie etwas Fremdes in ihn hineintrug, nur immer sein Eigenstes lockte, vorformte und schützte, *der* Mitmensch wurde. »Alles ist in Gedanken an Sie gerichtet«, schrieb er an die Frau, an die auch in Buchstaben schon fast alles gerichtet war, »Sie sind und bleiben ewig mein einziges und ganzes Publikum.« Sie gab die Richtung, zu der seine Briefe gingen. Sie war der Richter; seine Briefe waren oft genug Plädoyers. Nach der ersten Arbeit, die sie nicht vor dem Druck gesehen hatte, schrieb er: »Mir sind fast die Tränen in die Augen gekommen, es ist das erste, was ich habe drucken lassen, ohne es Ihnen vorher zu zeigen.« Und weil sie so einer vom anderen abhängig waren – Jeanette, weil er ihr Leben war; Börne, weil Jeanette die Norm seines Lebens auch gegen ihn selbst wahrte –, und weil sie oft von einander getrennt lebten, und weil oft nur Briefe, die »Augenblicksurkunden«, diese beiden unzertrennlichen Menschen banden, bildete sich bei ihnen eine »chronische Briefkrankheit« aus, der beide in gleicher Weise unterlagen. »Wenn ich offen sein soll, muß ich bekennen, daß es für mich jetzt keine andere Freude gibt als Ihre Briefe«, schrieb Jeanette und schilderte ihre Brief-Hysterie: »Es bleibt dies nun einmal eine fixe Idee und chronische Krankheit, denn heute nachmittag mußte ich meine Arbeit unterbrechen und mich auf's Kanapé legen – in so unruhiger Bewegung war ich, als es gegen die Brief-Zeit ging.« Und Börne: »Als heute Ihr Brief kam, da weinte ich vor Freude, da weinte ich allen Schmerz aus ... Wir sind beide zu reizbarer Phantasie, und sie wird uns quälen bei jedem Anlasse.« Jeanette: »Was hilft alles Reden! Wir sind unheilbar und unerschöpflich in der Kunst, uns das Leben recht bitter zu machen.« Da sie sich nicht täglich sahen, oft Wochen nicht, oft Monate nicht, war ihnen jeder Brief ein Wiedersehen mit allen Erregungen des Wiedersehens, und doch ohne die Entspannung des Wiedersehens – ohne die Gewißheit, die nur das Sehen, nicht das Lesen gibt: daß es dem andern auch wirklich gut geht. Sie waren beide dem Übermaß von Liebe, mit dem der eine den andern überwältigte, nicht gewachsen. Sie kaufte Lotterielose, um vielleicht dem Börne eine Italien-Reise zu gewinnen; sie wollte ihr Klavier verkaufen. Und Börne antwortete in einem Brief aus Resignation und Überwältigtsein: »Schon viele Menschen sind aus Liebe wahnsinnig geworden, aber aus Menschenliebe ist es noch keiner. Nur Sie wären dazu fähig ... es ist ein Glück, daß Sie nie den Mann Ihres Herzens gefunden – Sie können ja nicht einmal den Wein unter Wasser vertragen.« In Rousseaus ›*Nouvelle Héloise*‹ fand er Jeanette vorgezeichnet: »Es ist jene rührende Vereinigung so lebhafter Empfänglichkeit und universaler Sanftmut, es ist jenes zarte Mitgefühl für alle Leiden anderer, es ist jener gerade Verstand und jener auserlesene Geschmack, welche ihre Reinheit aus derjenigen der Seele schöpfen, mit einem Wort, es sind die Reize der Empfindungen, die ich in Ihnen verehre.« Aber wäre sie nur eine empfängliche, sanftmütige, mitfühlende, mitleidende Seele gewesen: sie wäre nie die Umfriedung dieses gefährdeten Börne-Lebens geworden. Sie war scheu und beschwor ihn mehr als einmal, ihre Briefe unter Schloß und Riegel zu legen. Sie versteckte sich vor der Öffentlichkeit; die Adressatin der ›Briefe aus Paris‹ wollte im Hintergrund bleiben. Aber alle Scheu, die Antipathie der stillen Frau vor der sichtbaren Aktion, schwand, wenn es um Börne ging. Sie hatte den Mut stiller, scheuer Menschen, die das Hervortreten scheuen – deren Hervortreten deshalb immer mit der Wucht eines unabwendbaren Bekenntnisses geladen ist. Sie respektierte die Konventionen, wie alle schamhaften Menschen, welche die Uniform lieben als eine Hülle, die ihr persönliches Leben deckt; aber im Konflikt zwischen Konvention und der Aufgabe ihres Lebens fiel die Scheu. Die Notwendigkeiten des andern Lebens beugten die Gesetze ihres eigenen Lebens: das war Jeanette Wohl.

Börne war nicht in der Judengasse zu Haus und nicht in Frankfurt, nicht in Deutschland und nicht in Paris und nicht in Europa. Auch gehörte er keiner Klasse an, keinem System und keinem Gott. Er hatte lediglich das Wohin, welches aber noch nicht als Phantasie-Paradies so irdisch-konkret in ihm lebte, daß er hätte in ihm leben können. Er hatte auf Erden nur eine Ruhe: Jeanette Wohl.

Der Herausgeber der ›Wage‹ war eine bekannte schriftstellerische Persönlichkeit geworden. Buchdrucker Wenner aus Frankfurt bot ihm die Redaktion des sehr zurückgekommenen ›Staatsristretto‹ an: die Zeitung der freien Stadt Frankfurt. Börne leitete sie vom ersten Januar achtzehnhundertneunzehn bis in den April: dies Vierteljahr war ein einziger Guerilla-Krieg des Redakteurs der ›Zeitung der freien Stadt Frankfurt‹ gegen den Zensor der unfreien Stadt Frankfurt, Börnes ehemaligen Kollegen von der Polizei, den Herrn Severus. Severus: zu deutsch der Strenge – ein guter Name für einen Polizei-Zensor. Aber dieser Severus wird weniger als der Strenge, mehr als der Angestrengte in der Geschichte der Zensur fortleben. Angestrengt bis zum blamablen Schluß: da er – auf Druck des österreichischen Gesandten, der sich in »a. h. Auftrage S. M. des Kaisers« beim Frankfurter Senat über Severussens Unstrenge beschwerte – Börnes Entlassung als Redakteur und Börnes Einkerkerung wegen Übertretung der Zensur-Vorschriften in die Wege leiten mußte. Er mußte sogar noch schwindeln: der arme Severus! Wie hätte er sonst rechtfertigen können, daß er jenen ominösen Aufsatz, über den »S. Majestät Persönlich den höchsten Unwillen geäußert«, hatte passieren lassen: den Artikel über die vorgeblichen Absichten Österreichs auf ein neues Königreich Rom, mit welchem man einen Erzherzog beglücken wollte? Wie es nun in solchen Fällen immer geschieht: das Zensurblatt war nicht zu finden. Die Schuld Börnes war nicht nachzuweisen – also schob man ihm den Beweis seiner Unschuld zu; er sollte beweisen, daß etwas nicht geschehen sei. So wurde er verurteilt »wegen Verdachts einer Übertretung der Censurvorschriften; und weil er den ihm aufgelegten Beweis seiner Unschuld nicht führen konnte« – verurteilt »zu vierzehntägiger Einsperrung unter Gaunern, Bettlern und Dieben«. Der Gesandte schrieb, als ihm die Entfernung Börnes nicht schnell genug ging, auftrumpfend an die Stadt Frankfurt: »Welch erbärmliche Zeiten, wo es einem Senate an Mut fehlt, elende Scribler und Calumnianten oder Censoren beim Kopf zu nehmen!« Der Senat der freien Stadt Frankfurt am Main nahm daraufhin prompt den Börne beim Kopf – Börne aber nahm die Stadt bei ihrer Kopflosigkeit: und veröffentlichte die Geschichte seiner Flitterwochen mit der Zensur einer sogenannten ›freien‹ Stadt Frankfurt.

In dem »Erkenntnis des Polizeigerichts« – übrigens später aufgehoben durch den Beschluß des Würzburger Appellationsgerichts, »daß der gedachte Dr. Börne wegen mangelnden Beweises von der in dem Erkenntnis des Polizeigerichts vom 11. Juni 1819 erkannten Strafe, sowie von Erstattung der Untersuchungskosten frei zu sprechen sei« – ist zu lesen: daß »die früher gegen den Redakteur der Zeitung der freien Stadt Frankfurt gepflogenen Untersuchungen *allerdings* zu dem Verdacht berechtigten, daß er auch bei diesem Artikel die Censurvorschriften unbeachtet gelassen habe«. Allerdings! Denn alle die Nachtwachen, alle die Geldstrafen und alle die witzigen Gedanken des Redakteurs der ›Zeitung der freien Stadt Frankfurt‹ waren das Resultat seiner unvorschriftsmäßigen Schäkereien mit dem Herrn Zensor. Sie strengten offenbar den Severus mehr an als den Börne, der den Gegner nicht nur in seinem biedermännisch-geschminkten, der Zensur nicht faßbaren Hohn, sondern auch in seiner zensurfreien Zeitschrift ›Die Wage‹ bisweilen kräftig hochnahm, so daß Severus, der Mächtige, in einer langen Epistel den Senat um Hilfe gegen die spitze Feder des Redakteurs anflehen mußte: der Zensor – ein Opfer des Zensurierten. Börne hatte, obwohl er von seinem Posten entfernt wurde, eine Schlacht gewonnen: alle Zeitungsredakteure zusammengenommen hatten – nach Severussens Eingeständnis – in neun Jahren dem Zensor nicht soviel Haß gegen sein Amt eingeflößt wie in fünf Monaten der eine Börne, dessen »revolutionärer, alle bestehende Ordnung verhöhnender Geist« den Aufpasser ständig in Atem hielt – und so abmattete. Als Börne seinen Redakteur-Posten verlor, war Severus seines Zensor-Postens müde: hätte der Redakteur länger kämpfen dürfen, so hätte der Zensor nicht länger kämpfen können.

Börne stritt hier noch gegen die erbärmlich-lächerliche Feigheit und Dummheit eines Zensors, noch nicht gegen die Institution Zensur. Er kritisierte die Zensuren seines Zensors als willkürlich, sinnlos, die sinnvolle Zensur bekämpfte er noch nicht. Er appellierte noch an die verständige Zensur-Behörde – zur Ausrottung ihrer übereifrigen, überängstlichen Funktionäre; den Lebensnerv der Zensur tastete er noch nicht an. Erst ihre Außenwerke berannte er – ihre dumme Praxis. Das ging! Gewalthaber lassen über konkrete Fälle mit sich reden: sie retten das Prinzip, indem sie gern einmal einen Fall als ein Außerhalb dieses Prinzips freigeben. Börne appellierte oft mit Erfolg an die vorgesetzte Behörde. Der arme Severus mußte ausbaden, was das Prinzip nicht treffen durfte: das Prinzip läßt hier und da gern einmal einen Angestellten fallen – zur Entlastung des Prinzips höchstselbst. Börne kämpfte gegen die Willkür einer Zensur, welche Artikel strich, die aus bereits zensierten deutschen Zeitungen übernommen waren, welche die gleichen Urteile stehen ließ, wenn sie aus anderen deutschen Blättern stammten – und strich, wenn sie Übersetzungen aus französischen Blättern oder Kommentar des Frankfurter Redakteurs waren. Dasselbe Urteil durfte also passieren, wenn man dem Zensor die Quelle nachwies – und wurde kassiert, wenn es die unabhängige Meinung der Zeitung darstellte. Selbständiges Denken strengstens verboten! »Darf ein Frankfurter nicht so gut eine

Meinung haben als ein anderer?« Nein: »Der Aktivhandel mit Geistesprodukten« ist verboten; nur ein »Ideen-Speditionshandel« ist gestattet. Börne kämpfte hier nicht gegen die Zensur: sondern *für* eine objektive, nach festen Normen richtende – *gegen* eine patriarchalische Zensur, welche die alte Tante ihrer Leser ist. Er kämpfte noch gegen unzulängliche Menschen – er kämpfte noch nicht gegen die unzulängliche Ordnung.

Der Redakteur Börne sitzt auf seinem Büro in Erwartung der Zensur-Bogen. Zehn Uhr abends: die Blätter sollen in Satz, das Frühstück für die Leser soll angerichtet werden. Da kommt die Botschaft des Zensors: Quellen nennen, Quellen nennen! »Wer gab mir Wünschelruten genug, alle die Quellen zu entdecken?« Börne hatte den Zauberstab für eine klare Quelle, die einzige Quelle, die nie Gnade fand vor dem Zensor: Börnes Gehirn. So mußte er mit dem zensierten Blatt in die Druckerei laufen, »um die Wunden der Zeitung zu verbinden«. Aber sogar für die Ausübung dieses journalistischen Samariter-Dienstes hatte der Raubritter mit dem Rotstift feste Bestimmungen erlassen: die verwüsteten Stellen durften nicht als leerer Raum oder als eine mit Punkten oder Strichen verzierte Einöde in Erscheinung treten. Die Zensur – klagte Redakteur Börne – schlug seine Gedanken tot und untersagte ihm zugleich, ihnen Leichensteine zu setzen. Der Leser sollte nicht merken: hier wächst nicht mehr das Gras des Geistes, weil der Zensor hineingetreten ist. Also Parole: den Text hübsch zusammenrücken und den freien Raum am Schluß artig mit »Avertissements« ausfüllen, die den Herrn Severus schon passiert haben und als Füllsel in ausreichender Quantität auf Lager zu halten sind. So exakt waren die Bestimmungen aber noch nicht formuliert, als Börne – »pour égayer la matière« – eine seiner boshaften Eulenspiegeleien ins Werk setzte, die ihn zehn Thlr. Geldstrafe kostete und dem Severus kostenlose Einblicke gab in das unerschöpfliche Waffenarsenal eines kämpferisch-witzigen Geistes. Weder weiße Stellen noch Punkte noch Striche durften dem Leser zuschreien, hier habe der Vandalismus der Zensur gehaust – also setzte Börne irgendeinen Text in die Lücken, ohne jeden Zusammenhang mit dem Vorher und dem Nachher; und machte so das Sinnlose lächerlich durch Sinnloses. In der rein formalen Erfüllung eines Gesetzes praktizierte er die Umkehrung des Gesetz-Sinnes: ein gutes Sophisma im Kampf gegen unrechtes Recht!

In Offenbach, eine halbe Bahnstunde von Frankfurt entfernt, erschien die Wochenschrift ›Zeitschwingen‹. Im Frühjahr hatte Börne die Frankfurter Redaktion verlassen, im Sommer trat er in die Offenbacher Redaktion ein. Er versprach in seiner »Ankündigung der Zeitschwingen«, daß er sich nach den Frankfurter Erfahrungen »eines mäßigen, bescheidenen und ehrsamen Tones befleißigen werde«. Er versprach, er werde sich »dem Vorbilde eines frommen, polizeiergebenen Bürgers immer mehr und mehr zu nähern« suchen. Er versprach allerdings auch (besser – er drohte), daß er sich »mit dem gemeinen Wesen des deutschen Vaterlands ... unaufhörlich beschäftigen« werde. Und er beschäftigte sich: die »Ankündigung« ist schon eine einzige Beschäftigung – mit den naiven Idealismen der Regierten, mit ihren Träumereien an wissenschaftlichen Kaminen und mit der Freude aller Regierenden, die Gedanken und Gefühle ihrer Schafe in romantisch-idealistischen Pferchen so gut untergebracht zu haben. Wer wundert sich nach dieser programmatischen Introduktion, daß ein halbes Jahr nach der »Ankündigung der Zeitschwingen« – »Das Testament der Zeitschwingen« erschien: die ›Zeitschwingen‹, die unter Börnes Führung einen ungewöhnlichen Erfolg gehabt hatten, ließen ihre »Flügel sinken« – und wurden »Runkelrübenblätter«. Aber ohne Börne! Am neunten Oktober schrieb »der Herausgeber an seine Leser«: »Von heute an erscheinen die Zeitschwingen unter Zensur ... Lebt wohl, Leser, auf Wiedersehen!« Börne hatte keine Lust, sich die Schwingen zum zweiten Male stutzen zu lassen. Er gab es auf, als Redakteur Luft in das deutsche Ghetto zu bringen – deshalb gab er die Redaktion auf.

Er fuhr an den Rhein. In Mainz lernte er Görres, den berühmten Herausgeber des »roten Blattes«, des ›Rheinischen Merkur‹ kennen. Görres war damals noch Jakobiner und veröffentlichte gerade sein Buch ›Deutschland und die Revolution‹. Börne schrieb enthusiastisch über den großen romantisch-aggressiven Pathetiker mit dem von einprägsamsten Anschauungen wuchernden Wort: »Ich habe auch einen blühenden Stil, wie Ihr sagt, aber ich bin eine Nelke in eines Schneidergesellen Knopfloch, und er ist ein großer herrlicher Blumengarten.« Als dann später Görres' Buch ›Europa und die Revolution‹ herauskam, spürte Börne schon den etwas penetranten Geruch dieses »herrlichen Blumengartens« und nahm die Duftvergleiche nicht mehr aus der freien Natur, sondern aus dem »Laden einer Putzmacherin« und der »Apotheke«. Er roch wohl schon »den rückwärts gewandten Propheten mit dem Feuerschwerte«, der mit der französischen Jakobiner-Mütze auf dem Haupt – beim Ultramontanismus anlangte ... In Bonn besuchte er zwei andere Wort-Führer dieser Zeit. August Wilhelm Schlegel, den Systematiker der Romantik, schilderte er, wie ihn Heine geschildert hat: smart gekleidet und eingerichtet, lebend in der Geborgenheit eines Haus-Zeremoniells. »Arndt sieht aus wie ein Pächter und spricht auch so. Die Hand wurde mir beim Kommen und Gehen gar zu altdeutsch gedrückt.« Ganz: was blasen die Trompeten! Ergötzlich malte Börne in Arndt den Typus des Juchten-Deutschen: mit seinem primitiv-klobigen Lebens- und Sprachstil und seinem markig-strammen Weltbild – dem Gott, der Eisen wachsen läßt, an der Spitze. Waren Görres und Arndt nicht revolutionäre Patrioten wie Börne? An der Beurteilung des politischen Attentäters Sand merkte Börne, was ihn von diesen Patrioten trennte. Görres und Arndt: enthusiastische Verehrer Sands. Börnes »Nüchternheit ist verwundert und zuckt die Achseln«. Görres und Arndt: Rausch-Menschen, die vom Rausch lebten, die den Rausch wollten, die sich immer den Rausch holten, wo er zu holen war: bei der Revolution, beim Patriotismus, bei der Kirche. Börne war ein Fanatiker des Ziels – und ein Skeptiker: seine Skepsis verhinderte, daß sein Enthusiasmus das Ziel in blauen Dunst aufgehen ließ. »Gediegene Menschen, aber nicht zu hämmern«: Görres und Arndt flogen auf wie flammenfarbige Ballons – aufgeblasen, hochgetrieben vom Rausch-Gas poetischer Romantik; Börne war ein vom Ziel Gehämmerter, zurechtgeschlagen auf dem Amboß der Erde – so wurde er nie in den blauen Dunst des Himmels abgetrieben. Aber obwohl sie schwebten und er stand, waren sie die Starrheit über dem Leben – »Heiligenschein, Goldgrund, eckige Figuren«, er aber war dem Leben näher und zugänglicher, »wenn sie herrschten, stände es schlimm mit der deutschen Sache«. 1819 brauchte keine Priester, sondern klare Täter. Die Görres und Arndt waren Verzückte. Börne stammte nicht von der Lorelei, sondern aus einem Gefängnis: er hatte glücklicherweise in der Erinnerung an dieses Gefängnis einen Ballast, der seinen Aufstieg in die Himmel des phantastischen Humbugs – und der irdischen Götter verhinderte. Dieser Ballast war: die Not der Unterdrückten.

Die Zeit machte es ihm nicht schwer, einem Ziel treu zu bleiben. Als er über Aachen und Köln nach Frankfurt zurückkehrte, arbeitete die Reaktion mit Hochdruck. Was dem Frankreich von 1820 das Attentat des Sattlerburschen Louvel gegen den Herzog von Berry leistete, das leistete ein Jahr zuvor Sands Anschlag gegen Kotzebue dem Deutschland der »Heiligen Allianz«: aufreizendes Reklame-Plakat gegen die Opposition. Und die Reaktion mahlte auf Metternichs Gottesmühlen die Liberalen mit lautem Geklapper. Die Mainzer Central-Untersuchungs-Commission gegen die »revolutionären Umtriebe und demagogischen Verbindungen« befriedigte ausgezeichnet ihren Appetit nach sogenannten subversiven Elementen. Der Theologe De Wette, der Kotzebues Ermordung als »ein schönes Zeichen der Zeit« begrüßt hatte, wurde abgesetzt, Arndt und Jahn wurden mißhandelt, Schleiermacher wurde polizeilich vernommen, gegen Görres wurde ein Haftbefehl erlassen – die Frankfurter Behörde wurde aufgefordert, ihn festzunehmen und nach Berlin auszuliefern, Freunde ließen ihn in einem Wagen nach Straßburg bringen. Man riet Börne zur Flucht: »Da beschloß ich, diese Jammerstätte zu verlassen und nach Frankreich zu gehen, wo klügere und mutigere Bürger ihre Rechte besser kennen und verteidigen als wir, und wo schelmische Wirte ihnen den blutroten Wein nicht unbemerkt, nicht ungestraft verderben können.« Als er auf der Polizei einen Paß nach Paris verlangte, bestellte man ihn auf den nächsten Tag. Diese Komödie wiederholte sich dreimal: da machte er sich heimlich auf die Socken. An einem heiteren Oktobertag ging er über die Sachsenhäuser Brücke, um über Straßburg nach Paris zu reisen. Bis zur Sachsenhäuser Warte sah er immer wieder zurück – wirklich nicht aus Abschiedsschmerz: vielleicht setzte aber der Polizeiaktuar Graphelius oder der lange Gatzenmayer hinter ihm her. Doch es kam nur eine kleine Kutsche mit einem vergnügten Lotterie-Kollekteur nebst Gemahlin, die eine Vergnügungsfahrt machten. Sie hatten wenig Platz, Börne setzte sich auf den Bock. Vor Darmstadt bat er, bei der Fahrt durch die Stadt im Wagen sitzen zu dürfen. Aus Eitelkeit, wie Herr und Frau Kollekteur glaubten? Er hielt es nur für sicherer, sich eventuellen Spionen nicht hoch oben an sichtbarster Stelle zu präsentieren ... Die Pariser Blätter meldeten seine Ankunft; sie brachten Auszüge aus den ›Zeitschwingen‹, sie luden ihn zur Mitarbeit ein. Der französische Journalist Prudhomme wollte mit Börne eine neue Zeitung gründen. Aber Börne, der revolutionäre Patriot, der immer noch seinen Glauben an die Führerschaft der deutschen Fürsten bekundete, der noch im antinapoleonischen Erhebungs-Pathos geschwelgt hatte, als die Franzosen schon ein Vierteljahrhundert nach dem Kalender der großen Revolution rechneten – dieser Börne aus Deutschland, dem ›Ghetto Europas‹, verstand sich nicht mit Prudhomme. »Er fragte mich, in welchem Geist ich das Blatt zu schreiben gedächte? Ich erwiderte: in liberalem. Da schüttelte er den Kopf und meinte, das sei nicht bestimmt genug.« Kluft zwischen dem Revolutionär aus Temperament und dem Revolutionär aus Grundsatz; Kluft zwischen dem Morgen und dem Mittag der Revolution; der Franzose war um soviel dem Deutschen voraus, als Frankreich dem übrigen Europa voraus war. Hier erst, in der Luft der führenden Provinz des europäischen Reiches, ging Börne auf, was ihm inmitten des häuslichen Länder-Haufens nicht zu Bewußtsein gekommen war: daß es nicht nur darauf ankommt, Wahrheiten in die Welt zu setzen, sondern auch Wahrheiten großzuziehen; nicht nur Wahrheiten zu verkünden, sondern auch Wahrheiten zu organisieren. Nicht das Bekenntnis, die Parteibildung macht den Politiker. Im Zentrum der europäischen Welt spürte Börne den Unterschied zwischen dem protestierenden und dem kämpfenden Politiker. Und da er kein hoffnungslos deutscher Idealist war, sondern ein Zielwilliger von europäischem Format, lernte er schnell: »Ich sagte: ich würde loben, was löblich, und tadeln, was tadelnswert ist, und ich tat mir auf meine germanische Tugend viel zu gut. Man verlangte aber von mir, daß ich unsere Freunde loben, unsere Feinde tadeln solle, sie möchten tun, was sie wollten – und man hatte recht. Ich war damals noch ein blutjunger Deutscher.« Er war aus dem Lande, in dem »man alt geboren wird und jung stirbt« – und unterschied sich von seinen Landsleuten, indem er die Heimat der ewigen Moral verließ und sich bekannte zur zeitlichen Forderung. Dieser Konfessionswechsel war unvergleichlich folgenschwerer als jener frühere, den Pastor Bertuch aus Rödelheim mit etwas Wasser praktiziert hatte. Ludwig Börne, geboren im Ghetto Deutschland, sagte ab dem Glauben dieses Ghettos, dem protestantisch-idealistischen

Wolkenkuckucksheim, und bekannte sich zum Glauben an ein Ziel, das hieß: Niederlegung tausend europäischer Ghettos.

Sein erster Pariser Aufenthalt brachte ihn diesem Ziel noch nicht näher. Mit einem ungeheuren Elan war er ins politische Paradies eingezogen: »Ich freue mich schon auf meinen ersten Feind.« Mit dem ›Literarischen Wochenblatt‹ in Weimar, mit Cotta hatte er Abmachungen über eine Pariser Berichterstattung getroffen – da kehrte er (sobald seine Flucht als grundlos erwiesen war) wieder nach Frankfurt zurück. Hatte er Sehnsucht nach Jeanette Wohl? Pfiff er auf eine Berichterstattung, welcher der Verleger Cotta von vornherein auf diese Weise den Maulkorb empfahl: »Man kann alles sagen, wenn man die gehörigen Menagements beobachtet?« Oder hatte er sich doch noch nicht so schnell abgelöst von dem Land, das ja schließlich auch das Land Jean Pauls war? Hatte er Heimweh? Sein erster Pariser Aufenthalt wurde nur die »Ferienreise eines deutschen Journalisten«, und der Bericht über diese Ferienreise wurde ein einziger großer Hymnus des revolutionären Patrioten auf das deutsche Vaterland: »Wer die Fremde sucht, um das Vaterland zu fliehen, der reißt sich nur blutig los, und tausend Wurzeln, die er selbst nie geahnet, ziehen ihn zurück und schmerzen ihn. Auch das schmerzt, wenn wir die Heimat zum erstenmal verlassen und eine fremde Sprache, die nur eine gleichgültige Bekannte unseres Kopfes, aber keine Anverwandte und warme Freundin unseres Herzens ist, vernehmen; wenn alle die süßen wohlbekannten Worte, die uns so viele Jahre von den Liebkosungen der Mutter, von den Ammenliedern, durch das Jubelgeschrei des Knaben, durch die Wünsche, Forderungen und Träume der Jugend bis zu den Betrachtungen und ernsten Reden des reiferen Alters begleiteten, wenn diese alle nach und nach schweigen und uns verlassen und wir die alten Gedanken mühsam in neue Form zwängen. Ich habe es nie begreifen können, wie Deutsche so fröhlich und wohlgemut Französisch sprechen mochten, und dieses oft ohne Not und aus Lust, selbst wenn sie nur unter Landsleuten waren. Mir war es unbehaglich. So wie eine Lampe, die dunkel und niedergedrückt brennt, bis endlich, ehe sie verlischt, sie noch einmal hell aufschlägt und das Auge erfreut, so erschien es mir, da ich über die französische Grenze weg schon mehrere Meilen kein deutsches Wort vernommen, bis plötzlich und zuletzt ein Postknecht wieder die Muttersprache mit mir redete. Diese Entbehrung verlernte ich in Frankreich nicht. Ich konnte ›Bon jour, Monsieur‹ sagen so gut wie einer, und wenn ich beim Restaurateur Very in Paris ›Vol-au-vent à la Financière‹ forderte, wußte ich schon beim zweiten Male recht gut, was ich wollte. Wenn ich aber das Herz, ein deutsches Herz, wollte hören lassen, wenn ich wortreichen, feurigen Franzosen begegnen wollte, ihnen, die unsern Geist nicht achten, unser Gemüt verspotten und unser Vaterland hassen, wenn ich ihnen begreiflich machen wollte, daß wir besser als sie, daß unsere Freiheit nicht gleich ihrer eine duftende Blume ist, schnell gewachsen, schnell verblühend, zum Genusse der Sinne bestimmt, sondern eine neugepflanzte Eiche, von der schützenden Vorsehung mit einem Dornstrauche stechender Tyrannei umgeben, damit sich keiner ihr nahe und sie, wenn auch pflegend, verletze – und daß Frankreich nur der Mist ist, den Boden unserer Freiheit zu düngen, kostbar wegen seiner befruchtenden Kraft, aber für sich ohne Wert; wenn ich gegen ihre Eitelkeit eifern mochte, daß unsere Sprache und Kunst und Wissenschaft ein stolzes, bewegtes Meer, das den kühnen Schiffer in fremde, noch unbekannte Welten führt, die ihre aber ein stiller Strom sei, der zierlich durch angebaute Gegenden führt, aber keine schwere Lasten trägt und dem Fußgänger nicht vorauseilt; wenn ich den Glanz unserer Fürsten durch den verdunkelnden Schleier zeigen wollte, den eifersüchtige Verschnittene über sie geworfen – da ermangelte mir das Wort, und ich saß ohne Teilnahme still und betroffen da.« »Ein deutsches Herz« hatte noch einmal gesiegt über ein europäisches Gehirn. Börne war dem Jean-Paul-Deutschen gemüthaft verbunden – und aus dieser Verbundenheit suchte er sogar noch einmal den Glauben an die deutschen Fürsten zu retten. Börne war kein patriotischer Festredner, er war schlimmer: ein zäher Patriot. Er hatte nicht – wie der theoretische Nationalist Fichte – die Individualität der Nation aus dem Absoluten *deduziert.* Börne, »eine rechtgläubige Seele«, erlebte das Deutsche stark – im Abschied. Vielleicht hat niemand in diesen Tagen deutsche Eigenart so innig geliebt wie Börne, der viele Jahre Abschied nahm, bis ihm das Ghetto Deutschland so gleichgültig war wie das Ghetto Judengasse – vor der Sehnsucht nach einem großen und freien Leben. Noch band ihn die Heimat.

Heimat, süße Heimat! Er war ein Vierteljahr wieder in dieser süßen Heimat, als man ihn bei Nacht und Nebel in seiner Wohnung überfiel und auf Ersuchen der preußischen Regierung als heimlichen Demagogen auf der Frankfurter Hauptwache einsperrte. Da hockte er, sah auf zum gestirnten Himmel und dachte: »Über den Sternen sitzt ein Kassationsgericht.« Inzwischen verbrannte seine zitternde Familie einen Koffer mit Manuskripten. Man ließ ihn zunächst einmal vierzehn Tage sitzen. Man nahm ihm alle schneidenden Instrumente fort, denn sein Leben war wichtig; man wollte von ihm die Zusammenhänge des europäischen Karbonarismus erfahren. Als ihm sein Bett aus der Wohnung gebracht wurde, »untersuchte und durchknetete es der Gefängniswärter aufs sorgfältigste, um zu fühlen, ob der Flaum weich genug wäre« und ob ihn nicht etwa »ein stechendes Federchen« im Schlaf stören könne. Irgendein Röschen, die Tochter eines Frankfurter Hauses, in dem er verkehrte, ging zehnmal des Tages an der Hauptwache vorbei, doch als sie ihm endlich zum vergitterten Fenster hinauf zunicken konnte, wurde sie von dem »rauhen Krieger«, der auf Schildwache stand, wegen dieses höchst staatsgefährlichen Zunickens angeschnauzt. Was hatte der hinterm Gitter, der von einer Schildwache so martialisch Bewachte, verbrochen, daß ihm nicht einmal der Gruß eines jungen Mädchens gegönnt wurde? Ein Herr Sichel aus Frankfurt hatte im Darmstädter Schloßgarten aufrührerische Schriften ausgestreut. Man hatte ihn gefaßt und lechzte nach seinen Komplizen. Da hatte Sichel in seiner Not ohne das geringste Recht Börne genannt: in dem Glauben, Börne sei endgültig nach Paris übergesiedelt. So kam der unschuldige Börne auf die Frankfurter Hauptwache, wo er von neuem das Land seiner Sehnsucht studieren konnte ... Dieses Studium hatte man dem Börne immer leicht gemacht; es war, als ob er alle deutschen Dummheiten magnetisch angezogen hätte. Da war er zum Verleger Cotta nach Stuttgart gefahren, um wegen der Übernahme der ›Wage‹ zu verhandeln. Unterwegs machte er so seine Erfahrungen mit der Thurn- und Taxisschen Post, vor allem mit ihrem idyllischen Tempo. Einer seiner witzigsten und berühmtesten Aufsätze, ›Die Monographie der deutschen Postschnecke‹, schrieb diese Institution auf: für die Lacher seiner Zeit und des kommenden Jahrhunderts. Dieses ironische Dokument lasen die Thurn- und Taxisschen Postleute bitterböse und suchten – statt Abhilfe zu schaffen – einen Sündenbock. Und fanden ihn. Hatte der Doktor Börne nicht einen blinden Passagier erwähnt? Also schlugen die Vorgesetzten nach: wer an dem Tag, als Doktor Börne nach Stuttgart gefahren ist, den Dienst versehen hatte. Wäre Börne nicht zur Postdirektion gelaufen und hätte seinen blinden Passagier für poetische Freiheit erklärt, dann hätte wieder einmal ein armer Teufel gebüßt für die Fehler derer, die auf Kritik nicht mit Besserung, sondern mit Abschlachtung untergebener Sündenböcke zu antworten pflegen. Und die deutschen Sündenböcke sind geduldig; als Börne ein halbes Jahr später wieder nach Stuttgart reiste, fuhr er mit demselben Kondukteur – »und der Narr hat mich nicht geprügelt«.

In Stuttgart, wo er »wie ein Anachoret« nur der Arbeit lebte, besuchte ihn sein Vater, der auf einer Reise nach Wien war. Der alte Baruch nahm seinen Sohn bis München mit, um ihn vielleicht nach Wien nachkommen zu lassen. Nach Wien, in die Hauptstadt des »europäischen China«? Dort hatte der Vater gute Verbindungen, schon vom Großvater her, einem Protégé des österreichischen Hofes. Aber sollte der Enkel, der trotz seiner unfanatischen, in Neigungen und Abneigungen nüchtern-verständigen Art dieses Österreich wahrhaft fanatisch haßte – sollte sich Börne in »einen goldenen Käfig locken« lassen? »Es ist dort ein solches tiefes dichtverwachsenes Wurzelwerk von aristokratischer Tyrannei, daß es mich zur Verzweiflung bringt, weil ich gar keine Möglichkeit sehe, es auszurotten.« Er wußte, daß die österreichische Regierung seine Talente schätzte, daß die Acquisition Börne für Österreich eine gewonnene Schlacht bedeutet hätte, denn niemand kannte die Schwächen der deutschen Liberalen so gut wie der Liberale Börne. Aber konnte er Gentz' Beispiel folgen, der auch ein Linker gewesen war, bevor er Regierungs-Publizist wurde? Dem Beispiel eines Mannes, der sich jeden Vormittag eine Bouillon von fünfzehn Pfund Fleisch kochen ließ – während Börne durch ein ausgelassenes Abendessen in Wien suspekt werden würde? »Ich werde acht Tage, ich werde vierzehn Tage schweigen, aber am fünfzehnten werde ich herausplatzen, und im gelindesten Fall wird mich die Polizei über die Grenze schicken.« Doch Börne fürchtete gar nicht so sehr die Polizei, er fürchtete die goldenen Ketten. Er wußte, daß die Korruptions-Bazillen mikroskopisch sind: nicht so plump wie ihr Name, nicht so faustdick wie ihr Resultat. Und er mimte keinen Helden, da er sich auskannte: besser als den mutigen Mann spielen ist – ein sauberer Mann bleiben. Alle »Helden« nahmen ihm diese untheatralische Haltung übel, aber Börne war weder ein Cato noch ein Diogenes, sondern nur ein Mensch mit dem Trieb zum Guten. Und vielleicht wären viele Gute nicht gefallen, wenn sie seine menschliche Taktik dem Ethos der Anständigkeit gegenüber befolgt hätten: »Wer die Folgen des Rausches meiden will, muß den Wein fliehen, und es gibt so viele Mittel, die Seele zu berauschen, denn jeder Nerv ist ein Mund.« Während zu allen Zeiten markige Männer im Vertrauen auf ihr Rückgrat in ein Capua gingen und dort erschlafften, machte der gar nicht markige Börne gar keine gute, gar keine eherne Moral-Figur – und erschlaffte nicht. Und ging nicht! Der alte Baruch schrieb von Wien nichtsahnend an seine Frau, die auch in München war: »Wenn der Doktor nach Wien reist, soll er sich nur in München beim österreichischen Gesandten melden, der wird ihm einen Paß geben. – Nimm ihm die Schnupftabaksdose weg – laß ihm ein schwarzes Kleid machen, Rock, kurze Hose, Schuhe – wenn es ihm an Wäsche fehlt, so will ich ihm hier welche geben – gib ihm Reisegeld – er soll mir den Tag bestimmen, wann er hier ankommt.« Die Mama, im Besitze eines bedeutenden Wechsels, hatte noch verschwenderischere Träume; sie plante noch einen blauen Frack, einen Überrock, einige Westen, einige Hosen, Schuhe und Stiefel. Man wollte ihn zu einer Phantasie von einem Pfingstochsen machen. Aber Börne war nicht der Ochse, der sich opfern ließ auf dem Altar der kaiserlich-apostolischen Majestät. Er reiste ab, Richtung Stuttgart. Denn zuviel beängstigende Zeichen und Wunder waren geschehen: der Vater, »niemals zuvorkommend großmütig« gegen den ungeratenen Sohn, war zu bestrickend-liebenswürdig in seinen Briefen, und der österreichische Gesandte, der keinem Gelehrten einen Paß nach Wien visieren durfte, hatte den Auftrag erhalten, dem Doktor Börne einen Paß zu geben. Vor soviel Gunstbezeugungen floh Börne. »Warum liegt meinem Vater so viel daran, mich in Wien zu haben? Mir ist es so klar wie der Tag, daß ihm eine Anstellung für mich zugesagt worden. Wie ich darüber denke, wissen Sie, was ich bei diesem Gedanken fühle, wissen Sie nicht ganz. *Wenn ich mich verführen ließe, wenn ich aus Liebe zu meinem Vater nachgäbe, es könnte mich zum Selbstmord bringen.«* Aus nüchterner Erkenntnis menschlicher Schwäche, aus großartig-schlichter Wahl gegen eine paradiesische Sklavenschaft entschloß sich ein Held mit unheldischer Geste zur

Flucht, wo sich ein Knecht mit Helden-Pathos zur angenehmen Niederlage hätte verführen lassen. »Meine Tugend reicht nicht weiter, als daß ich mit Ernst die Versuchung fliehe.« Und er suchte das Land, wo er nach seinen Ideen ohne Opfer leben könnte: denn er war nicht zum Märtyrer, sondern zum Kämpfer geboren, nicht zum Heiligen, sondern zum Vernichter des Unheiligen. Er war kein Spartaner, er hatte nicht die geringste Begabung zum Puristen, er hatte seine kleinen Freuden – und spazierte in Stuttgart nach dem Geschmack der letzten Pariser Mode herum, sein Rock hörte auf, wo die Beine anfingen, seine schwarze Weste hatte schwarze, kugelförmige Metallknöpfe, die beiden anderen Westen trugen Knöpfe von Stahl und Perlmutter, nur bis zu einem Sechstel ihrer Länge knöpfte er die Weste, und der Überrock war ohne Knöpfe, mit seidenen Schnüren nach polnischer Art, einen gelben Stohhut mit grünem Bande projektierte er, verwarf ihn aber; die Wahl traf einen schwarzen ... Börne trug keine Toga.

Ihn trieb alles nach Paris: die Hochverrat-schnüffelnden Polizisten und die Beute-witternden Minister-Spinnen, der kupplerische, um das Wohl seines Sohnes sich sorgende Vater und der Konflikt zwischen Karriere und Gewissen, nicht zuletzt die Erkenntnis der Bedingungen seiner Produktion: »Paris scheint für meine Schriftstellerart und Geistesbeschaffenheit geeignet zu sein. Die schöpferische Kraft, die sich den Stoff selbst bildet, fehlt mir, ich muß einen Stoff vorfinden, und dann kann ich ihn wohl mit einigem Talente bearbeiten. Oder um nicht ungerecht gegen mich zu sein, ich könnte wohl auch etwas, was noch nicht da ist, aus mir hervorrufen, ich habe aber keine Teilnahme für Geschöpfe der Einbildungskraft, mich regt nur an, was schon lebendig außer mir besteht.« Und er erhoffte von Paris noch die Dämpfung des Deutschen in ihm: des Sentimentalen, des Utopisten, den Einblick in die Eingeweide eines Erdteils. »Frankreich ist das

Zifferblatt Europas; hier sieht man, welche Zeit es ist, in andern Ländern muß man die Uhr erst schlagen hören, um die Stunde zu erfahren.« Börne jagte nicht den Fremden-Kuriosa der Weltstadt nach. Die politisch-gesellschaftliche Situation interessierte ihn mehr als die Denkmäler, die Straße interessierte ihn mehr als die Attraktionen der Flaneure. Er war keiner von den heiteren Paris-Bummlern: er starrte immer nur auf den Zeiger am »Zifferblatt Europas«. Seine großartigen zwei Dutzend ›Schilderungen aus Paris‹ sind solche Zeiger-Blicke: ›Das Gastmahl der Spieler‹ und ›Der Grève-Platz‹, ›Der Garten der Tuilerien‹ und ›Die Vendômesäule‹ und ›Die Industrieausstellung im Louvre‹. Früh morgens stand er an seinem weiß-hölzernen Stehpult, die lange deutsche Tabakspfeife zur Seite. Dann ging er spazieren, gar nicht nach der Pariser Mode, nur in einem braunen, ziemlich kurzen Radmäntelchen. Und nach dem Abendessen: wieder Arbeit. An manchen Abenden kamen dann einige Deutsche zu ihm – Flüchtlinge, junge Ärzte, die hier ihre Studien vollendeten, sie politisierten und rauchten. In Gesellschaft ging er kaum. Er lebte in Paris, wie er bisher immer gelebt hatte: einsam, aber nicht abseits, für sich allein – in engster Gemeinschaft mit der Turbulenz dieser Zeit.

Paris war auch im schlimmen Sinn das Zifferblatt Europas geworden; es zeigte an: den Stand der europäischen Reaktion. Ein Vierteljahrhundert war französische Zeit nicht mehr europäische Zeit gewesen: im Westen war die Sonne aufgegangen – und noch zehrte man überall zwischen Nordsee und Mittelmeer von der Saat, die zwischen dem Sturm auf die Bastille und Napoleons Abfahrt nach St. Helena in einem der erntereichsten Sommer Europas hier aufgegangen war. Aber in der Heimat dieser Saat sah es jetzt trübe aus. Mit Napoleon war Voltaire nach Osten marschiert, mit den Alliierten marschierte Fürst Metternich nach Westen. Die Heilige Allianz der Bourbonen, Emigranten und Jesuiten residierte in Paris: von der Deportation Napoleons auf die ferne Insel bis zum Juli-Aufstand. Fünfzehn Jahre beherrschten die Schatten aus dem Hause Ludwigs XIV., die Schatten-Könige nach dem Sonnen-König, jenes Frankreich, das die Bastille gestürmt hatte und Herrscher des europäischen Kontinents gewesen war. Der erste dieser Schatten, Ludwig XVIII., schuf gleich in seinem ersten Erlaß ein grandioses Symbol der Lächerlichkeit dieses fünfzehnjährigen bourbonischen Intermezzos: er datierte diesen Erlaß aus dem neunzehnten Jahre seiner Regierung. Ludwig XVIII. – französischer König von Gnaden der siegreichen Feinde, von Gnaden der abgekämpften Napoleon-feindlichen Franzosen und Französinnen, von Gnaden des weißen Schreckens, der (ein einziger Schwarm von Rachegeistern) Revanche nahm für 1789, für 1792, für 1793 – Ludwig XVIII. debütierte mit dem Dekret: Die Revolution und Austerlitz und der Code Napoleon haben nicht existiert. Jede Anspielung auf Napoleons Waffenruhm war verboten; ein Soldat, der an seiner Uniform noch einen alten Knopf mit einem Adler hatte, kam auf die Galeere, in Arras untersagte der Präfekt den Lehrern des Lyzeums, in der Naturgeschichtsstunde über den Adler vorzutragen, Napoleons Statuen wurden eingeschmolzen, Juweliere, die Ringe mit dem Bilde des Kaisers anfertigten, kamen drei Monate ins Gefängnis, alle, die im Prozesse Ludwigs XVI. für seinen Tod gestimmt hatten, wurden verbannt: so der vergötterte Maler des Empire, der antikisierende David, so der Minister Fouché.

Nach dem Vorbild dieser schlicht-albernen Operation der Weltgeschichte durch den königlichen Operateur operierten nun die Nutznießer seines Regimes: der alte Adel und die Klerikalen. Die Emigranten fanden ihre Güter im Besitze irgendwelcher Leute, denen der Staat das Konfiszierte verkauft hatte, und sie fanden ihre Ämter besetzt. Also entwarfen sie, nach königlichem Beispiel, den Plan: das Intermezzo ihrer Abwesenheit zu ignorieren – und den rechtmäßigen Besitzern ihren Besitz mit Gewalt zurückzuholen. Ein zweisätziges Gesetz, meinte man, würde genügen: erstens – in Frankreich ist alles wieder so wie am 13. Juli 1789; zweitens – die Minister sind mit der Ausführung beauftragt. Allenthalben wurde der Witz einer operierten Weltgeschichte, eines gegenwärtigen ancien régime zum Fundament von tausend Ansprüchen: wer neunundachtzig Eleve war, forderte jetzt, ein Vierteljahrhundert später, die Ernennung zum Konteradmiral. Einem solchen hypothetischen Konteradmiral gab einmal ein kluger Minister die richtige Antwort: Der Herr Admiral habe wohl vergessen, daß er bei Trafalgar als Kapitän untergegangen sei. Aber die Antworten, welche der französische Staat gab, waren bedeutend weniger intelligent: man restaurierte nach Kräften – als wären die letzten fünfundzwanzig Jahre nur etwas Dreck auf einem teuren Gemälde, den man nur beherzt herunterzukratzen brauchte. Und man kratzte. Man sagte damals: »Wir haben jetzt zwei Völker in Frankreich, Franzosen und Emigranten.« Ludwig XVIII. regierte mit den Emigranten gegen die Franzosen. Mit den Emigranten und mit den Klerikalen.

Die Klerikalen hatten am Hof ihren Rückhalt. In der mächtigen Herzogin von Angoulême, der Tochter Marie Antoinettes – einer düsteren, hochmütigen, unfreundlichen, schlecht angezogenen, verbitterten Dame, die das traurige Schicksal ihrer Familie als gespenstisches Dunkel durch den gespenstischen Glanz der Gegenwart trug. Und in ihrem Gatten – einem unansehnlichen, häßlichen, schwachsinnigen Männchen mit Gesichtszuckungen und nervöser Angst unter Menschen. Als man diesem Herzog von Angoulême die Landung Napoleons meldete, fragte er den Boten: »Wie kommen Sie dazu, Nadeln an den Fangschnüren zu tragen? Das dürfen nur die Adjutanten königlicher Prinzen.« Die Klerikalen hatten ihren Rückhalt vor allem aber in Angoulêmes Vater, dem Grafen Artois, dem späteren Karl X., einem leichtsinnigen Kavalier des alten Hofes, der als kraftloser Greis so bigott aus dem Exil zurückkam, daß man glaubte, er habe die Priesterweihe empfangen und lese jeden Morgen in den Tuilerien die Messe. Seine vornehme Gesinnung wird gerühmt, aber seine prinzliche Ahnungslosigkeit setzte dieser anständigen Gesinnung enge Grenzen. Selbst der Voltairianer Ludwig XVIII. wurde ein Hort der Kirche: er regierte von Gottes Gnaden. Da erholte sich die Hirtin Kirche von dem korsischen Atheisten, gestützt auf so prominente Schafe, und genährt von der genesenden Weltgeschichte, der mit den revolutionären Ideen auch die irreligiöse Geschwulst herausgeschnitten worden war. Das Konkordat von 1801 und Napoleons Einbeziehung der Kirche in den staatlichen Machtbereich hatte die gallikanisch-emanzipierte Kirche wieder Rom genähert. Die Revolution hatte die Gleichstellung der Konfessionen, also die Aufhebung einer Sonderstellung des Katholizismus gebracht. So war die Wendung nach Rom die Abwendung gewesen von einem Staat, der zwischen Ketzern, Juden und Christen überhaupt nicht mehr unterschied. Jetzt erstarkte der französische Klerikalismus durch Roms Kraft, durch die Protektion des französischen Hofs und durch den ästhetischen Zauber, den die beginnende Romantik in Chateaubriands ›Geist des Christentums‹ oder Lamennais' »Versuch über die Gleichgültigkeit in Fragen der Religion« dem Katholizismus schenkte. »Ein Donnerschlag aus bleiernem Himmel« nannte de Maistre Lamennais' Buch. Und die Politik der Reaktion förderte mit allen Mitteln die Kräftigung des Klerikalismus: die de Maistre, Bonald, Chateaubriand wollten die Autorität der Kirche als Gegenkraft gegen die anarchische Zeit – als Gegenkraft gegen die liberalen Ideen, in denen sie nur Symptome der Zersetzung sahen. Bei solch günstiger Konjunktur wurde die Ecclesia sofort wieder herrisch-militant: Atheist wurde ein Schimpfwort; in der Provinz befahl die Kirche sogar Andersgläubigen, am Fronleichnam ihre Häuser zu schmücken. Schon Ende vierzehn untersagte ein Polizeibefehl bei Gefängnisstrafe alle Arbeit an Sonn- und Feiertagen, sechzehn wurde die Ehescheidung, die der Code Napoleon gestattet hatte, wieder aufgehoben. Der Klerus forderte das von der Revolution konfiszierte Kirchengut wieder zurück; die Jesuiten kamen, mit den Jesuiten die Autodafés, und ein Jesuitenpater leitete die einflußreiche Kongregation, eine Bruderschaft von Weltleuten, die sogar Listen über die moralische Führung der Offiziere anlegte – so daß Napoleons Marschälle mit Kerzen in den Händen die Prozessionen illuminierten.

Auf der anderen Seite war ein buntes Gemengsel: die Republikaner, die konstitutionellen Royalisten und die Bonapartisten. Nach einem klugen Wort der George Sand werden in Zeiten der Unterdrückung die Oppositions-Parteien schnell zusammengeschweißt. Diesen Dienst leistete der französischen Opposition von damals die Geheimpolizei unter dem entlassenen Sträfling Vidocq, Sicherheits-Brigade genannt; sie sandte *agents provocateurs* in die Provinz zu den Bonapartisten – man weiß nicht, wie viele der fünfzehn Bonapartisten-Verschwörungen in fünfzehn Jahren auf ihre Rechnung gehen. Die konstitutionellen Royalisten nannte man auch die Royalisten des Königs, weil der König weniger royalistisch war als der größte Teil des Adels und ihr Führer Graf von Artois, der Thronfolger. Ludwig XVIII. – kühl, klar, Voltairianer und Skeptiker, impotent, gichtisch, Leser des Horaz und des Victor Hugo – paktierte mit der Revolution und oktroyierte die Charte. Er war immer zweideutig: er oktroyierte – die Einschränkung seiner Macht; er war Freidenker – und König von Gottes Gnaden; er ersetzte die Trikolore durch das Lilienbanner – und machte die Revolution legitimistisch. Er rettete die Freiheit der Öffentlichkeit und der Persönlichkeit, der Presse und der Kulte, die Unverletzlichkeit des Eigentums, die Ministerverantwortlichkeit, die Unabsetzbarkeit der Richter, die Unabhängigkeit der Justiz: im Rahmen des *ancien régime*. Er gab dem Volk in der Pairs-Kammer und Deputierten-Kammer eine Volksvertretung, die keine Volksvertretung war durch den Wahlmodus, der Mittelstand und untere Stände von der Vertretung ausschloß. Auch war die Bildung von Vereinen und die Versammlung von mehr als zwanzig Personen verboten. Trotz dieser kastrierten Repräsentation fanden erbitterte parlamentarische Kämpfe statt, vor allem zwischen den Royalisten des Königs und den Royalisten des Grafen Artois, der einmal während der Regierung eines konstitutionell gesinnten Ministeriums dem Russen-Kaiser Alexander I. eine Denkschrift mit der Bitte um Nichtzurückziehung seiner Truppen überreichen ließ. Herren-Patriotismus!

Ein von Villèle regierte, als Börne im achten Jahre der französischen Restaurierung nach Paris kam, »um das Wesen unserer Zeit aus ihren Zeichen zu erforschen«. Villèle wollte bremsen: einen Wagen, der den abschüssigen Weg der Klerikalen- und Emigranten-Politik herabsauste. Börne wußte, daß es für einen Wagenlenker, der diesen Weg in die Tiefe will, nur eine Tugend gibt: die Augen zumachen. Villèle aber suchte es mit Frankreich zu machen, wie es »jener gutherzige Lakai mit dem Pudel seines Herrn getan, dem er die Ohren abschneiden sollte, ihm aber vorerst nur ein Endchen davon abschnitt, um dem armen Tier nicht auf einmal so wehe zu tun«. Villèle schonte den revolutionären Pudel: für seine Hinrichtung. Er wollte durch Bremsen der Rache- und Hochmut-Politik einer ausschweifend-übermütigen Rechten die Ergebnisse der Revolution allmählich vernichten. Börne traf mit knappen Glossen die ministerielle Welt eines Villèle: ihre Moral und ihr Geschichtsbild. Er akzentuierte das ministerielle Ethos, das eine Stützung seiner Ministerposition für wichtiger hält als eine Stützung der Zukunft seines Mandanten. Er warf den großen Leuten, die Völker leiteten, vor, daß für sie der liebe Gott den Ozean um des Kaviars willen geschaffen habe, daß sie die Flut der Geschichte durch Verstopfung kleiner Quellen austrocknen wollten, daß sie – trotz der Erkenntnis eines Rückwärtslers, der furchtlos dieser Zeit ins Gesicht blickte, trotz Chateaubriands *»les idées du siècle* *sont républicaines«* – gegen die herrschenden Ideen zu herrschen suchten. Er fand in der Heimat der Vernunft am Ruder: die heilige Zweiheit von Egoismus und Aberglauben; der Aberglaube hielt die Geschichte für eine Kette von raffiniert regierenden Kavalieren.

Zwei Jahre blieb Börne in Paris – und kehrte zum zweitenmal nach Deutschland zurück. In Heidelberg erlitt er einen schweren Blutsturz. Er war jetzt achtunddreißig Jahre alt, nie ein kräftiger Mann gewesen, aber von nun an lebte er unter dem Joch der Krankheit, die ihn immer wieder anfiel, die er nun Jahr für Jahr in Ems oder Soden zu besänftigen suchte, die noch belastet wurde durch eine Schwerhörigkeit, »die Krankheit seiner Feinde«. Als er wieder in Frankfurt war – dieser »ledernen Wetterscheide Nord- und Süd-Deutschlands«, diesem »stillen Land voll unbewaffneter Neutralität«, diesem »Kastrat mit der schönsten Fistelstimme in den vierstimmigen Gesangstücken der Bundesversammlung« – gab man dem berühmt gewordenen Frankfurter ein Essen im Frankfurter Gelehrtenverein. Aber er hielt es nicht aus in der Stadt des Handelsgeistes, in der Stadt ohne öffentliches Leben: »Nimmer und nimmer könnte ich in Frankfurt leben.« In Stuttgart brach die Krankheit von neuem aus; und als es ihm besser ging, wurden seine finanziellen Kalamitäten durch Erbschafts-Unterhandlungen mit seinem Vater in peinlicher Weise aufgerollt. Der Vater wollte Börnes Erbteil in eine Leibrente umwandeln. Börne erblickte in dieser Manipulation eine Beschränkung seiner Freiheit, »jene unseligen aristokratischen Einrichtungen, die aus Hochmut und Herrschsucht entsprungen so vieles Unheil über die Welt bringen, Grundsätze, die ich verabscheue und zu deren Fortpflanzung ich nichts beitragen will«. Börne, der von seiner Pension und dem ungewöhnlich großzügigen Verleger Cotta lebte, war immer in Geldverlegenheiten. Er hatte Liebhabereien, ohne luxuriös zu sein; er lebte unökonomisch, ohne ein Verschwender zu sein. Die Krankheit, die ihm soviel verbot, gebot ihm den Komfort, den er liebte. Eine gute Lage seiner Wohnung, bequeme Bedienung, Teppiche, Vorhänge kosteten ihn viel Geld. Und mit Vorliebe reiste er im eigenen Wagen. Zum Stutzer hatte ihn die Natur nicht geschaffen, aber verwöhnt und nicht ohne Eitelkeit wählte er Tuch und Wäsche aus; ihm machte es Freude, sich den Knoten seines Halstuchs nach dem letzten Modeschrei zu binden. Die Kompromißlosigkeit seines Schriftstellertums, die Arbeits-Störungen durch die Krankheit, die unökonomische Art seiner Lebensführung brachten ihn immer wieder in Abhängigkeit von seinem Vater, der seines Sohnes Leben nicht verstand und nicht billigte. Das Ziel Börnes lag über Baruchs Horizont; der konservative Jude Jakob Baruch glaubte »so fest an die Fortdauer der jetzt bestehenden Dinge wie er an Gott« glaubte. Vater Baruch hielt es für eine sündhafte Vermessenheit eines kleinen Juddebub aus dem Frankfurter Ghetto, den gnädigen Herrn der Welt, die in Wien residierten, einen Korb zu geben. Der Junge hätte ein berühmter Arzt werden können. Rothschilds Prozesse hätte er führen können. Und selbst als Schriftsteller hätte er Ansehen erlangen können: Gentz hatte den Stilisten Börne, Metternich den kenntnisreichen Politiker bewundert; der alte Baruch hatte mit Metternich die Schulbank gedrückt und in der Gewogenheit des kaiserlichen Hauses für die Familie Baruch ein Kapital, dessen Zinsen die Laufbahn seines Sohnes sein sollten. Weshalb ging es nicht aufwärts mit der Familie Baruch? Schon er, Jakob Baruch, war kein Ghetto-Jude mehr. Fein und zierlich gebaut, mit kleinen Füßen und sorgfältig gepflegten Händen, mit wohlgebürsteter Kleidung (auf der kein Stäubchen sitzen durfte), mit feinster, blendendweißer Wäsche und diskreten Umgangsformen, mit weichem Organ und einem wohlgesetzten Deutsch ohne jüdischen Akzent, mit einer Bildung, die ihn oft zum offiziellen Delegierten der Frankfurter Juden gemacht hatte, war er schon ein angesehenes Mitglied der deutschen Gesellschaft, schon am Fuß der Regierungs-Pyramide. Und da kommt der Sprößling und verfaßt Schriften, die seinem Jugendfreund Metternich nicht gefallen, so daß Jakob sich bei seinen Reisen zum österreichischen Hof schämen muß, solch einen Sohn zu haben. Was will der dumme Junge in der Welt mit diesen liberalen Verkehrtheiten anfangen? Sich Feinde machen! Die Großen angreifen! Paßt das für seine Stellung? Was ist er denn in der Welt, daß er sich erlaubt, so ein Wörtchen zu führen? Statt wie Gentz, wie Friedrich Schlegel aus gegebenen Materialien einen netten Zeitungsartikel zu bauen, und so Geld und Ansehen zu haben. Und Jeanette Wohl, die immer wieder versuchte, zwischen Vater und Sohn zu vermitteln, resignierte über den Alten: »Seine ganze Ansicht von der Welt ist so eng, so traurig, so mumienhaft, daß mir angst und bange wurde.« Gewiß beklagte sich der Vater mit Recht, daß er immer nur von dritter Seite erfuhr, was sein Sohn von ihm wollte. Aber keine Kluft ist so breit wie die Kluft, die nicht erkannt wird: und der patriarchalische, Karriere-gläubige Baruch ahnte nicht, welchen Sprung die Natur von Vater zu Sohn gemacht hatte. »Er ist so verstockt wie ein Minister«, sagte der Sohn vom andern Rande der Kluft.

Dankbar bemerkte Börne jedes kleinste Zeichen einer etwas humaneren Gesinnung. Da hieß es jetzt in Frankfurt auf den Warnungstafeln nicht mehr brutal-gefängniswärterhaft: »Bei fünf Thaler Strafe darf hier niemand den Rasen betreten« – sondern in plötzlicher Erkenntnis, daß der Rasen nicht *vor* dem Publikum, daß er *für* das Publikum geschützt werden soll: »Diese Anlagen sind der Sorgfalt des Publikums empfohlen.« Aber nicht überall fand er die Verhältnisse gebessert. Das Frankfurter Theater verfolgte er – mit alter Liebe. Als Theater-Korrespondent des Stuttgarter Morgenblatts schrieb er unentwegt wie in den ersten Tagen der ›Wage‹: er nannte jedes Ding bei seinem Namen – und den damaligen Chef der Theaterdirektion, den Bankier Leerse, einen Tyrannen. Mit alter Liebe verfolgte er auch den Wissenschaftsbetrieb und nützte die Gelegenheit einer »Ankündigung der Berliner wissenschaftlichen Jahrbücher für Kritik«, um der alt-eingewurzelten, seit den Studententagen ihn beherrschenden Abneigung gegen die Universitäts-Scholastik Luft zu machen. Die Schrift wirkte enorm: der »kleine David hat mit der kleinen Schrift ... vielen gelehrten Goliaths Löcher in den Kopf geworfen. Gelobt sei Gott der Herr«. Doch alle geistige Auseinandersetzung dieser Zeit gipfelte in seinem Bekenntnis zu einem Mann, den Börne mehr liebte als irgendeinen Zeitgenossen, der am vierzehnten November 1825 gestorben war, dem Börne im Frankfurter Museum die Grabrede, die Auferstehungsrede hielt: »Ein Stern ist untergegangen, und das Auge dieses Jahrhunderts wird sich schließen, bevor er wieder erscheint; denn in weiten Bahnen zieht der leuchtende Genius, und erst späte Enkel heißen freudig willkommen, von dem trauernde Väter einst weinend geschieden. Und eine Krone ist gefallen von dem Haupte eines Königs! Und ein Schwert ist gebrochen in der Hand eines Feldherrn; und ein hoher Priester ist gestorben! ... Wir hatten Jean Paul, und wir haben ihn nicht mehr, und in ihm verloren, was wir nur in ihm besaßen: Kraft und Milde, und Glauben, und heitern Scherz und entfesselte Rede ... Für die Freiheit des Denkens kämpfte Jean Paul mit andern; im Kampfe für die Freiheit des Fühlens steht er allein.« Und so sang Börne von sich, indem er von Jean Paul sang; liebte sich in Jean Paul; und schuf in dem Doppel-Denkmal, das er dem toten Jean Paul und dem lebenden Börne setzte, ein Wahrzeichen des großen Pathos hinter aller Kritik, der enthusiastischen Paradies-Sehnsucht hinter den Schlägen der Zuchtmeister. Der Pfarrer Kirchner, der die Ehre hatte, diese ›Denkrede auf Jean Paul‹ vorzutragen, war gekränkt, weil der spontane Beifall der Anwesenden in einer solchen Weihestunde sich nicht schicke. Der Pfarrer hatte nur immer Totenkränze, zum Verwelken bestimmt, an die Gräber gelegt; er wußte nicht, daß die

Krone gefallen war auf das Haupt eines Königs, daß das Schwert unzerbrochen ruhte in der Hand eines Feldherrn, daß ein hoher Priester sprach durch seinen Mund. Er wußte nicht, daß diese Stunde nicht dem Tode, sondern dem Leben geweiht war. Er wußte nicht, daß er nicht den Epilog auf einen Gestorbenen, sondern den Prolog eines Werdenden gesprochen hatte. Die Zuhörer hatten recht, die nicht – umflort – schwiegen, sondern in einem mächtigen Auftrieb einem Führer akklamierten.

Dieser Börne sah gar nicht wie ein Führer aus: eher wie ein Samariter. In diesen Jahren hat ihn der Frankfurter Maler Oppenheim gemalt: im Pelz und gelbem Rock, über dem weißen Halstuch ein Oval, eingerahmt von bläulich schimmernder Rasur, zwei parallelen (bis zur Mitte des Kopfes herablaufenden) schwarzen Haarstrichen und dunklem in die Stirn hängenden Kopfhaar. Die Nase biegt sich lang und fleischig zum vollen Mund: sinnlicher Kontrast zu den strahlenden braunen Augen, unter denen ein weißer tiefer Bezirk liegt, den – links und rechts – ein Schatten abgrenzt wie einen heiligen Hain. Es ist in diesen Augen und um diese Augen etwas Schmerzlich-Sanftes. Börne hat einmal gesagt: »Ich nehme das Leben nicht so tragisch« – und er ist unter seinen Verwandten, unter den Kleist und Büchner und Heine und Nietzsche der Untragiker, der immer nur den Kampf mit faßbaren Mächten, nie den Kampf der Dämonen kämpfte; dessen Leben deshalb trotz aller Dunkelheiten nie den Untergrund fröhlicher Zufriedenheit verlor. Oppenheims Bild deckte auch nicht einen Tragiker auf, sondern einen Schmerzreich-Gütigen. Leid und Güte durchdringen einander: das Leid wird durch die Güte fast zum Lächeln, die Güte durch das Leid fast zum Mitleid. Von diesem hintergründigen Bild findet die Phantasie fast keinen Weg zu dem Gesicht, das mitleidslos hinabblickte auf Menschen und Völker.

Der Tod seines Vater, 1827, brachte dem letzten Jahrzehnt seines Lebens eine finanzielle Basis, die ihm – bescheiden – ohne Geldsorgen zu leben gestattete. Er erbte 22 000 Gulden; dazu eine Rente als Ablösung künftiger Ansprüche auf das mütterliche Vermögen, so daß er zusammen mit seiner Frankfurter Pension ein jährliches Fixum von 1600 Gulden hatte. Im Winter nach dem Tod des Vaters fuhr er nach Berlin. In Weimar trank er bei Frau Schopenhauer Tee, ließ sich aber von Holtei nicht zu Goethe verschleppen: »Als ich heute gegen Weimar zufuhr und es vor mir lag mit seinen roten Dächern im Winter-Sonnenschein, kalt und freundlich, und ich dachte, daß Goethe darin schon länger als fünfzig Jahre wohne, daß er es nie verlassen (er war weder in Paris noch in Berlin) – da überfiel mich wieder der alte Groll gegen diesen zahmen, geduldigen, zahnlosen Genius. Wie ein Adler erschien er mir, der sich unter der Dachtraufe eines Schneiders angenistet. Und ein solcher Mensch sollte doch ein fleischfressendes Tier sein, und nicht wie ein Spatz Gerste essen, auch nicht aus der schönsten Hand. Der Hof, wo er schon länger als ein halbes Jahrhundert angekettet liegt, soll der steifste, lächerlichste Hof sein, den man sich nur denken kann: Jeder Bürgerliche wird streng ausgeschlossen ...« Börne war nun über vierzig und hatte immer abseits gelebt: fern von Gesellschaften, wo unter Kronleuchtern der Ehrgeiz seine Ernte einbringt auf den Gesichtern der andern Ehrgeizigen, fern von Berufs-Cliquen, wo an Kaffeetischen Bündnisse geschlossen, Spione vernommen werden. Vierzehn Jahre hatte er in Frankfurt, Stuttgart, München, Paris allein gelebt mit seinen Gedanken und seinen Empfindungen; der in alle Welt hinauswirkte – war ein abseitiger Brief-Monologisierer. Jetzt kam er nach Berlin: alles drängte sich um den berühmten Mann, so daß er vor Schriftsteller Berlin nicht sehen konnte. Satirisch schilderte das Lästermaul Saphir, der in der ›Schnellpost‹ und im ›Courier‹ Literatur, lokales Leben und Theater bespöttelte, Börnes Debut in der berühmten Mittwochs-Gesellschaft: »Als Börne nach Berlin kam, da waren die Mitglieder der Mittwochs-Gesellschaft in großer Verlegenheit, ob sie ihm zu Ehren an seinem Geburtstag essen sollten, oder ob sie, um ihn würdig zu ehren, ihn erst totküssen und totschmeicheln sollten, um dann an seinem Todestag zu essen. Sie flatterten um ihn herum wie die Mücken um die Wachskerze.« Börne genoß in ungewohnten Zügen das andere: den Betrieb, den Klatsch, die befriedigte Eitelkeit, und setzte Frankfurt herab gegen Berlin, »weil sie dort nur mit Essen und Trinken bewirten können, aber hier auch mit geistigen Unterhaltungen«. Der Süddeutsche gab Berlin ein Zeugnis, das im Kampf zwischen Nord und Süd Partei nahm gegen die Phrase von den glatten und herzlosen Berlinern. Er war schon ein prominenter Mann: hier spürte er es erst. Hier machten ihm Literatur-Weiber – »Anempfindlerinnen«, wie sie Goethe getauft hatte – Liebeserklärungen; hier brachten Berliner Blätter schmeichelhafte Notizen anläßlich seines Berliner Aufenthalts; hier rissen sich um ihn die Literaten. Hier floß ihm plötzlich alle Anerkennung zu. Das charmierte ihn – wenn er auch gerade aus dieser Welt müßiggängerischer Überschätzung des einzelnen sein großes Bekenntnis im Anschluß an eine Aufführung von Glucks ›Alceste‹ niederschrieb: »In der Musik wie im Leben liebe ich nur die Massen. Solostimmen finde ich anmaßend und langweilig.« Er war naiv genug, um sich zu seiner harmlosen Eitelkeit, zu seiner Befriedigung über diesen Empfang bei Varnhagen und Rahel, bei Rauch und Alexander von Humboldt zu bekennen. Er war aber auch Börne genug, um diesen Literaten-Betrieb zu durchschauen: seine Oberflächlichkeit und seine Koterien. Und obwohl die Anerkennung der Zünftigen ihm wohltat, war er doch Wolf genug zu dem Wunsch, »in diese Herde Schafe einzubrechen«, war er auch unbestechlich genug, um mit wahrhaft entlarvenden Zwei-Zeilen-Charakteristiken ein köstliches Panoptikum der Hohlheit und Eitelkeit zu schaffen, war er seelisch-solide genug, um trotz allen Herumschwirrens mit koketten Literaturen-Weibern den Wert der fernen Freundin zu erkennen. Die weibliche Creme des gesellschaftlichen Berlin machte ihm den Hof und schrieb ihm *billets doux*, die er gewissenhaft-stolz der Freundin mitteilte – in Briefen, die er mit seinem zweiten Vornamen witzig-bedeutungsvoll unterzeichnete: »Charles, gebohrne Jeanette.« Nur scheint er sich in seinem provinziell-naiven Genuß des Eindrucks, den er gemacht zu haben glaubte, etwas getäuscht zu haben über seine wirkliche Wirkung. Da existiert zum Beispiel ein Brief-Bericht aus dem Haus Mendelssohn, in dem er viel verkehrt hat – von der älteren, dreiundzwanzigjährigen Schwester des Felix: »Warum wir Ihnen von Börnes Hiersein nichts sagten? Weil in der Gotteswelt nichts von ihm zu sagen ist. Wir waren oft der Meinung, daß irgendein Quidam diesen hübschen Namen angezogen habe und damit in die Welt gegangen sei. Dies ist nicht etwa ein Urteil nach einmaligem Sehen – wir haben ihn lange hier gehabt, und allein, mit anderen Leuten, mittags, abends und in allen Beleuchtungen kennengelernt, und nie hat er sich verleugnet als ein kleiner, schwerhörender und schwerer begreifender Mann, dem die einfachsten Dinge fremd und neu sind, der sich wie der gemeine Haufen der Frankfurter wundert, daß die Berliner auf den Hinterfüßen stehen und mit den Vorderpfoten essen, und daß die Bäume wirklich auch hier grün werden, nachdem der Schnee wirklich auch weiß war, der mir eines Tages ein Buch vorlegte und mich die Zahl 10 430 aussprechen ließ, und als ich nun, irgendeine Rechenaufgabe erwartend, ängstlich schwieg, die Prüfung beendet und sich verwundert erklärte, daß ich eine fünfstellige Zahl aussprechen könne. Nie haben wir irgendein bemerkenswertes Wort von ihm gehört, nie auch nur einen Funken, einen Blitz oder Blick bemerkt, der ihn als bedeutenden Mann bezeichnet hätte.« Die kleine Mendelssohn vermißte den Funken Börne, den Blitz Börne, den Börne-Blick: Börne aber schwieg – und funkte nach Frankfurt an Jeanette.

Da traf er in einer großen Gesellschaft ein Mädchen mit römischer Nase und spanischen Augen: Schillers Tochter, die kein Geld hatte und nicht einmal für würdig befunden wurde, Hofdame bei einer Prinzessin zu sein. »Als 130 Jahre nach Corneilles Tod Voltaire erfuhr, daß eine Ur-Ur-Nichte des Dichters in trauriger Lage lebte, ließ er das Mädchen kommen, veranstaltete eine neue Ausgabe von Corneilles Werken, schrieb Noten dazu, und verschaffte dem Mädchen von dem französischen Volke eine jährliche Rente von 30 000 Fr.« Und vielleicht zog er – während die kleine Mendelssohn den »schwerhörenden und schwerer begreifenden Mann, dem die einfachsten Dinge fremd und neu sind« verachtete – aus einem konventionellen Tischgespräch höchst unkonventionelle Konsequenzen.

Berlin hatte ihn ehrgeizig gemacht; das Lob der Berliner hatte ihn angespornt – zehn Bände dicke Romane wollte dieser Autor der Skizzen und kleinen Artikel schreiben. Berlin hatte ihn auch ermuntert, seine gesammelten Schriften herauszugeben. Im Sommer, am Rhein, bereitete er diese Sammlung vor. Dann fuhr er nach Hamburg zu Campe, dem damaligen Verleger-Pionier, und schloß ab auf acht Bände ›Gesammelter Schriften von Ludwig Börne‹. Für viertausend Taler gab er seine Rechte auf zehn Jahre dem Verlag. Campes Buchlager imponierte ihm. Wenn über diese mächtigen Vorräte nun ein Feuer käme? Doch die Titel der aufgestapelten Bücherballen beruhigten ihn, es »ist wahr, Feuer kann ihnen nichts tun, es ist zuviel Wasser darin«. In Hannover ging er an die Redaktion der Ausgabe, arbeitete hier fünf Wintermonate mit Feuereifer, da man – wie er seinem Verleger schrieb – in Hannover nur die Wahl hat, zu arbeiten oder an Langeweile zu sterben. Als die Ernte unter Dach und Fach gebracht war, erkrankte er in Kassel, schleppte sich von Frankfurt nach Wiesbaden, von Wiesbaden nach Ems, von Ems in das kleine Taunusbad Soden. Hundertundfünfzig Menschen hatten im ganzen Börnes gesammelte Werke subskribiert. Aber die Federn der Schreibenden umrissen doch schon in Liebe und Haß die Linien einer säkularen Figur.

Im dreiundvierzigsten Jahre seines Lebens hatte sich das Geschriebene zu acht Bänden gehäuft. Diese acht Bände bedeuteten: ein neuer Mann in der Serie der deutschen Klassiker. Zwar kein deutscher Klassiker ersten Grades – wie Goethe und Schiller; aber immerhin einer, dessen gesammelte Werke noch nach hundert Jahren in den Klassiker-Bibliotheken zu haben sind. Klassiker? Und in allen acht Bänden nicht eine Tragödie, nicht ein Bildungsroman, keine philosophisch-didaktischen Gedichte? Acht Bände? Und nur Zeitungsaufsätze über Vergängliches, Briefe über Vorgänge von Alltagen, Tagebuchnotizen über Hähne und gleichgültige Menschen, Theaterkritiken über die lokalen Vorgänge in irgendeiner deutschen Stadt? Kein Stück länger als ein Dutzend Seiten! Kein Thema tiefer als die Sujets der Journale! Und doch Klassiker? Was hat dieser Name für einen Sinn: wenn man die ›Iphigenie‹ und die ›Briefe aus Paris‹, die ›Glocke‹ und ›Die Denkwürdigkeiten der Frankfurter Zensur‹ mit demselben Ehrennamen bezeichnet? Beginnt hier nicht deutlich das Versagen des wertenden Menschen, der keinen Instinkt mehr hat für Rang und Stufe: wenn er dem Journalisten die Ehre gesammelter Werke zubilligt und so seinen Eintritt in die Schar der Auserwählten vorbereitet? Börnes Erscheinen am Himmel deutscher Klassiker ist ein Signal: der königliche Publizist ist da. Er verdichtet nicht die Kräfte des Zeit-unabhängigen Daseins zu ewigen Gestalten. Er reißt nicht die Epochen der Geschichte zusammen zu einem Bild und zu einem Sinn. Er spannt nicht den deutenden Bogen über das ewige Leben und nicht über die zeitlichen Bilder des ewigen Lebens. Er gibt nicht das Vergängliche als Gleichnis, sondern er gibt das *factum brutum* des Vergänglichen, die harte Realität: nicht ein Realist gegenüber Idealisten, sondern ein Stratege gegenüber Philosophen. Ihn interessiert etwas anderes an der Wirklichkeit als die Denker und

Dichter: nicht weil er die Oberfläche für wesentlicher hält als das Wesen, sondern weil er ändern will, was zu ändern ist – und weil nur die irdische, nicht die transzendente Schicht des Daseins zu ändern ist. Börne war kein kleinerer Gott neben größeren Göttern, Börne handhabte nicht die kleinere Form des Wort-Dichters neben den großen Formen der Tragödie, des Romans, des Gedichts. Börne war nach Luther, nach Hutten, nach Lessing der Durchbruch eines neuen Wort-Reichs neben dem dichtenden Wort, neben dem deutenden Begriff – der immer (platonisch) die Existenz zu ihrer Essenz bringen will: Börne war der Durchbruch des Wirklichkeit-ändernden Worts. Nicht im Symptom also, nicht in der intimeren Abweichung des Daseins nach den stilisierenden Formungen liegt das Produktive des Neuen, sondern in der Kampfstellung gegen die Welt, in der irdischen Dynamik des Wortes. Die realistische Sicht und die realistische Darstellung sind Organe der politischen Haltung. Es gibt keinen Realismus außer dem Realismus des Handelnden.

Wie man einem Volke nicht zugute rechnen darf die wenigen aus der Art in die Überart Geschlagenen, die es immer zu ersticken droht – um ihren Namen dann stolz auf seinen Wirtshaus-Tafeln auszuhängen, so darf man auch nicht der Journalistik zugute rechnen den Glanz, den Börne über dieses Metier ausstrahlte. Denn die Journalistik ist nicht den Weg Börnes gegangen: und zwischen den Millionen Reise-Briefen in Millionen Zeitungen und Börnes ›Briefen aus Paris‹ ist ein Unterschied des geistigen Rangs (nicht nur der journalistischen Qualität) – während zwischen diesem Werk und dem ›Faust‹ nur ein Unterschied der geistigen Art ist. Börne steht am Beginn des modernen Journalismus: aber dieser Journalismus hat mehr die sekundären Elemente seines Werks weitergebildet – seine Technik. Der Feuilletonismus, der heute Leitartikel und Theaterkritik, Gerichtsbericht und Kommunalpolitik in gleicher Weise überwuchert und nur die Börse und den Wetterbericht als die beiden einzig wirklich seriösen Angelegenheiten innerhalb des Journal-Lebens respektiert – ist erwachsen aus Börnes Samen, aber ist nicht mehr Art von seiner Art. Man soll auch dem hochkultiviertesten Feuilletonismus nicht geben, was dem Feuilletonisten Börne zukam: ihm war er eine Funktion im Kampf für eine Idee – *er* »suchte zu bewegen«, *er* stand ebenbürtig als realisierender Idealist neben den schauenden Idealisten, *er* schuf sich die journalistische Technik als seine angemessene Ausdrucks-Form, die eine Waffe war. In ihm und in wenigen, die ihm folgten, ist der Journalismus keine Kleinform, sondern souveräne Art neben den anderen Arten des gestaltenden Wortes – der Predigt, dem Plädoyer, der Volksversammlungs-Rede geworden. In »Ludwig Börnes Ankündigung seiner Gesammelten Schriften« steht das rückschauende Bekenntnis: »Ich hatte eine Richtung des Geistes, *eine.*« Er machte Reportage, aber sie war nicht sachlich: er suchte nicht die Tatsachen um der Tatsachen willen, sondern um des Geistes willen, den sie spiegeln; und er suchte diesen Geist nicht um des Geistes willen, sondern um des irdischen Ziels willen, an dem er ihn maß. »Was jeder Morgen brachte, was jeder Tag beschien, was jede Nacht bedeckte, dieses zu besprechen hatte ich Lust und Mut, vielleicht auch die Gabe.« Und er besprach es, er zog es vor das Forum seiner Kritik, aber er beplauderte es nicht, machte es nicht zurecht für Sensations-Gourmets. Und so sind seine Schriften nicht ein Rendezvous von Welt-Kuriosa geworden, sondern das Pathos eines Streiters; so haben seine Schriften nicht den Namen einer stilistischen Eigenart, sondern einer wegweisenden Persönlichkeit: »Was ich immer gesagt, ich glaube es. Was ich geschrieben, wurde mir von meinem Herzen vorgesagt, ich mußte. Darum, wer meine Schrift liebt, liebt mich selbst. Man würde lachen, wenn man wüßte, wie bewegt ich bin, wenn ich die Feder bewege. Das ist recht schlimm, ich weiß es, denn ich begreife, daß ich darum kein Schriftsteller bin. Der wahre Schriftsteller soll tun wie ein Künstler. Seine Gedanken, seine

Empfindungen, hat er sie dargestellt, muß er sie freigeben, er darf nicht in ihnen bleiben, er muß sie sachlich machen.« So rang sich aus diesem Leben als sein geistiger Extrakt das Bekenntnis gegen die Selbstherrlichkeit der Kunst-Gebilde. Ihn interessierte nicht zuerst das Geschaffene, sondern der Schöpfer. Deshalb hatte sein Tadel oft genug – wie schon ein Zeitgenosse Börnes bemerkte – »den Charakter der Unversöhnlichkeit«. Werke lehnt man ab, nur Menschen haßt man: Börne haßte die Menschen nicht als Ursprung unbegabter, sondern als Ursprung schlechter Werke. Börne war immer Moralist. Aber Börne verstrickte sich noch nicht in die Gefahren dieses Moralismus, die er schon sah – und deren Opfer später hervorragende Publizisten geworden sind: »Wer sich in Deutschland mit allen Erscheinungen herumzanken wollte, der würde sich schon im ersten Vierteljahre zu Tode ärgern. Nein, so dumm war ich nie; ich habe bessere Diät gehalten. Ich sah nur immer auf den Grund der Erscheinungen, auf den breiten Grund, der hundert Gattungen und tausend Arten und Spielarten verschiedener Früchte trägt.« Wem das zu wenig ist, wer nur im intimen Duell, in der Vernichtung des einzelnen Gegners das Ziel publizistischen Kampfes sieht, der ist bald ein Opfer seiner Gegner – auch wenn er siegt, weil die Gegner nachwachsen wie die Köpfe der Hydra.

Das Echo des Börne-Werks zeigte, wie er die Zeit getroffen hatte: sie traf ihn auch, sie verstand ihn. Und einer der reifsten Rezensenten, ein kluger Berichterstatter der konservativen ›Jenaischen Allgemeinen‹, hielt es für »gewiß, daß Börne dereinst für einen der ersten Prosaisten unserer Zeit« gelten werde.

Inzwischen saß der europäische Raufbold Ludwig Börne mit eingefallenen Wangen und kaputter Lunge in dem kleinen Taunusort Soden, folgte mit den Augen dem milden Schwung der bescheidenen Taunushöhen, registrierte die Äußerungen der Hähne, war *maître de plaisir* der weiblichen Kurgäste – und eines Tages, durch eine Nachricht, aus der abgelegenen, zeitentrückten Idylle hineingerissen in den Strudel politischen Lebens. Als die Karthager Syrakus eroberten, malte Archimedes gerade seine Kreise in den Sand – und sah die Soldaten nicht, die ihn ermordeten. Als die französische Revolution ausbrach, hatte Goethe gerade keine Zeit – er war gerade auf Reisen in wissenschaftliche Theorien. Als der Weltkrieg tobte, schrieb ein junger Kantianer aus dem Feld, daß die Kugel doch nur durch sein empirisches, nicht durch sein intelligibles Ich gehen könne. Als die französische Revolution ausbrach, lief der kranke Idylliker Börne täglich die Chaussee nach Höchst entlang, um die Zeitungen einige Minuten eher zu erhalten – und war gesund und kräftig. Die Sturmluft hatte erreicht, was die weiche Taunusluft nicht erreicht hatte. Die Änderung der Verfassung eines zehn Tagereisen entfernten Staats entscheidet kaum die Schlachten der Tuberkel. Aber Hoffnung ist eine Medizin, die alle Krankheiten sänftigt: weil sie die Gesundheit der Seele ist. Börne blühte voll Hoffnung; die mächtigen Hilfstruppen marschierten – er war nicht mehr ein einsamer, kranker Querulant. Und er fuhr ins Hauptquartier seines Kriegs.

III.

Jenseits vom Liberalismus

Im Mekka der gläubigen Liberalen

»Wenn ein Volk noch nicht verloren ist, wenn sich von seiner Besserung noch Rettung oder Milderung des Übels erwarten läßt, dann züchtige man durch bittere Straf-Rede, durch beißenden Spott, durch schneidende Verachtung die Trägheit und die Selbstsucht und reize sie, wenn auch zu nichts besserem, doch wenigstens zum Hasse und zur Erbitterung gegen den Ermahner selbst als doch auch einer kräftigen Regung an.« Fichte

»Man muß nicht aufhören, sie zu ärgern; das allein kann helfen. Man soll sie nicht einzeln ärgern . . ., man muß sie in Masse ärgern. Man muß sie zum Nationalärger stacheln, kann man sie nicht zur Nationalfreude begeistern.«
Börne

Das junge neunzehnte Jahrhundert besaß zwei Staatsbilder von epochaler Bedeutung: Rousseaus *contrat social* (den in Deutschland Kant, Schiller, Fichte ausbauten), die Erbschaft des achtzehnten Jahrhunderts, das geistige Rückgrat der Französischen Revolution, die Unterordnung des Staats unter das Gesetz einer allgemein verbindlichen, weil aus dem Wesen der Vernunft fließenden Sittlichkeit; und Hegels Staatsphilosophie, Antithese gegen den ethischen Rationalismus des achtzehnten Jahrhunderts, das geistige Rückgrat der Restauration und der beginnenden Epoche des nationalen Größenwahns – neben den theozentrischen Phantasien der Frühromantik, neben dem Schollen-Patriotismus Arndts, neben Burkes Kritik der Französischen Revolution, neben Adam Müllers Begründung des Staats-Konservatismus die Paralysierung einer allgemein verbindlichen Sittlichkeit durch den allmächtigen Souverän Machtstaat, Vergöttlichung dieses Machtstaats, philosophische Rechtfertigung seiner Kriege. Für Hegel und für das Jahrhundert, das ihm folgte, war der Staat Gott auf Erden, in dem die Staatsangehörigen einen überlegenen Willen zu verehren haben; für Rousseau und für all die Opposition gegen das Jahrhundert des übermütigen Staats, die dem *contrat social* folgte, war der Staat ein ethisches Prinzip, eine normative Idee: das Optimum von vernünftigem Zusammenleben vernünftiger Individuen in einem Verband. Hegels ausschweifende romantisch-patriotische Phantasie machte den Staat zum irdischen Gott, hatte nun aber das Pech, als Illustration dieses Herrn Himmels und der Erden den preußischen Reaktions-Staat figurieren zu lassen – und damit am Beginn schon das Ende zu zeigen: blinde Rechtfertigung blinder Kräfte nach Aufhebung der moralischen Spannung zwischen Wirklichkeit und Idee. Der *contrat social* war vieldeutig und problematisch in konkreten Fragen, eindeutig und unproblematisch im Prinzip: er unterstellte jeden Staat dem Soll der Vernunft, der Gerechtigkeit – und verband so die Staaten durch die Idee. Aus diesem Soll ließ und läßt sich nicht der Einheitsstaat ableiten, Fabrikware der Vernunft, die in patentamtlich geschützter Packung den Erdstaaten zugesandt werden kann. Aber aus einer konkreten Situation läßt sich mit diesem Prinzip eine konkrete Richtung finden, die nicht in den Bürgerkrieg und nicht in den Völkerkrieg führt, weil ein ewiges Ethos bleibt über den nationalen Sittlichkeiten, während das Bekenntnis zum eigenen Staat um jeden Preis den Staat dem Teufel überläßt; dem Teufel, das heißt einer Herrenkaste und dem Schlachtfeld.

Börne gehörte zu denen, die das achtzehnte Jahrhundert in das neunzehnte retteten, das Jahrhundert der Französischen Revolution in das Jahrhundert, das den Weltkrieg vorbereitete. Und vom achtzehnten Jahrhundert hatte er noch die anarchische Stimmung: so wenig Staat als möglich. Darin glich er dem jungen Wilhelm von Humboldt, der eifersüchtig die Grenzen der Wirksamkeit des Staats festlegte, und Montesquieus Es-wird-zuviel-regiert wurde sein Leitsatz. Börne war schon *gegen* den starken Staat der Unterdrückungen:

noch nicht *für* den starken Staat der Gerechtigkeit. Börne war nicht Politiker aus Machttrieb, sondern – gewissermaßen – aus Trieb zur Entmächtigung; also: nicht weil er ein Staatsbild liebte, sondern weil er die Gewalt haßte, nicht weil er einen Staat prägen, sondern weil er eine Bastille stürmen wollte. Er war kein Konstrukteur – das war sein Mangel; er war ein Ghetto-Sprenger – das war seine Leistung. So erklomm er am Ende seiner Tage diese klare Formulierung seines Freiheitsbegriffs, der die Grenzen der Staatswirksamkeit zog – und somit auch das Gebiet seines Staates bestimmte: »Die Freiheit ist gar nichts Positives, sie ist nur etwas Negatives, die Abwesenheit der Unfreiheit. Die Freiheit kann und will nichts gründen, als sich selbst, sie kann und will nichts zerstören, als die Gewaltherrschaft. Die Freiheit kann ein Volk nicht umwandeln, sie kann ihm nicht die Tugend und Vorzüge verschaffen, die ihm seine Natur versagt; sie kann ihm die Fehler nicht nehmen, die ihm angeboren, die sein Klima, seine Erziehung, seine Geschichte oder sein unglückliches Gestirn verschuldet; die Freiheit ist Nichts und dennoch Alles, sie ist die Gesundheit der Völker.« Börne wollte erst die Gesundheit, noch nicht die Erziehung der Völker. Börne war kein Diktator einer Vernunft, er war nur der Unfreiheit ein Verrina.

Deshalb war er auch so gar nicht, was die Gegner sich unter einem Revolutionär vorzustellen pflegen. Er war in der Politik ein Natur-Revolutionär, wie er im Theater ein ›Natur-Kritiker‹ gewesen war. Er war kein dogmatischer Fanatiker, erst recht nicht das Zerrbild eines Fanatikers (und noch kein zielbewußter Revolutionär). Weder schrie er schon in den Windeln: »An die Laterne! An die Laterne!« noch rannte er später mit einem nackten Messer in den gefährlich bleckenden Zähnen herum, noch saß er sein ganzes Leben hindurch am Schreibtisch bei heruntergelassenen Rolladen und schrieb nur immer den Satz: Im übrigen bin ich der Meinung – man muß die Aristokraten hängen. Er war nicht der

Panoptikum-Revolutionär beunruhigter Bürger und einer feindlichen Presse, er watete nicht durch Blut, er war kein Kranker, er war kein Desperado, er war kein weltfremder Intellektueller (und noch kein zielbewußter Revolutionär). Er war ein Mensch, hineingeboren in eine bestimmte Zeit, hineingeboren in ein bestimmtes Land, der Erfahrungen machte, ein übernormales, das heißt: lebendiges Gefühl für Recht und Unrecht besaß, seinen Verstand zu gebrauchen wußte und lieber im Dienst seines Rechtsgefühls und seiner Einsichten kämpfen als im Dienst der herrschenden Klasse sein Gehirn zu ihrer Rechtfertigung mobilisieren wollte. Die Entwicklung seiner politischen Meinungen zeigt deutlich genug, daß er nicht Dogmatisches nachplapperte, daß er aus der Erfahrung lernen wollte und lernte, daß alle Geschichtsschreiber unrecht haben, die nur in der Entwicklung der National-Idee aus dem Kosmopolitismus eine reale historische Macht erkennen, während sie in der weltbürgerlichen Gesinnung nur die Utopie von Phantasten belächeln. Börne lernte aus den Ereignissen seiner Zeit – wie nur irgendeiner von denen, die lediglich lernten, um geistig zu sanktionieren, was kein *sanctum* war. Eins allerdings brauchte er in späteren Jahren nicht zu lernen, weil er das große Glück hatte, es mit dem ersten bewußten Moment unverlierbar zu erfahren: daß es Unterdrücker und Unterdrückte gibt, Peiniger und Gepeinigte, Treter und Getretene. Dieses Eine ist das Grunderlebnis seines Lebens, das Grundmotiv seines Kampfs, sein ›Einmaleins‹: »Damit hundert Menschen schwelgen können in Herrschlust und Sinnlichkeit, müssen Millionen darben und sterben, ohne gelebt zu haben.« Börne empfing in den Wunden seiner Jugend nicht nur die Wunden, die seinem Stamm geschlagen wurden: er empfing die ewige Wunde, die der Herr dem Knecht schlägt, das heißt: die der herrschende Mensch dem geknechteten Menschen schlägt. So wurde Börne mehr als nur ein Idealist: einer, der in seinem Kampf immer durch die brennende Wunde angefeuert, durch die brennende

Wunde immer an das klar umschriebene Ziel des Kampfs erinnert wurde. Das Ziel hieß: nicht Rache *für*, sondern Schutz *gegen* Verwundungen. Die Triebfeder seines Wirkens war nicht die Vergangenheit, sondern die Zukunft. Nietzsche glaubte, daß der Kranke dank seiner Krankheit in Bereiche des Erkennens vordringe, die dem Gesunden versperrt sind. Vielleicht dringt auch der Unterdrückte in Tiefen des Rechts, die dem geborenen Herrn nicht zugänglich sind. Börne, als Paria geboren, hatte in dieser Herkunft die Quelle seiner Stärke, nicht seiner Schwäche; da *alle* Unterdrückungen nur *eine* Unterdrückung sind, hatte er ein Ur-Phänomen gesellschaftlichen Zusammenlebens in seiner ganzen Tiefe erlebt – und konnte es in seiner ganzen Tiefe aussagen, in seiner ganzen Tiefe bekämpfen.

Daß dieses Erlebnis des Unterdrücktwerdens nicht einen gereizten Sklaven, sondern einen souveränen Soldaten schuf, beweist sein ganz unexzessives, nüchternes Wesen, beweist die sehr langsame, von einer ungewöhnlichen Gutgläubigkeit gehemmte Radikalisierung seiner Politik. Nicht der Stachel in seinem Innern, die Ereignisse der Zeit stachelten ihn vorwärts. Vorsichtig – behutsam fast wie der von ihm geschmähte deutsche Professor – wog er noch drei Jahre nach dem Wiener Kongreß die Funktionen des Staates ab: »Das Leben des Staates ist das Produkt einer doppelten Kraft, des Erhaltungs- und des Bildungs-Triebs.« Und noch Jahre später, in der Blüte der europäischen Reaktion, erkannte er den notwendigen Begleitumstand der Revolutionen, die blinde Anarchie, nur als eine traurige Notwendigkeit an: »Freiheit geht nur aus Anarchie hervor. Von dieser Notwendigkeit der Revolutionen dürfen wir das Gesicht nicht abwenden, weil sie so traurig ist.« Dem Börne war, wie allen denkenden Revolutionären, die Revolution der Weg, nicht das Ziel. Sein Gerechtigkeitsgefühl, unzugänglich auch den Lüsten des kochenden Bluts, regulierte ihm die notwendige Anarchie des Übergangs, verkümmerte ihm sogar bisweilen – in einer liberalen Übergerechtigkeit gegen die Gegner – die Resultate der Revolution.

Aber er marschierte doch von Beginn an in der politischen Ebene, er schlug sich – zur Zeit des utopistischen Sozialismus – nie mit »unheilbaren Gebrechen«. Er wollte nie ein Heiland der Welt sein – wie Tolstoi; nur der Herkules einiger Augiasställe. Der nüchterne Voltaire war sein Vorbild, der die Welt irdisch nahm und ihre irdischen Krankheiten zu bekämpfen suchte, nicht der Schwärmer Rousseau, der jammerte, weil er die unlösbare Tragik der Welt spürte. Börne war kein Pessimist, weil er nur auf das gerichtet war, was sich bessern läßt, nicht auf das, was unabänderlich im Wesen dieser Welt liegt. So stellte er die (damals nächsten) konkreten Forderungen auf: Unabhängigkeit von jedem auswärtigen Einfluß, Volksvertretung durch jährliche Parlamente, Schutz und Heiligkeit der Personen, Freiheit des Handels und der Gewerbe, Aufhebung der Zünfte, Aufhebung der Privilegien, Gleichheit vor dem Gesetz, gleicher Schutz aller Religionen, Öffentlichkeit der Justiz, Geschworenen-Gerichte, Preß-Freiheit, Verantwortlichkeit der Minister und der unteren Beamten. Es war das Programm der bürgerlichen Freiheit. Dies Programm basierte auf dem Glauben an das Individuum als Grundelement der Gesellschaft, auf dem Glauben an die negative Freiheit – also an die prästabilierte Harmonie der Individuen, auf seinem Ziel der Gesellschaft – das Wohl des Individuums: »Mit aller Theologen gütiger Erlaubnis, die Menschheit ist um der Menschheit Willen da. Den Individualitäten die möglichst größte Freiheit der Entwicklung zu verschaffen, ohne daß sie sich wechselseitig mindern – das ist die Bestimmung der bürgerlichen Gesellschaft.« Er sah scharf das Ziel – und übersah über dem Ziel den Weg. Er räumte auf mit himmlischen Paradiesen und mit den irdischen Höllen eines starken Vaterlands (und schwacher Bürger): er erkannte weder die Altäre der Theologie noch die Altäre des Militärs an, er setzte dem Einzelnen das Ziel: sich selbst. Das Ziel war gut, aber den Weg mußte er verfehlen, weil er die Gesellschaft nur als einen Haufen Einzelner sah, die sich nur nicht zu stören brauchten, um den Staat überflüssig zu machen. Er sah nicht, daß es nur eine Freiheit innerhalb einer Gesellschaft gibt, nicht ein Freisein von der Gesellschaft. Börne war *vor* der Juli-Revolution machtblind: wie der Liberalismus, dessen Introduktion er war, auch nachher.

So dachte Börne über den besten Staat nicht nach: weil er den ungeprüften Optimismus-Glauben des Liberalen an die Harmonie der individuellen Atome hatte: »Ich hasse jede Gesellschaft, die kleiner ist als die Menschliche. Unterwirft man sich dem Staate, so ist dies eine traurige Notwendigkeit; aber man soll sich nicht mehr unterwerfen als man muß.« Negativer Hegelianismus: dort war der Staat der Gott, hier ist er der Teufel; dort war er die Summe aller individuellen Werte, hier ist er die Negation des Wertes Individuum – wer auch regieren mag ... Hinter der Mauer, gegen die der Liberale Börne anrannte, war nicht das Paradies der harmonisch-frei miteinander lebenden Individuen; sondern eine neue Mauer, die Phalanx derjenigen – die eben noch gestürmt hatten. Diese ungeheure Erkenntnis, die damals zum erstenmal zu gewinnen war, die Enttäuschung über das Zurückweichen des Paradieses, der Zorn auf die liberalen Abtrünnigen, das In-Sicht-Kommen des Problems der Macht, das In-Sicht-Kommen des vierten Standes: das wurden die großen Inhalte seiner ›Briefe aus Paris‹, seiner Briefe aus den ersten drei Jahren des Nachjuli-Paris – Briefe an die deutsche Nation; Briefe, die sie erreichten.

Die französische Juli-Revolution wirkte zunächst in Europa wie ein Fanal des Jüngsten Gerichts. Alle Revolutionen zeigen zuerst immer ihren überschwenglichen Impuls – und später erst die Mächte, die ihn erstickten. So war auch das Echo der Juli-Erhebung ein herrlich kolorierter Bilderbogen der Freiheit mit einem albernen Throninhaber und heldischen

Freiheitskämpfern. »Mit ein wenig gesundem Menschenverstand hätte er doch so glücklich sein können, wie die Maus in der Pastete«: aber die Maus Karl X. hatte nicht einmal soviel gesunden Menschenverstand, wie sie (nach dem Urteil Lafayettes) dazu brauchte, die Pastete Frankreich zu genießen. Die Dummheit der Fürsten, nicht die Initiative der Völker ist immer der letzte Anlaß zum Sturz der Throne. Als die königliche Maus im August 1829 Polignac zum Ministerpräsidenten machte, verdichtete sich die Katastrophen-Stimmung, die jeder Revolution vorausgeht: Polignac war so »populär«, daß die französische Rente auf die Nachricht seiner Ernennung um vier Franken fiel. Im Frühling Dreißig gab der Herzog von Orléans im Palais Royal dem König beider Sizilien einen Ball: es ist ein neapolitanisches Fest, wir tanzen auf einem Vulkan – sagte man. Der Vulkan brach im Juli aus. Polignac machte der feinfühligen Börse alle Ehre, in der Stille bereitete er so eine kleine Änderung der Charte vor: unter anderem Aufhebung der Preß-Freiheit, Auflösung der Deputiertenkammer, Korrektur des Wahlgesetzes. Damit gab er allen Bourbonen-Gegnern seit fünfzehn Jahren das erlösende Stichwort zum vereinten Kampf für die gefährdete Verfassung! Und Polignac wußte nicht, was er tat. Er hatte nicht einmal den Kommandanten von Paris rechtzeitig in seine umstürzlerischen Maßnahmen eingeweiht. Als dann der Aufstand ausbrach, schürte die Polizei die Erregung: sie zerstörte die Druckereien – sie trieb die Arbeiter auf die Straße. Und die Arbeiter siegten. Hinter ihnen standen die Fabrikherren: »Geht kämpfen, wir zahlen die Löhne weiter.« Sie zahlten die Löhne weiter, weil es gegen einen gemeinsamen Feind ging: gegen den Feudalismus. Die Rollen dieser beiden ungleichen Alliierten in diesem gemeinsamen Kampf waren so verteilt: der Pöbel besiegte auf den Barrikaden den Feudalismus – für das verbündete Bürgertum, das auf den weniger bestürmten Sitzen der Deputiertenkammer die besitzlosen Alliierten besiegte. Von dieser Verteilung ahnte man während des Kampfes noch nichts. Die Marseillaise, die Jahre lang verboten war, berauschte wieder die Franzosen, und die Plakate schrien: »Keine Bourbonen mehr, dann haben wir Größe, Ruhe, Wohlstand, Freiheit.« Die Könige haben das Schicksal, auch noch repräsentieren zu müssen von Teufels Gnaden. Neben ihren Glauben an ihr Gottesgnadentum stellen die Revolutionen den revolutionären Glauben an das Teufelsgnadentum der Könige: ein Glaube, der den Revolutionären mindestens ebenso gefährlich wird wie der andere Glaube den Königen – weil er ebenso täuscht, weil er dem Freiheitskämpfer den Gegner verbirgt, der nicht ein Gesicht, sondern viele Gesichter hat, der nicht die Popularität des Vergötztwerdens oder des Gehenktwerdens erlangen kann, der einen ganz unvolkstümlichen Namen trägt: System. Das Volk liebt es, sich an das Sichtbare zu halten, und das Sichtbare war damals: eine einprägsame Groteske. Karl und die Seinen saßen ahnungslos in St. Cloud. »Zu allen Fenstern drang (nach Chateaubriand) die Revolution schon ein, als die Kammerherren die Türen zum König noch immer geschlossen hielten.« Und der hilflose Karl war noch stärker durch seinen religiösen Wahn von der Welt abgeriegelt als durch die Vorsicht seiner Wärter. So beruhigte er die, welche zum Nachgeben rieten: »Polignac ist in dieser Nacht die heilige Jungfrau erschienen, die ihn ermahnte, fortzufahren, alles werde ein gutes Ende nehmen.« Als er dann auf den Thron verzichtet hatte und auf der Reise nach England war, kam die königliche Reisegesellschaft in ein Schloß, das nur einen runden Mahagoni-Tisch besaß. Der Hofmarschall ließ den Tisch viereckig schneiden: ein König von Frankreich speist an keinem runden Tisch.

Es ist, als foppte die Weltgeschichte die Völker mit Karnevalspuppen: ihnen wird der Kopf abgeschlagen, sie werden vertrieben, sie werden lächerlich gemacht – und damit ist dann Energie und Phantasie aufgebraucht, absorbiert in den Tagen, die über Jahrzehnte entscheiden. Die Juli-Kämpfer fochten mit Bravour: eine Königs-Puppe tanzte ab, eine klügere Königs-Puppe tanzte an. Resultat dieser Revolution: der Enthusiasmus – der verfliegt, und eine neue schlechte Ordnung, an die wohl kein Barrikaden-Kämpfer dachte – die bleibt. Aus dem Enthusiasmus, der ausstrahlte nach Belgien, nach Italien, nach Deutschland, nach Polen, schrieb Heine: »Heilige Julitage von Paris! Ihr werdet ewig Zeugnis geben von dem Uradel der Menschen, der nie ganz zerstört werden kann. Wer euch erlebt hat, der jammert nicht mehr auf den alten Gräbern, sondern freudig glaubt er jetzt an die Auferstehung der Völker. Heilige Julitage, wie schön war die Sonne, und wie groß war das Volk von Paris.« Wie groß war das Volk von Paris – und wie klein war seine Ernte: ein kindischer Greis mit seinen Gespielen wurde über den Kanal gejagt. Auf den Barrikaden siegen ist leichter als im Reichstag, im Rathaus, im *Hôtel de Ville* siegen. Wenn die Macht auf der Straße erobert ist, dann beginnt erst der Kampf; und es erging dieser Revolution, wie es vielen Revolutionen erging: der Barrikaden-Kampf glückte, und den Preis gewannen die andern. Börne erzählte, daß unter den Juli-Toten und Juli-Verwundeten kein Gutgekleideter war. Als Ausgleich dafür war in der Kammer – kein Schlechtgekleideter. Es fehlten die geistigen Barrikaden-Kämpfer innerhalb der Wände, in denen die neue Macht geboren wurde. Hat das französische Volk, dem – nach dem »National« vom dreißigsten Juli – »die Ergebnisse des Kampfs zugute kommen« müssen, den Herzog von Orléans gewählt? Nein: das Bankhaus Laffitte hat ihn gewählt. Die liberalen Deputierten der letzten Kammer, Guizot, Périer, Thiers, Laffitte, wollten nach englischem Vorbild einen konstitutionellen König haben, einen Regenten, der – nach Thiers' Formulierung – *»règne mais il ne gouverne pas«:* Der Liberalismus schuf im Julikönigtum einen Thron, der Autorität gegenüber den Besitzlosen, nicht aber Legitimität gegenüber den Besitzenden haben sollte. Thiers holte Louis Philippe ins Palais Royal und brachte ihn dann zu Lafayette, dem Vertrauensmann des Volkes, ins *Hôtel de Ville*. Der Greis Lafayette beruhigte seine republikanischen Freunde: der Herzog von Orléans ist die beste Republik. Über diese beste Republik notierte dann später Odilon Barrat, der auch zu den Erfindern des Julikönigtums gehörte: »Wir hatten eine ganz besonders unglückliche Hand, als wir Karl x. durch Louis Philippe ersetzten, denn man muß sagen, daß seine Regierung vom ersten bis zum letzten Tage nichts anderes war, als ein eigensinniger Kampf gegen die elementarsten Grundbedingungen der Staatsordnung, die zu verteidigen er doch berufen war.« Welche Staatsordnung zu verteidigen war er von den Odilon Barrats berufen? Die Staatsordnung des *Enrichissez-vous*. Aber Louis Philippe war König und wollte die Legitimität. Nichts zeigt besser, bis zu welchem Grad mit der Zeit das Geschöpf seinen Schöpfern über den Kopf gewachsen war, als das Preß-Gesetz von 1835: das verlangte *»de suprimer toute offense possible à la personne du Roi«*, mehr: *»d'interdire la discussion sur la personne du Roi«*. Und es forderte und erlangte unter dem Bürgerkönigtum Guizot, Minister des öffentlichen Unterrichts, *»non pas punir, non pas améliorer, mais supprimer, mais anéantir la mauvaise presse, la presse antidynastique, la presse carliste et républicaine«*. Auch für den herrschenden Besitz ging die Revolution nicht so aus, wie er gedacht hatte: Louis Philippe wurde in den nächsten Jahren bei den Kämpfen der Besitzenden und der Besitzlosen der *tertius gaudens*.

Louis Philippe war liebenswürdig, klug, loyal und ein so temperamentvoller Rhetor, daß er seine Suada am liebsten in der Kammer zur Geltung gebracht hätte. Da ein »Bürgerkönig« ein Widerspruch ist, trat Louis Philippe auch als Widerspruch in Erscheinung, Paradoxie eines volkstümlichen Legitimismus in einer industrialisierten Gesellschaft. »Derselbe Mensch ist ein anderer als Präsident und als König«, schrieb der große Soziologe Lorenz von Stein. Louis Philippe war kein Präsident – er war ein König. Dem Volke zeigte er den »König Biedermann«: man war nach allem begeistert, daß man einen König hatte, der sich fast wie ein Mensch benahm. Die Nachfolger pompöser Thron-Mannequins haben es gut: man rühmt sie schon, wenn sie ihren Vorgängern nicht gleichen. Und der »König Biedermann« drückte jedem Nationalgardisten die Hand, trank aus jedem Glas, empfing die Minister in Hemdsärmeln – und wurde schließlich für das Volk eine Straßen-Puppe wie der Vorgänger eine Thron-Puppe, dankbares Sujet für Karikaturisten wie Philippon und Daumier, für Börnes Ironie – »ein deutscher Opernkönig mit der Hand auf dem Herzen«, Groschen-Automat für verspielte Müßiggänger. Heine schilderte köstlich diesen königlichen Automaten: gab man den Erfindern dieser Spielerei fünf Frank, »so erhoben sie ein jubelndes Vivatrufen unter den Fenstern des Königs. Höchstderselbe erschien auf der Terrasse, verbeugte sich und trat wieder ab. Hatte man jenen Kerls aber 10 Frank gegeben, so schrien sie noch viel lauter und gebärdeten sich wie besessen, während der König erschien, welcher alsdann zum Zeichen seiner stummen Rührung die Augen gen Himmel richtete und die Hand beteuernd aufs Herz legte. Die Engländer ließen es sich aber manchmal 20 Frank kosten, und dann war der Enthusiasmus aufs höchste gesteigert, und sobald der König auf der Terrasse erschien, wurde die Marseillaise angestimmt und so fürchterlich gegrölt, bis Louis Philippe sich verbeugte, die Augen gen Himmel richtete, die Hand aufs Herz legte und die Marseillaise mitsang.« Der König, der mit dem Volk die Marseillaise mitsang – sang mit den Besitzenden andere Lieder. Als Kapellmeister der Besitzenden gab ihm Börne den Titel: *»Empereur des cinq pour Cent. Roi des trois pour Cent. Protecteur des banquiers.«* Er war ein vielseitiger, kluger König.

Ein Bürgerkönig? Die Änderung des Wahlgesetzes hatte die Zahl der Wähler fast verdoppelt – 2% der volljährigen

Männer durften jetzt das Schicksal ihres Staats mitbestimmen. Louis Philippe war der »Bürgerkönig« von 2% Bürgern – und 98% Nicht-Bürgern, deren Interessen nicht vertreten werden konnten. Vollbürger, wählend und wählbar, war: wer 500 Franken Steuern zahlte. Prudhomme taufte dies Regime auf den Namen »Bankokratie«. Diese Bankokratie war geschmückt mit dem Zauber der glänzend-geistreichen Rhetorik ihrer Deputierten, welche die Interessen der oberen Zehntausend und ihre Korruption blendend deckten. Man erzählt, daß Deputierten-Wahlen zustande kamen, indem der Kandidat mit seinem einflußreichsten Wähler eine 20 000-Franken-Wette abschloß – daß er nicht gewählt werden würde. Und Tocqueville schilderte die Quintessenz dieser parlamentarischen Oligarchie: »In dieser politischen Welt fehlte hauptsächlich das politische Leben. Die alte Aristokratie war besiegt, das Volk war ausgeschlossen, alle Angelegenheiten wurden unter den Mitgliedern einer einzigen Klasse verhandelt, in ihrem Interesse und ihrem Geist. Diese seltsame Übereinstimmung der Stellung, der Interessen und der Ansichten, welche in dem herrschte, was Guizot das gesetzmäßige Land getauft hatte, raubte den parlamentarischen Debatten jede Originalität, jede Wirklichkeit, jede wahre Leidenschaft.« Aber schon waren Originalität, Wirklichkeit und Leidenschaft in das »gesetzmäßige Land« ungesetzmäßig eingedrungen: die Kammer war nicht Frankreich.

»Brave Arbeiter, kehrt in eure Werkstätten zurück« – hatte der Minister Périer unmittelbar nach der Revolution proklamiert, während diese Werkstätten infolge der allgemeinen Absatzstockung geschlossen wurden. Die Regierung stellte den *circulus vitiosus* zwischen Unruhen und schlechten Geschäften fest, ließ sich Millionen zur Beschäftigung von Arbeitslosen bewilligen – und steuerte den alten Kurs. Im ersten Jahrfünft nach der Juli-Revolution fanden vierzig Aufstände statt: die zumeist soziale, nicht politische Kämpfe waren. Auch von rechts opponierte man: durch kindische gesellschaftliche Affronts gegen die Orléans, durch großangelegte Verleumdungen, durch Unterstützung falscher Kronprätendenten, durch Konspirationen. Aber alle diese Rechts-Putsche waren nur Nachwehen – die schweren, wesentlichen, in die Zukunft weisenden Konflikte waren die Zusammenstöße zwischen den Alliierten der Juli-Revolution. Die soziale Utopistik dieser Jahre war die philosophische Aura der beginnenden sozialen Bewegung. Die *»société des droits de l'homme«* hatte ungefähr 4000 Mitglieder und folgende Sektionen: »Tod den Tyrannen«; »Krieg den Schlössern«; »Marat«; »Babœuf«; »Sturmglocke«; »Alarmschuß«. Neben dieser Gesellschaft für Menschenrechte gab es eine Gesellschaft der Volksfreunde, einen Verein von Juli-Kämpfern, den Verband »Hilf dir selbst, und der Himmel wird dir helfen«. Victor Hugo verkündete 1834 den Primat der sozialen vor den politischen Problemen. Denker und Wirtschaftler konstruierten und experimentierten eine Lösung der sozialen Frage. St. Simon und seine Schule fanden die Lösung im Kommunismus: in der Aufhebung von Eigentum und Erbrecht durch die Diktatur des Staats. Die »Kirche« der St. Simonisten setzte dies Prinzip für einen kleinen Kreis in die Praxis um und warb Anhänger durch Vorträge, Broschüren und eine Zeitung. Fourier war weniger Kommunist als Reform-Sozialist; er propagierte den Zusammenschluß immer einiger hundert Menschen zu einer Phalanstère, in der noch zwischen Kapital, Talent und Arbeit geschieden wurde – die nur einen sexuellen Kommunismus kannte, die aber den Kapitalisten, Talenten und Arbeitern in gleicher Weise ein gutes Leben garantierte, das Fourier ästhetisch ausmalte. Auch Cabet, dem Autor der ›Reise nach Icarien‹, Louis Blanc und Leroux verdankte diese Zeit ähnliche Utopien und Experimente. Sie waren die überschwenglichen Zielsetzungen, bisweilen schon die ersten frühen Einsichten des beginnenden organisierten Klassenkampfs.

Der deutsche Liberale Ludwig Börne – eben noch kränklich, plötzlich gesund vor Paris-Glück; eben noch nüchtern, plötzlich verzückt vom Wunder, daß sein Traum zu leben beginnt – gehörte zu den Ereignissen dieser Nachjuli-Jahre, nicht zu den Protokollführern dieser Ereignisse. Louis Philippe und Casimir Périer und die Griechen und die Polen, vor allem aber die deutschen Krebse waren ihm nicht interessante Ereignisse, die er beobachtete, die er rezensierte; sie waren ihm guter Wind oder widriger Wind, Hoffnung oder Enttäuschung. Ludwig Börne übersah diese Zeit nicht wie abwägende Soziologen zehn Jahre später, nach Ablauf dieses Geschichtsabschnitts, sie übersehen konnten. Er erlebte nur den Beginn; und er lebte ihn, er studierte ihn nicht. Aber in seinen leidenschaftlichen Reaktionen ist die ganze Wahrheit, auch wenn noch so viel Historiker die unsaubere Vermengung von Tatsachen und Gerüchten, auch wenn noch so viel politische Gegner die Leidenschafts-Färbung seiner Urteile nachweisen können. Man hat die ›Briefe aus Paris‹ »ein zusammengeheftetes Journal« genannt, weil sie von Tag zu Tag wuchsen, weil kein Plan an ihrem Beginn war, weil keine Systematik die Fülle zu einem Denk-Organismus zusammenband. Aber Börne brachte nicht einmal ein Journal in diesen Jahren fertig: er lehnte in diesen Jahren noch jenes Minimum an Verfestigung ab, das eine Zeitschrift erfordert. Seine Briefe wurden die gesammelten Barometer-Berichte von drei Revolutions-Jahren: abgelesen vom Barometer Börne, einer Quecksilbersäule, die in den Himmel der Freiheit wollte – und niedergedrückt wurde von den Depressionen der französischen Bankokratie, der polnischen Niederlage und der österreichisch-deutsch-russischen Reaktion. Aber als diese 112 Briefe, die ein unübersehbares Mannigfaltiges von Ereignissen, Gerüchten, Gesichtspunkten, Stimmungen, Irrtümern und Übertreibungen enthalten, in drei Schüben erschienen (die ersten 47 Briefe 1831, die folgenden Briefe 1832, die letzten Briefe 1833), da waren die tausend Ingredienzien zusammengeschmolzen zu einer Lanze von gewaltiger Stoßkraft, weil ein richtungssicherer Geist noch den Gerüchten und Irrtümern und Übertreibungen Wahrheit verliehen hatte, weil eines herrlich gefügten Charakters *Stimmungen* – schließlich doch immer *stimmen.* »Ich habe nie für meinen Ruhm, ich habe für meinen Glauben geschrieben«, und der Glaube war gut; der Glaube, daß Kerker gesprengt werden können. Der Mann, der die ›Briefe aus Paris‹ schrieb, war ein guter Mann: das ist das Geheimnis der zündenden Kraft seiner Pariser Briefe.

Eine jede Zeit hat ihre Rangordnung der verbotenen Wahrheiten, die zu berühren lebensgefährlich oder wenigstens nicht ratsam ist. Im Zeitalter des erstarkenden National-Egoismus war die Nation zugleich Gott und Fürst: im Patriotismus verschmolzen Religion, Thronverehrung – und die Eitelkeit, dazu zu gehören. Der Patriot ist in eins: Beter und Angebeteter. Man hätte Börne vieles durchgehen lassen, man war seit der Französischen Revolution an »politische Phantasterei« gewöhnt, aber noch der röteste deutsche Westler hatte doch seine deutsche Ehre – der Nationalstolz allein unter allen Glaubensbekenntnissen der Zeit war tabu. Ein Menschenalter zuvor, als der größte und scheinheiligste aller Egoismen noch nicht geboren war, durfte Lessing noch den »Patriotismus als heroische Schwachheit« erkennen, durfte Schiller noch feststellen, »daß das enge vaterländische Interesse nur für unreife Nationen und für die Jugend der Welt wichtig sei, denn auch die größte Nation sei nichts anderes als ein Fragment der Menschheit«, durfte Goethe aussprechen: »Überhaupt ist es mit dem Nationalhaß ein eigenes Ding. Auf den untersten Stufen der Kultur wird man ihn immer am stärksten und am heftigsten finden. Es gibt aber eine Stufe, wo er ganz verschwindet und wo man gewissermaßen über den Nationen steht und man ein Glück oder ein Wehe seines Nachbarvolkes empfindet, als wäre es dem eigenen begegnet.« Aber Lessing, Schiller und Goethe können zur

Entschuldigung dafür, daß sie noch Glück und Wehe des Nachbarvolkes wie eigenes Glück und Wehe empfinden konnten, mit historischem Recht vorbringen, daß sie nicht der Generation angehörten, welche die nationale Welle von vierzehn – von 1814 entwurzelt hatte, nicht der Generation, die ihre Wurzel in jenes kräftige und kräftigende Erdreich gesenkt hatte, das nicht nur 1870, sondern auch 1914–1918 seinen Nährwert bewies. Fichte, Ethiker, Weltbürger, kam allerdings schon in den Konflikt zwischen Menschlichkeit und Vaterland und fand den eines deutschen Idealisten würdigen Ausweg, dem wachsenden Patriotismus zu sekundieren und trotzdem die weltbürgerliche Gesinnung nicht aufzugeben: indem er die Deutschheit erfand – die nur als ein anderer Name für alles Gute, alles Echte, alles Wesentliche figurierte. Der deutsche Idealist Fichte schaffte das Kunststück, den extremen Kosmopolitismus und den extremen Nationalismus zu verschmelzen – im Begriff. Börne gehörte der nächsten Generation an; er war ein Altersgenosse des Barden Arndt, der sang »von den Sygambern und Cheruskern, von den Katten und Franken, von Alemannen, Friesen, Chaucern, Vandalen, Burgundionen, Quaden, Markomannen, Bojoariern, Hermunduren und Teutonen«, der wußte zu erzählen »von Gauen, von Hermann dem Cherusker, vom Teutoburger Wald, von Marobodäus und den Hohenstaufen«. Aber dieser Börne, der nicht mehr das Pech hatte, Zeitgenosse des Kantschen Pamphlets ›Vom ewigen Frieden‹ – sondern das Glück, Zeitgenosse der Rufer zum ewigen Unfrieden, Zeitgenosse der Führer in den Teutoburger Wald zu sein, kannte leider, nach eigenem Eingeständnis, »nur die Deutschen des Regensburger Reichstags und des Wiener Friedens, und sie sind nicht weit her«. Dieser Börne wog, was über jedem Gewicht ist, zergliederte, was unerforscht bleiben soll, sah sich mit seinen zwei Augen an, was nur – von einem Vorhang der Scheu verdeckt – ohne Zweifel verehrt werden darf: das Vaterland. Und mit genialer Naivität fragte er:

»Warum sollen die Deutschen Eichen sein?« Auch tausend Jahns können nicht beantworten, was ein schlichter Börne fragen kann. Solange die Hohepriester des Patriotismus das Vaterland zitieren, ist es ein *numen*, ein *arcanum:* unsichtbar, nicht greifbar, die göttliche Essenz tausend ungöttlicher Dinge. Dem profanen Blick ist es eine Wirklichkeit aus Menschen, Gruppen und Institutionen, eine Wirklichkeit, die – wie jede Wirklichkeit – der Moral untersteht, nicht eine Gottheit, die Quelle aller Moral ist. »Die unwandelbare Freundschaft und der ewige Friede zwischen allen Völkern, sind es denn Träume? Nein, der Haß und der Krieg sind Träume, aus denen man einst erwachen wird. Welchen Jammer hat nicht die Liebe des Vaterlandes schon der Menschheit verursacht! Wie viel hat diese lügnerische Tugend nicht an wilder Wut alle anerkannten Laster übertroffen. *Ist der Egoismus eines Landes weniger ein Laster als der eines Menschen?* Hört die Gerechtigkeit auf, eine Tugend zu sein, sobald man sie gegen ein fremdes Volk ausübt? *Eine schöne Ehre, die uns verbietet, uns gegen unser Vaterland zu erklären, wenn die Gerechtigkeit ihm nicht zur Seite steht.«* Die Nation kann ebensowenig ein absolut moralisches Leben führen wie der Mensch, aber sie muß sich der Norm unterstellen wie der Mensch. Die Nation, die sich selbst als Norm anerkennt, ist ein unmoralisches Wesen und macht die Menschen zu unmoralischen Wesen, verführt sie, dem National-Egoismus das Gewissen zu opfern. Börne aber wußte, »man handelt nur schön für das Vaterland, wenn man das Gerechte will«. Deshalb suchte er nicht das Wesen der Deutschen, an dem die Welt genesen solle, sondern – gegen die »Pharisäer der Nationalität« – die Krankheiten der Deutschen, von denen sie selbst genesen sollen.

Diese Krankheiten erfand er nicht – er fand sie. Ein Jahrfünft nach den Befreiungskriegen, nach so viel politischer Erfahrung, war die politische Bildung des deutschen Volks noch sehr in den Anfängen; noch sah es nicht den »Zusammenhang zwischen einer repräsentativen Verfassung und seinem Magen«. Der Deutsche schrieb Bücher über den Haushalt der Athener, kümmerte sich aber nicht um den Haushalt der Österreicher – dem er sein Geld anvertraut; und die Berliner Akademie ließ am Geburtstag des großen Friedrich eine Vorlesung über Infinitesimalrechnung halten. Weil die Deutschen von ihren eigenen Angelegenheiten immer abschweiften zum Fremden, zum Fernen, hatten sie auch mehr Zeit als Engländer und Franzosen, sich um die Freiheit – fremder Völker zu kümmern. Auf dem Untergrunde dieser Gegenwarts-Flucht (die wohl im deutschen Idealismus und der deutschen Romantik ihren stärksten geistigen Ausdruck fand – und den Deutschen soviel an Freiheit nahm, wie sie ihnen an Philosophie gab) erkannte Börne zwei Grundzüge des deutschen Bürgers: seinen Standeshochmut und die Barbarei seiner Umgangsformen. Auf seiner Rheinreise 1819 hörte Börne die Klagen der Bonner über den deutschen Kastengeist. Sie hatten während der französischen Okkupation erlebt, daß Gewerbsleute, Soldaten, Beamte und Gelehrte einträchtig und freundlich miteinander gewesen waren. »Jetzt aber trennt sich das Militär vom Gelehrtenstand und dieser sich von den Handelsleuten. Besonders die Mitglieder der Universität sollen im gesellschaftlichen Leben einen ganz unerträglichen Aristokratismus zeigen. Wir kennen unsere lieben Landsleute, sie lassen nicht von der Art.« Diese Art ist die Ursache, daß es unter einer Million Deutschen nur zehn Menschen gibt: neben Schneidern, Kaufleuten, Soldaten, Justizräten, Astronomen, Diplomaten, Geistlichen, Gelehrten, Polizeidirektoren, Förstern – »und was man sonst noch sein kann, wenn man nichts ist«. Und das deutsche Berufs-Menschentum, Berufs-Unmenschentum wirkt um so verheerender, als keine Urbanität in den Beziehungen von Mensch zu Mensch, keine Höflichkeit in jenen Bezirken, in denen die Menschen nur flüchtig einander begegnen, die beruflich Isolierten menschlich miteinander verbindet. Das Beamtentum als militärischer Vorgesetzter des Publikums ist das große pädagogische Beispiel geworden: das auch den Verkehr der Unbeamteten prägte ... Gegen diese Diagnose des großen Diagnostikers Börne, gegen die tausend gleichlautenden Diagnosen, die das neunzehnte (Nietzsche) und zwanzigste Jahrhundert dann immer wieder aufgeschrieben haben, ist eine patriotische Apologetik von unübertreffbarer Komik entstanden. Kümmern sich die Deutschen um den Untergang des Abendlandes, aber nicht um den Untergang ihrer Revolution, um die westliche Demokratie (die für Deutschland nach dem Urteil ihrer Historiker und Philosophen nicht paßt), aber nicht um die Vorgänge, die zum Weltkrieg führten: so heißt Deutschsein – eine Sache um ihrer selbst willen tun. Die Apologeten der Nationalfehler sind die schlimmste Seuche eines jeden Volks: schlimmer als die Fehler; denn sie verhindern die Heilung.

Börne schrieb nicht aus stiller Klause einen sozial-psychologischen Essay über den Nationalcharakter der Deutschen: er reagierte stürmisch auf die lebendigen Resultate dieses Charakters. Was die deutschen Fürsten taten, was die deutschen Deputierten sprachen, was die deutschen Zeitungen schrieben, was die deutschen Bürger über sich ergehen ließen: das waren die Reize, auf die Börne aus der Erregung der Kampfzeit mit tausend Wortpfeilen antwortete, mit Superlativen, die oft nicht mehr gezielt – nur noch geschmissen waren. Wenn er aber zielte, zielte er immer wieder mit leidenschaftlicher Beharrlichkeit in den einen schwarzen Fleck: die Trägheit, die er in einem bitteren Appell an die »Geduld ... Beherrscherin der Deutschen und der Schildkröten; Pflegerin meines armen kranken Vaterlandes, die du es wartest und lehrest warten« grimmig besungen hat. Da ist ein nüchterner liberaler Deputierter, der hat die Kammer aufgefordert, den Kampf aufzugeben, nachdem Warschau gefallen ist, die englische Reformbill gefallen ist, die Freiheitsbewegung sich an den Mauern des Absolutismus müde gestoßen hat. Börne zitiert dithyrambisch den polnischen Freiheitskampf. »Und so ein Würzburger Professor, der im Schlafrock am Kamin sitzt und Bier trinkend seine Reden ausarbeitet, sagt seinen Federgenossen, sie hätten lang genug gekämpft, Heldenmut genug gezeigt, und sie sollten sich der Notwendigkeit unterwerfen!« In seinen flackrigen Sätzen, in seinen knatternden Glossen, in seinen politischen Knall-Aperçus steht die ganze Chronik des schnarchenden Deutschland. Immer wieder nagelte er fest »die Folgen, welche die Juli-Revolution für Deutschland gehabt«: »1. Die Cholera. 2. In Braunschweig hatten sie sonst einen Fürsten, der es wenigstens nicht mit dem Adel hielt; jetzt haben sie einen, der sich vom Adel gängeln läßt. 3. Die Sachsen haben statt einen Fürsten jetzt zwei. 4. Die Hessen haben statt der alten fürstlichen Mätresse eine junge bekommen. 5. In Baden konnte man früher eine Zeitung schreiben ohne Kaution, jetzt muß man eine leisten. 6. Wer in Bayern den König beleidigte, mußte früher vor dessen Ölbilde Abbitte tun; jetzt kommt der Beleidiger auf fünf Jahre in das Zuchthaus. Da weiß man doch wenigstens, woran man ist.« Alles notierte er, was er hörte und las von deutschen Fürstenhöfen, notierte es bitter, ironisch, leidenschaftlich auftrumpfend, schließlich resigniert, »ein Volk, das so geduldig auf sich herumtrampeln läßt, verdient getreten und zertreten zu werden. *Aide-toi et le ciel t'aidera*«. Immer verzweifelter wurde er: endlich kämpfte er nicht mehr – er raufte sich die Haare, ein ohnmächtiger Seher. »Nicht für meine Eitelkeit, für mein Vaterland habe ich die Stimme erhoben, und darum wehklagt mein Herz über den Sieg, den mein Geist errungen.« So hatten einst die zürnenden hebräischen Propheten gewehklagt.

Börne versuchte, die Deutschen auf die anschaulichste Art aufzuklären: er konfrontierte ihre *Fehler* mit den entsprechenden *Vorzügen* des Nachbarvolkes – was die verletzte dumme Eitelkeit so las: daß die Franzosen nur diese Vorzüge, die Deutschen nur diese Fehler hätten. In Wahrheit wurden die Franzosen lediglich die Musterknaben des Lehrer-Predigers Börne, er »liebte Frankreich im Interesse Deutschlands« – wie ein kluger Franzose ausgezeichnet erkannte. Und der revolutionäre Patriot Börne bekannte selbst, wem auch noch die Liebe zum andern Lande gehört, bekannte selbst, daß ihm »eigentlich nur an Deutschland liege«. Er liebte die Franzosen gar nicht so sehr, diese »Katholiken in Literatur und Kunst«, die unter der Herrschaft von altem »Herkommen, Geburtsrang, Gewohnheitsrecht, Etikette und schnurgeradem Anstand unbestritten und ungeneckt« lebten; die – hätten sie nur »ihr Wörterbuch der Akademie entthront« – »zwar langsamere Fortschritte, aber auch keine Rückschritte« gemacht hätten; dieses Volk, das in Napoleon nur den Talma bejubelt hatte, das dem nüchternen Börne in seiner »Nationaleitelkeit so unerträglich« wurde. Börne war kein Patriot des andern Landes, der aus Kritik an der Heimat kritiklos-schwärmerisch die Fremde verklärt. Aber er fand im Franzosen gerade dort Tugenden, wo er die deutschen Laster gefunden hatte: im politischen Temperament und im gesellschaftlichen Umgang, in der sozialen Kultur. »Ich habe die Franzosen immer urban, immer menschlich gefunden – menschlich im schönsten Sinne des Wortes. Das ist nicht allein Menschlichkeit, daß man jedem in seiner Not, sobald er klagt, zu Hilfe komme ..., sondern daß man menschlich fühle und eines jeden Not errate und verstehe: das vermögen die Franzosen, denn sie sind Totalmenschen; das vermögen aber die Deutschen nicht, die nur Stückmenschen sind.« Börne sah enthusiastisch im zivilisierten Franzosen verwirklicht, was er im barbarischen Deutschland vermißte: die Kultur des zur Geselligkeit bestimmten Menschen, die humane Lebensart des Gesellschaftswesens Mensch.

Er konnte nicht unter Deutschen leben – und liebte innig, was am Deutschen Protestant, Individualist, Jean Paul ist. Da er kein Patriot war, der vaterländische Lieder absang, da er – gut lessingsch, gut schillersch, gut goethisch – hinschrieb,

»es gibt nichts Lächerlicheres als volkstümliche Gefühle, es ist nichts kindischer als Vaterlandsliebe«, da der Altar, auf dem er dem deutschen Volk opferte, nicht nach Weihrauch duftete wie der Teutonen Arndt und Jahn Altar, war es den gekränkten Nationaltanten nicht schwer, Börne zum Deutschen-Feind zu stempeln. Tatsächlich konnte Börne aus einem kleinen, aber einleuchtenden Grunde kein Deutschen-Feind sein, weil er – wie er oft bekannte – aus einigen Stammwurzeln deutscher Art lebte: aus deutscher Innerlichkeit und deutschem Anarchie-Trieb. Um dieser Wurzeln willen wollte er »lieber, wie deutscher Geist, nackt und barfuß sein, wenn auch zuweilen etwas frieren, als wie französischer in engen Schuhen und Kleidern zusammengedrückt sein und glänzen«. Das natürliche Bekenntnis zu deutscher Art – nein, zu seiner Art, die deutsche Art war – wurde das Resultat seines zweiten Pariser Aufenthalts. Kurz vor der Juli-Revolution, ein halbes Jahr vor der Niederschrift der ersten Pariser Briefe, notierte er im Sodener Tagebuch sein Verhältnis zu Deutschland und zu Frankreich: »Gute deutsche Freunde, die mein deutsches Herz besser kannten als wortfressende Rezensenten, welche mich für einen Feind des Vaterlands erklärten, waren doch auch verwundert, mich Frankreich anpreisen zu hören ... Du und dieses Land der Untreue, des Unglaubens und der Unwahrheit! – Nein, nicht so, meine Freunde. – Die großen Vorzüge, welche wir den Franzosen gegenüber haben: der freie Sinn, der fromme Glaube, die Gerechtigkeit und allgemeine Menschenliebe sind innere Güter, die jeder Deutsche mitbringen kann in jedes Land. Äußere Güter verlassen wir nicht im Vaterlande, und diese alle, die uns alle fehlen, finden wir in Frankreich. Sein eignes deutsches Herz kann man nur in Frankreich froh genießen. Dort ist es ein Ofen, der uns im kalten Lande wohltätig wärmt; aber im dumpfen Vaterhause mit seinen festverschlossenen Fenstern und Läden ist uns des Ofens Hitze sehr zur Last. Wozu die kindischen Abschiedstränen? Eine Obrigkeit, gebratene Äpfel und den

Schnupfen findet man überall.« Als man ihm dann vorwarf, er stelle immer dem Riesen Frankreich den Zwerg Deutschland gegenüber, variierte er in den ›Pariser Briefen‹ unermüdlich neu das alte Ziel: »Austauschen, nicht tauschen sollen wir mit Frankreich. Käme ein Gott zu mir und spräche: Ich will Dich in einen Franzosen umwandeln mit allen Deinen Gedanken und Gefühlen, mit allen Deinen Erinnerungen und Hoffnungen – ich würde ihm antworten: Ich danke, Herr Gott. Ich will ein Deutscher bleiben mit allen seinen Mängeln und Auswüchsen; ein Deutscher mit seinen sechsunddreißig Fürsten, mit seinen heimlichen Gerichten, mit seiner Zensur, mit seiner unfruchtbaren Gelehrsamkeit, mit seinem Demute, seinem Hochmute, seinen Hofräten, seinen Philistern.« Wölbt sich nicht ein einziger Bogen von der Abhandlung des Doktoranden, der die Rück-Revidierung des Vertrages von Verdun, die politische Verschmelzung von Deutschland und Frankreich gefordert hatte, bis zu der Sehnsucht nach einem »Luther – in Frankreich«? Er lehnte ab die Selbstherrlichkeit des Patriotismus, er lehnte ab die Eitelkeit des Patriotismus. Er hatte kein Verständnis dafür, wie man auf seine Wurzeln stolz sein kann, wie man seine Art verherrlichen kann. Diese eitel-nationale Selbstbespiegelei, die den Namen Patriotismus okkupiert hat, war dem nüchternernsten Börne zuwider. Und er sprach seine keusche Vaterlands-, das heißt Selbstliebe gegenüber diesem weibisch-hysterischen Vaterlands-Getue in einem (unaussprechbare Tiefen erschöpfenden) Gleichnis aus: »Habt Ihr einen hoffnungsvollen Knaben, geschmückt mit allen Vorzügen des Körpers, ausgestattet mit allen Gaben des Herzens und des Geistes; aber eine ... schlimme Angewohnheit verunziert des Knaben gute Natur, oder für einen gemeinen Fehler hat er Strafe verdient – werdet Ihr, wie folgt, mit ihm reden? ›Komm her, Junge, küsse mich. Du bist ein herrliches Kind, meine Freude und mein Stolz; Deine Mutter lobt Dich, Deine Lehrer rühmen Dich, Deine Kameraden bewundern Dich. Und jetzt hast Du eine Ohrfeige, denn Du warst unartig gewesen. Und jetzt küsse mich wieder, teures Kind!‹ Nein, so handelt ihr, so redet ihr nicht, so töricht seid ihr nicht. Ihr gebt dem Knaben eine Ohrfeige, und von dem übrigen schweigt ihr. Darüber gehen seine schönen Eigenschaften nicht zugrunde. War aber ein reifer und verständiger Mann bei der Züchtigung des Knaben, dann vernahm er wohl etwas in der schwankenden Stimme des Vaters, das wie eine frohe Rührung klang.« Diese reifen und verständigen Männer fehlten fast völlig, als der große männliche Erzieher Börne unter dem Gekeif der weibischen Patrioten-Pfauen seine kritische Zugehörigkeit zum Deutschtum bestätigte: mit deutscher Grobheit.

Es ist tragikomisch, daß den Deutschen seiner Zeit zum roten Tuch wurde, was ganz unfranzösisch, ganz deutsch ist an den Pariser Briefen des großen Franzosen-Freundes Ludwig Börne – seine Grobheit. War er nicht wirklich der ersehnte »Luther in Frankreich« geworden, der mit kernigen Lutherworten wie mit ungefügen Klamotten in den deutschen Laden schmiß – um den Deutschen Humanität beizubringen? Auf den groben Klotz Deutschland kam der grobe Keil Börne: dessen lutherischer *Esprit* stilistisch die paradoxe Synthese schuf, die er als Leben ersehnte. Diese Grobheit wirkte, nicht der Inhalt der Briefe. Für seine Zeit waren die ›Pariser Briefe‹ eine Reihe von furiosen Keulenschlägen gegen die Heimat. Wie aber wurde der nüchtern-behutsame Börne zum radikalen Börne? Er war nicht als Kriegs-Berichterstatter nach Paris gefahren. Auch nicht als Historiker, der das Kampfgelände wie einen historischen Atlas betrachtet. Der Boden wankte ihm unter den Füßen: Kriegs-Berichterstatter und Historiker aber stehen fest – auch wenn sie im Zeppelin schweben. Ihm hatten die Boulevards, dort, wo die Bäume fehlten, ihm hatten die Straßen, dort, wo das Pflaster aufgerissen war, die Weihe, die dem Historiker nur das Forum Romanum oder die Akropolis, dem

Kriegs-Berichterstatter nur der Füllfederhalter des kommandierenden Generals hat. Er war ein Romantiker der Gegenwart geworden. Er war selig, von dem nüchternen Beruf des strengen Pädagogen ausspannen zu können auf einem Fleckchen irdischen Paradieses: »Ich hätte die Stiefel ausziehen mögen; wahrlich, nur barfuß sollte man dieses heilige Pflaster betreten.« Die Ferien eines kritischen Kämpfers sind die Schwärmereien, die in den langen Arbeitsmonaten abgeriegelt liegen hinter einem Wall von Bedenken: immer zum Ausbruch drängend, immer eingegittert durch den kritischen Verstand, der den Enthusiasmus nur schwer freigibt. Wittert aber dieser Enthusiasmus die günstige Stunde, da die Kritik besiegt ist, dann zerreißt er die Riegel, dann fällt er den Wächter, dann verwandelt er den Nüchternsten in den Berauschtesten, den Kritiker in den Hymniker. Als Hymniker tanzte der große Kritiker Börne durch das Paris der Juli-Revolution: »Ich wollte, die Franzosen zögen alle Weiberröcke an, ich würde ihnen dann die schönsten Liebeserklärungen machen. Aber ist es nicht töricht, daß ich mich schäme, diesem und jenem die Hand zu küssen, wozu mich mein Herz treibt – die Hand, die unsere Ketten zerbrochen, die uns frei gemacht, die uns Knechte zu Rittern geschlagen?« In diesen Stunden, in denen das Glück mächtig aufquoll in seinem Herzen, blühten ihm auch aus den Nachrichten über Unruhen in Hamburg, Braunschweig, Dresden phantastische Hoffnungen auf: die Hoffnung, daß er, der Skeptiker Börne, vielleicht den Deutschen unrecht getan; vielleicht haben die Deutschen »unter Schlafmützen und Schlafrock heimlich Helm und Harnisch getragen«. Nun ist er auf dem Gipfel seiner Schwärmerei, im Glauben, unrecht zu haben gegen die Deutschen. In dieser Siegestrunkenheit ist die Wonne, »daß der Mensch seinen Prozeß gewonnen gegen die Hölle«, verschmolzen mit der Schadenfreude, daß »das armselige Dutzend Menschen in Europa, das klüger zu sein glaubt als die ganze Welt, mächtiger als Gott, gefährlicher als der Teufel

... zu Schanden wird«. Im »Mekka der gläubigen Liberalen« (wie Laube Paris taufte) wurde illuminiert. Der belgische Aufstand, die Gerüchte von deutschen Erhebungen, vor allem der heroische Schwung des polnischen Sturms gegen den Zarismus, machten Börne »so heiter, so nervenfroh«. Denn er hatte politische Nerven: »Wenn sie kein Lüftchen berührt, sind sie am unruhigsten und zittern wehklagende Töne ... Sooft sie aber ein grober Sturmwind schlägt, bleiben sie philosophisch gelassen.« Jetzt aß er zweimal soviel wie in Deutschland. Er gehörte zu den Menschen, die nur Appetit haben, wenn ihre Sehnsucht befriedigt ist. Er ging in Varietés, in denen man in Stimmung kam, »selbst Hegel zu einem Walzer aufzufordern«. Eine Welt-Sekunde lang durfte auch die Zuchtrute grünen und herausknospen das Leben, das in ihr ist; jenes Leben, das ursprünglich immer nichts weiter will als das Fruchttreiben aus der Fülle seiner Säfte ... Und der Frost kam: es kam die Niederlage der Polen, es kamen die Nachrichten vom Servilismus deutscher Untertanen und der Arroganz deutscher Fürsten, es kamen die Kammer-Reden der französischen Liberalen gegen die Preß-Freiheit, es kam die Absetzung Lafayettes als Kommandant der Nationalgarde – und die ganze Decouvrierung der französischen »Krämer«-Regierung. Es kam die Erkenntnis, daß eine neue Revolution nötig sei. Der Enthusiasmus floh zurück in den Kerker Kritik, und Börne, dem noch die Frühlingslüfte in den Knochen steckten, wollte »wohl gern einmal Seelenfrieden genießen« und den Sommer in einem stillen Tal wohnen, »so still, so heimlich, so abgelegen, daß kein Mensch, keine Zeitung hinkommt«. Im Siegerglück hatte er gefragt: »Liegt Frankreich in dem nämlichen Europa, in dem auch Deutschland liegt?« Das Frankreich des »Krämer«-Königs Louis Philippe gab ihm die Antwort, »es ist alles wie bei uns«. Der Klub, dem Börne angehörte, untersagte in Artikel XX der Statuten jedes politische Gespräch. Der Freiheits-Karneval war aus: »Paris hat jetzt wirklich den Katzenjammer vom Schmause im Juli, und bei mir tut der Ekel vom Zuschauen dieselbe Wirkung wie bei den andern das Trinken.« Aber bei ihm, dem Politiker, kam noch eine andere Wirkung: der Schwärmer wurde ein noch härterer Kämpfer, der Vertriebene aus dem Paradies seiner Phantasie wurde ein noch klarer Erkennender. Die billigste Psychologie leitet den Radikalen Börne ab aus der Enttäuschung seiner überschwenglichen Hoffnungen, die er auf die Juli-Revolution gesetzt hatte. Der Radikale Börne wurde geboren mit dem Abziehen der Enthusiasmus-Schwaden, mit dem freien Blick auf die Nachfolger des Feudalismus, mit seiner über das liberale Sehfeld hinausgewachsenen Sicht auf die Macht als das Grundelement allen gesellschaftlichen Lebens, mit der Erkenntnis, daß nicht mehr der Kampf zwischen Feudalismus und Bürgertum, sondern der Kampf zwischen Industriellen und Proletariat Kern der Gesellschafts-Konflikte ist. Börne schrieb aus der denkwürdigen historischen Situation, in der zum erstenmal die ersten Umrisse der kapitalistischen Gesellschaft auftauchten. Er hatte geglaubt, nach dem Sturz der Könige und des Adels eine *tabula rasa* zu haben – jungfräulichen Boden, auf dem man ein reines Gesellschafts-Gebäude werde errichten können, er fand alles besetzt durch »die Gutsbesitzer, die reichen Bankiers, die Krämer, die sich mit einem vornehmen Worte die Industriellen nennen«. Als Liberaler geboren, wurde er überrascht von der lückenlosen Folge der Herrschaften: »Diese Menschen, die fünfzehn Jahre lang gegen alle Aristokratie gekämpft – kaum haben sie gesiegt, noch haben sie ihren Schweiß nicht abgetrocknet, und schon wollen sie für sich selbst eine neue Aristokratie bilden: eine Geldaristokratie, einen Glücksritterstand.« Noch sah er nicht, daß sich in dieser neuen Aristokratie nur das alte Gesetz aller Machthaber in zeitgemäßer Form wiederholte: die »Krämer«-Regierung wurde ihm zur Teufelei, er übersah die materielle Basis der Edelleute und Geistlichen, sah – in verklärendem Rückblick – in ihrer Herrschaft die Herrschaft eines Glaubens, einer Idee, und war fasziniert von Chateaubriands, des Royalisten, Strafpredigt gegen das bürgerlich-kapitalistische Regime: »Redet nicht von Ehre, die Renten würden um zehn Centimen fallen.« Börne – in der (zu jeder Zeit bestehenden) Gefahr, aus Radikalismus sich der Reaktion zu verbinden, um das *juste milieu* zu zerquetschen – versprach auf die Bäume zu klettern und Vivat zu rufen, wenn Karl x. wieder nach Paris zurückkehren würde »mit seinem alten Herzen und seinem neuen Hasse«.

Aber es war schon die Zeit der Lyoner Fabrikarbeiter-Kämpfe, es war schon die Zeit, da Victor Hugo den Primat der sozialen Probleme vor den politischen Problemen erkannte, es war schon die Zeit, in der das Wort ›Pöbel‹ umgewertet wurde: »Ich finde wahre menschliche Bildung nur im Pöbel, und den wahren Pöbel nur in den Gebildeten.« Die Juli-Revolution steckte dem Liberalen Börne ein Licht auf: er erkannte die liberalen – Sieger. In einem Pariser Panorama sah er die Juli-Tage und die Juli-Leichen: »Die meisten alten – gehörten zum sogenannten, so gescholtenen Pöbel, der jung bleibt bis zum Grabe. Einen bejahrten Mann in einem guten Rocke, ich sah keinen. Die Männer in guten Röcken sitzen in der Pairs- und Deputierten-Kammer und halten sich die Nase zu vor den stinkenden Pöbelleichen und sagen: wir haben Frankreich gerettet, es gehört uns wie eine gefundene Sache, wie eine Entdeckung, und sie ließen sich ein Patent darüber geben. Und die reichen Leute, die verfluchten Bankiers kamen und sagten: halb part! und haltet uns nur den Pöbel im Zaum, damit die Renten steigen.« Plötzlich war sein Blick geschärft für die Aktionen der bürgerlichen Gesellschaft: er hatte ihren Lebensnerv gefunden. In den Tagen, in denen die französische Regierung den Aufstand der Lyoner Seidenarbeiter, den ersten rein revolutionären Arbeiterkampf, niederschlug, zog der liberale Börne den Vorhang weg vor der Wende dieser Zeit; ihm stand plötzlich die Zukunft, »der fürchterliche Krieg der Armen gegen die

Reichen«, so klar vor den Augen, »als lebten wir schon mitten darin«: »Es ist wahr, der Krieg der Armen gegen die Reichen hat begonnen, und wehe jenen Staatsmännern, die zu dumm oder zu schlecht sind, zu begreifen, daß man nicht gegen die Armen, sondern gegen die Armut zu Felde ziehen müsse. Nicht gegen den Besitz, nur gegen die Vorrechte der Reichen streitet das Volk; wenn aber diese Vorrechte sich hinter dem Besitz verschanzen, wie will das Volk die Gleichheit, die ihm gebührt, anders erobern, als indem es den Besitz erstürmt? Schon die Staaten des Altertums kränkelten an diesem Übel der Menschheit; dreitausend Jahre haben das Unheil gesäet, und das Menschengeschlecht nach uns wird es ernten. Frei nannten sich die Völker, wenn die Reichen ohne Vorrang untereinander die Gesetze gaben und vollzogen; die Armen waren niemals frei. Über die kurzsichtigen Politiker, welche glaubten, in den Staaten, wo Adel und Geistlichkeit ihre Vorrechte verloren, sei der ewige Friede gesichert! Eben diese wie Frankreich und England, stehen der fürchterlichsten Revolution näher, als die anderen Staaten, wo noch keine freien Verfassungen bestehen. In den letzteren wird dem niederen Volke durch seinen benachbarten Stand, die Bürgerschaft, die Aussicht nach den höheren, bevorrechteten Ständen versteckt. Es vermißt daher keine Gleichheit. Da aber, wo der Mittelstand sich die Gleichheit erworben, sieht das untere Volk die Ungleichheit neben sich, es lernt seinen elenden Zustand kennen, und da muß früher oder später der Krieg der Armen gegen die Reichen ausbrechen. Die heillose Verblendung des Bürgerstandes zieht das Verderben schneller und fürchterlicher herbei. Seit er frei geworden, blickt er, halb aus Furcht, halb aus Hochmut, beständig hinter sich, und vergißt darüber vor sich zu sehen, wo ein besiegter, aber noch lebendiger Feind nur darauf wartet, daß er den Blick wegwende. Diese Furcht und diesen Hochmut wissen die Aristokraten in Frankreich und England sehr gut zu benutzen. Den Pöbel hetzen sie im stillen gegen die Bürger auf und diesen rufen sie zu: Ihr seid verloren, wenn ihr euch nicht an uns anschließt. Der dumme Bürger glaubt das und begreift nicht, daß seine eigene Freiheit, sein eigener Wohlstand schwankt, solange das arme Volk nicht mit ihm in gleiche Freiheit und gleichen Wohlstand eintrete; er begreift nicht, daß, solange es einen Pöbel gibt, es auch einen Adel gibt, und daß, solange es einen Adel gibt, seine Ruhe und sein Glück gefährdet bleibt. Wäre diese Verblendung nicht so unheilbringend, es gebe nichts Lächerlicheres als sie. Diese reichen Ladenherren von Paris, diese Bankiers und Fabrikanten, die, es sind noch keine fünfzig Jahre, sich von jedem Lump von Ludwigsritter *Canaille* mußten schelten lassen, reden, wie sie es gehört, den ganzen Tag von der Canaille, wozu sie jeden rechnen, der keinen feinen Rock trägt und keine anderen Renten hat, als die ihm jeden Tag die Arbeit seiner Hände einbringt! Die Regierung, welche über die menschliche Schwäche erhaben sein sollte, benutzt sie nur, ihre Herrschsucht zu befriedigen, und statt die bürgerliche Ordnung auf Weisheit, Gerechtigkeit und Tugend zu gründen, bauen sie sie über hinfälliges Holzwerk, das sie in den Schlamm der Leidenschaften einrammeln ...« Geschrieben am zweiten Dezember 1832. Erst 1859 erschien Marx' Schrift ›Zur Kritik der politischen Ökonomie‹. Börne warnte die Besitzenden. Er prophezeite gewaltige Katastrophen. Er malte in brennenden Farben den Zustand, in dem nur die Besitzenden im Parlament vertreten sind, nur die Besitzlosen unter dem Druck der öffentlichen Abgaben stehen. Und er zerfaserte schon die Kampf-Ideologie des Besitzes.

Aber es war erst 1832! Die Lyoner Arbeiter sprachen in ihren Proklamationen noch nicht vom Klassenkampf, sondern noch von *»l'harmonie qui doit exister dans les rapports de toutes les classes de la société«*. Obwohl Börnes politische Erfahrungen hinaustrieben über sein liberales Programm und seinen liberalen Staat, obwohl die Not »eine bessere Lehrerin als Philosophie« ist und die französische Not ihm manche

Weisheit bescherte, war er nicht Denker genug, um aus diesen Erfahrungen prinzipielle Konsequenzen zu ziehen. Die erste Bekanntschaft mit den St. Simonisten entlockte ihm nicht viel mehr als eine triviale Glosse; und als er ihre Grundlehren kritisierte, lehnte er ihre Gütergemeinschaft naiv-liberal ab: »Freiheit und Gleichheit bestehen darin, daß jeder einzelne Mensch in seiner Lebenssphäre, sei nun dieser Kreis so eng gezogen als man wolle, Despot sein darf; nicht aber darin, daß man alle diese Persönlichkeiten zerstört, und daraus einen allgemeinen Menschenteig knetet, den man Staat, Kirche, Gemeinde, Volk nennt. Wenn die Lebensgüter gemeinschaftlich sind, wenn das Recht sich alles nehmen darf, was bleibt dann noch dem schönen Vertrauen zu fordern, was der Liebe zu geben übrig.« Börne war nicht nur kein Sozial-Denker, er war ein gemütvoll-innerlicher Protestant: Schleiermacher hätte den Kommunismus nicht ›schöner‹, nicht ›edler‹, nicht ›idealistischer‹ – nicht verträumter widerlegen können. Und während in Lyon schon gekämpft wurde um das Kampf-Objekt des kommenden Jahrhunderts, die Verteilung der Güter – lebte der ›Ultraliberale‹ Börne (er war doch mehr ultraliberal als radikal) in Gewissenskrisen ob der Frage Monarchie oder Republik. Die Tat irgendeines Fürsten brachte den Fürsten-gläubigen Börne in Rage gegen die »Fürsten-Natur«: »Die wahnsinnige Ruchlosigkeit, die meint, ihrem persönlichen Vorteile dürfe man das Wohl eines ganzen Volkes aufopfern. Es ist nicht mehr zu ertragen und *ich fange an und werde ein Republikaner, wovon ich bis jetzt so weit entfernt war.«* Aber schon vierzehn Tage später hielt er eine belgische Republik doch nur deshalb für gut, weil sie dem deutschen Absolutismus etwas Furcht machen könnte; sonst hielt er »eine Republik weder Belgien noch einem andern Lande unseres entnervten Weltteils zuträglich«. War er Monarchist oder Republikaner? Bürgerlicher Individualist oder Sozialist? Er war in der Zeit einer Geburt der Prophet des Kommenden – und der Angehörige des Vergangenen; ein gemütvoll-liberaler Verkünder – des unerbittlichen Kampfs.

Dieser ruhige, stille, immer abseits lebende Schriftsteller, dessen Entwicklung seine Tendenz zur Mäßigung bewiesen hatte, der Ludwig XVIII. verteidigt, Karls X. Schicksal beklagt hatte – »nicht schonen soll man verbrecherische Könige, aber weinen soll man, daß man sie nicht schonen dürfe« –, dieser vorsichtig Abwägende, der immer wieder versucht hatte, die Schuld der Fürsten auf ihre Ratgeber abzuwälzen, wurde unter dem Eindruck der europäischen Ereignisse nach der Juli-Revolution ein leidenschaftlicher Rufer zum Kampf. Er blieb auch jetzt ein Feind des extremen Terrorismus Robespierres – aber er machte ihm ein wesentliches Zugeständnis: er glaubte nicht mehr, »daß die neuen Ideen ohne Blut ins Leben zu führen sind«. Jetzt will er nicht mehr die Verminderung der Macht: jetzt will er die Macht, die reale Macht. »Eine Flinte möchte ich haben und schießen. Mit guten Worten, das sehe ich täglich mehr ein, richtet man nichts aus.« Und bewußt zieht er einen Trennungsstrich zwischen dem liberal-protestierenden und dem radikal-aggressiven Publizisten Börne: »Ich werde künftig über Politik nicht mehr schreiben, wie ich es bis jetzt getan. Mäßigung wird ja doch nur für Schwäche angesehen ..., hoffen wir nichts mehr von friedlicher Ausgleichung. Die Gewalt muß entscheiden.« So wurde der besonnene, aller Gewalt feindliche Börne ein Verkünder der Gewalt. So kam der Mann, der immer alle Exzesse der Freiheit bekämpft hatte, dahinter, daß die Dummheiten, die das französische Volk während der »Flegeljahre der Revolution« gemacht hatte, nichts wogen gegen die sechs Millionen, die ein einziges Feuerwerk bei der Vermählung Ludwigs XVI., gegen die Hunderttausende, die jede Opern-Aufführung im Schloß-Theater gekostet hatte. Die Sünden aller Umstürzler müssen gerechterweise aufgewogen werden gegen die Sünden des Despotismus, den sie stürzten; während ein gepflegtes Bürgertum von den Totengräbern eines tausendjährigen Zarismus verlangt, daß sie die Leichen schön dem Rang und der Größe nach ins Grab legen. Die Sünden aller Kriege gehen auf das moralische Konto derer, die den Krieg nötig gemacht haben. Auch im Geistigen! Die Sittenlosigkeit und Gottlosigkeit der Schriftsteller des achtzehnten Jahrhunderts waren das Verbrechen einer Priesterschaft, die sich hinter der Religion verschanzte, waren das Verbrechen eines Despotismus, die sich mit Moral gewaffnet hatte. Diese große Einsicht Börnes, daß die Sünden der Aufrührer Sünden bleiben – aber Sünden, die denen zuzurechnen sind, gegen die der Aufruhr ging –, findet seine Anwendung auf alle tausend sozialen und geistigen Revolutionen, die übers Ziel schießen. Dies Übers-Ziel-Schießen, ewiges Argument gegen alles Revolutionäre, trifft nicht die Kämpfer, sondern die Bekämpften. Die Kämpfer stehen nicht unter der Norm der bürgerlichen Staats-Mathematik, sondern unter dem Gesetz des Siegen-Müssens. Wie stark dieses Gesetz ist, illustriert der nüchterne Börne selbst, der in den großen Kampftagen etwas spürte von der Brutalität des Macht-Kampfes: »Wir müssen uns mit nackten Fäusten, wie wilde Tiere mit den Zähnen, wehren.« Da sah er ein, daß der Wechsel der Macht nicht unter der Macht der Gesetze stehen kann: »Die Freiheit, die man von Herren geschenkt bekommt, war nie etwas wert; man muß sie stehlen oder rauben.« So entsagte der mäßige Börne »aller Mäßigung, ja aller Gerechtigkeit«. So lehnte der optimistisch-nüchterne Börne »feiges Liberalgeschwätz«, hübsche Schiller-Zitate für die Freiheit ab: »Die Zeiten der Theorien sind vorüber, die Zeit der Praxis ist gekommen. Ich will nicht schreiben mehr, ich will kämpfen. Hätte ich Gelegenheit und Jugendkraft, würde ich den Feind im Felde suchen; da mir aber beide fehlen, schärfe ich meine Feder, sie soviel als möglich einem Schwerte gleich zu machen. Und ich werde sie führen, bis man sie mir aus der Hand schlägt, bis man mir die Faust abhaut, die mit der Feder unzertrennlich verbunden ist. Die Mäßigung ist jetzt noch in meiner Gesinnung, wie sie es früher war; aber sie soll nicht mehr in meinen Worten erscheinen.« Er forderte auf zum Zahn um Zahn – und er schlug mit Keulen: er schrieb »grobianissimo«. Er betete buchstäblich die Grobheit, und die Grobheit segnete ihn – sie gab ihm die zerschmetternde Wucht der Worte.

Wer sah das gewaltige Ringen eines großen Herzens mit den Mächten seiner Zeit? Wer nahm seine Beobachtungen, seine Erkenntnisse auf? Börne hatte die Aufnahme vereitelt: er wollte nicht geliebt werden, sondern wirken, er wollte nicht studiert werden, sondern stacheln. Der grobe Keil hatte glänzend gepaßt auf den groben Klotz. Die großen Gedanken kommen, wie Nietzsche sagt, auf Taubenfüßen, aber wenn ein schläfriges Volk aufwachen soll – dann muß es schon krachen. Wie es zur Theaterkritik Börnes gehörte, daß seine Theaterkritiken Stiche waren, nicht Gestichelte, so gehörte es zu seiner Politik, daß er nicht akademisch predigte, sondern Posaunen blies. Die Wirkung seiner Briefe war die Wirkung ihrer Grobheiten. Hatte er nicht geschrieben, man sollte die Könige zur Tür hinauswerfen, deren Nasen den Völkern nicht gefielen? Hatte er nicht um eine Schachtel deutscher Erde zum Hinunterschlucken gebeten, damit er »das verfluchte Land doch wenigstens symbolisch vernichten und verschlingen« könne? Hatte er nicht vorgeschlagen, Deutschlands beste lebende Philosophen und Theologen und Historiker aufzuknüpfen und die Schriften der Verstorbenen zu vernichten? Hatte er nicht die Hessen aufgefordert, ihre Göttinger Bibliothek zu verbrennen? Hatte er nicht im ersten Absatz des ersten Briefs schon gleich geschrieben, er könne in Gegenwart von Frauenzimmern nicht sagen, was er auf der Kehler Brücke machen werde, sobald er der letzten badischen Schildwache den Rücken zukehre? »Göttliche Grobheit! vor Dir falle ich nieder«, denn die Deutschen »haben eine Elefantenhaut, zarten Kitzel fühlen sie nicht, man muß ihnen eine

Stange in die Rippen stoßen«. Er stieß – und sie schrien. Er war in seiner grotesken Phantasie, in seinem Plakat-Stil, der übergroß malte, der richtige Autor für die deutschen Lese-Kränzchen. Er war ein Deutschen-Schreck und wollte einer werden: in deutscher Fraktur hatte er für Deutsche geschrieben – nun war er der Mann mit den Königsnasen, der Deutschland-Fresser, der Brandstifter. Die Patrioten schrien Hochverrat, obwohl ihnen, wie ihre Presse verriet, das Buch nicht ungelegen kam, »noch ein solches Buch und die Partei des Umsturzes ist in Deutschland für immer tot«. Die Liberalen, die diese Briefe nicht liebten, weil Börne »die physische Gewalt als das einzige Element der Wirksamkeit des liberalen Prinzips« betrachtet und gern jedes Bestreben verhöhnt, »das ihm auf anderen Wegen den Sieg verschaffen will« – während der liberale Rezensent jene physische Gewalt »gerade für die schwächere Seite des Liberalismus« hält, ja für »die einzige, die hier und da auch edlere Seelen auf die entgegengesetzte Seite zu ziehen vermocht hat« –, die Liberalen waren verängstigt wegen dieses den ganzen Liberalismus kompromittierenden »Ultraliberalen« und betrauerten die Verirrungen eines Mannes, dem »seine früheren Schriften einen sehr ehrenvollen Platz in der Literatur« angewiesen hatten. Die Juden, die immer eins abbekommen hatten, wenn die Bankokratie getroffen werden sollte, in denen Börne – wie zum Beispiel in Rothschild, dem »Hohepriester der Furcht« – die Geldburg der Fürsten haßte: haßten ihn. Und eine Friedbergerin, aus Friedberg in Hessen, teilte ihm brieflich mit, daß Friedberg viel eleganter wäre, als es seine Brief-Äußerungen schilderten. Fürstendiener und Patrioten, Liberale und Juden bekreuzigten sich vor dem blutigen Anarchisten Börne. Und die Kollegen, Schriftsteller und Redakteure, die Robert und Wurm und Häring, alias Willibald Alexis (aus denen Börne später einen prachtvollen »Härings-Salat« machte), stachen mit den Federn des Neides und der Beschränktheit gegen das, was mit »kochender

Tinte« geschrieben war ... Da lebte in Hamburg ein Mann namens Eduard Meyer. Doktor Eduard Meyer war Lehrer und kam auf die pädagogische Idee: von derselben Stadt, von der Börnes Briefe ausgegangen waren, müßte auch die erste Antwort ausgehen. Meyer setzte sich aufs Katheder und schrieb ins Klassenbuch (Rubrik: Tadelstriche): »Gegen L. Börne, den Wahrheit-, Recht- und Ehrvergessenen Briefsteller aus Paris.« Hätte Eduard Meyer nicht gelebt, er könnte eine boshafte Erfindung Börnes sein. »Empört« ist das erste Wort seiner Flugschrift, das erste Wort gibt gleich das sinnliche Bild des Magisters, der sich aufreckt zur Katheder-Autorität, die dann auch nach alter Sitte schnauzt: Schüler Börne, »was zu arg ist, ist zu arg«; die dann auch nach alter Sitte den »schamlosen Buben«, den Schülern Heine und Börne, »auf die Finger klopfen« muß, »daß etwas Furcht hineinfährt«, hat es doch der Letzte, auf der hintersten Bank, Börne, gewagt, den Vorletzten, Heine, noch herauszustreichen: »Art läßt nicht von Art.« Und jetzt, wo über den Letzten der Klasse das Standgericht abgehalten wird, trennt ihn der Ordinarius Meyer selbst noch vom Vorletzten: »Die heineschen Reisebilder hatten meinen Unwillen im hohen Grade erregt, aber die kürzlich erschienenen Briefe aus Paris, von Börne, übertreffen doch noch die dort aufgetischten Frechheiten.« Der Klassenlehrer wischte sich den Schweiß von der Stirne, putzte die von Zorn beschlagenen Brillengläser und funkelte seine Schüler an: Deutsche Jungens! Wenn sich euer Klassenlehrer zu einer öffentlichen Züchtigung zweier eurer Mitschüler gezwungen sieht, so treibt ihn hier die Sorge, daß der Keim der »bis ins Unglaubliche gesteigerten Frechheit« auch Bessere, die nur zu schwach zum Widerstand sind, schon angesteckt hat. »Möge es meinen Worten gelingen, einige nur von diesen Geblendeten ... zur Klarheit und Besonnenheit zurückzurufen.« Glaubt nicht, daß ich die »gesetzmäßige Freiheit« hasse. Wenn einige von unsern erlauchten Fürsten »der Schlechtigkeit huldigen«: die Weltgeschichte ist das

Weltgericht, also überlaßt diese der Schlechtigkeit huldigenden erlauchten Fürsten der Weltgeschichte – welche ist der Ordinarius der Fürsten. Dieser Bube Börne aber, der leider euer Mitschüler ist, wagte es nicht nur, dem Ressort der weltgerichtlichen Weltgeschichte vorzugreifen, er maßte sich auch an, von einem Dichterfürsten, »von dem geliebtesten Dichtergreise, dem Stolz und der Zierde unserer Nation ... verruchte Worte auszusprechen«. Das dürfen wir ihm nicht hingehen lassen! Wer unsere erlauchten Fürsten kränkt, kommt nur in Konflikt mit der politischen Polizei und der Weltgeschichte – wer aber gegen Goethe etwas sagt, der hat es mit uns Lehrern zu tun. Deutsche Jungens, ich rekapituliere: Unter uns befindet sich ein Individuum, das den Völkern Mut macht, die Könige zu verjagen, deren Nasen ihnen nicht gefallen, das aufreizt zur Verbrennung der Göttinger Bibliothek, das die Jugend stachelt, dem Alter die Rute zu geben – »es scheint, der gottlose Mensch würde seinem eigenen Vater ins Gesicht schlagen« –, das Heine und Saphir auf den Thron unseres Goethe setzen will, das mit hämischem Genuß die Worte eines Ausländers, des Lord Byron, zitiert: welcher unserem Blücher, der doch »manche heiße Schlacht gewonnen gegen die verhaßte französische Anmaßung«, die Manieren eines »Werbe-Sergeanten« zuschreibt. Aber den Gipfel seiner Unverschämtheit fürwahr erreicht er erst dort, wo er an uns Deutschen »die edelste Eigenschaft der Treue«, »das ehrwürdige Altertum des Volks und die überlieferten Vorzüge der Urahnen« beschimpft. Mach Mores, Jude Börne: der du »die vielen häßlichen Eigentümlichkeiten dieser Asiaten, die mit der Taufe nicht so leicht abgelegt werden können«, die »Anmaßung, die Unsittlichkeit und Leichtfertigkeit, ihr vorlautes Wesen und ihre oft so gemeine Grundgesinnung« bewiesen hast. Ihr – Heine und Börne! steht auf, wenn ich mit euch spreche! – seid der Ausschuß des Ausschusses, der euer Volk ist. Ihr beschimpft noch euer eigenes Volk, so löst ihr »alle frommen Bande der Pietät ganz und gar auf«. Wir aber werden uns von solchen Mordbrennern unsere Fürsten, unsern Goethe, unsere Göttinger Bibliothek und unsern Blücher nicht nehmen lassen. Merkt es euch, ihr, die ihr deutsche Männer werden wollt: »Hier gilt es die Ehre deutscher Nationalität, die auf das schmachvollste und empörendste verletzt wird.« Und nun kommt, Jungens, trinken wir einen Schoppen auf unser deutsches Vaterland, nachdem wir es von asiatischer Gefahr befreit haben. Der Schüler Börne, in seiner »bis ins Unglaubliche gesteigerten Frechheit«, schnippste dem Meyer eine Papierkugel an den Kopf: »Eduard, Eduard! Warum ist Dein Schwert so roth?« Und er erwiderte: »Daß mich Herr Dr. Meyer wenigstens Herr nennte, daß er Herr Mordbrenner, Herr jämmerlicher Wicht zu mir sagte. Aber nicht ein einziges Mal tut er das. Diese Herrenlosigkeit gibt seiner Schrift ein ehrwürdiges deutschamtliches Ansehen.« Ein kluger Beobachter aber meinte, das hätte der Eduard Meyer kürzer sagen können, er hätte nur in die Zeitungen zu setzen brauchen: »Börne ist ein Halunke: Hep! Hep! Dr. Eduard Meyer.« Und tausend Meyers kämpften gegen ihn in Artikeln, Epigrammen, Sonetten: mit einem Niagara von Schimpfwörtern, mit den Unterstellungen, daß er die Briefe in österreichischem Sold geschrieben habe, mit einer lächerlichen Saure-Trauben-Psychologie, »weil er nicht Hofrat, Staatsrat, Minister ist, haßt er alle Beamten, weil er selbst kein Geld hat, so trifft sein Haß alle Begüterten, Bankiers oder wohlhabenden Bürger, und weil er endlich nie Fürst werden kann, so fällt das größte Gewicht des Hasses auf die Großen dieser Erde«. Börne, der sich von seinen Gegnern nichts schenken ließ, stellte unter A, B und C bis Z ein Schimpfwörter-Buch zusammen: in einer Vollständigkeit, vor der selbst die Rezensenten der Stuttgarter Hofzeitung kapitulieren mußten. Und als einer seiner Angreifer starb, schrieb er: »Auch bete ich jetzt täglich zum lieben Gott, er möge meine Rezensenten bei Leben erhalten.« Nur wenige hatten die Pariser Briefe verstanden; unter ihnen war der Kritiker-Papst Menzel, der in den Pariser Briefen mit einem lichtenbergschen Zitat »majestäts-verbrecherische Gedanken, aber in beneidenswürdigen Ausdrücken« fand: »Kein Verbot, keine Winkelkritik wird je im Stande sein, Börne den wohlverdienten Lorbeerkranz zu entreißen. Sein Genie sichert ihm für alle Zukunft eine der ehrenvollsten Stellen unter den ersten unserer Literatur. Sein edles Zornfeuer macht ihn jedem wahren Patrioten im höchsten Grade achtungswert. Selbst das frivole Hundegebell, das sich gegen ihn erhebt, ehrt ihn, und die Nachwelt wird es erkennen.« Diesem »frivolen Hundegebell« setzte Menzel das Epigramm entgegen: »Hah! wie ärgert der kleine Jude die großen Philister / Wie, wenn er David wär', jeder will Goliath sein.« Und fünf Jahre später war Menzel – ein besiegter Goliath.

Neben dem Broschüren- und Presse-Echo meldeten sich noch drei Stimmen zum Wort: die Hamburger Zensur sprach ein zensurales Wort mit Hoffmann und Campe, dem Verlag, der Frankfurter Senat sprach in Verfügungen mit seinem Pensionär, dem Polizei-Actuarius a. D. »Baruch modo Börne«, das deutsche Volk jubelte auf dem Hambacher Fest dem revolutionären Patrioten zu, dem Verfasser der ›Briefe aus Paris‹. Die Zensur ist weniger zart besaitet als der Katheder-Patriot: sie klagt nicht, sie handelt. Sie überließ die Rhetorik dem Oberlehrer, der sich echauffierte: »Statt das Buch zu verbieten, sollte man es auf offenem Markt an den Pranger nageln, damit jeder es lesen könne und die bodenlose Entartung erkenne.« Die Zensur, weniger verpflichtet, Schülern zu imponieren, weniger verpflichtet zu pathetischem Schwung als zu nüchternster Klugheit, wandte doch lieber das alte, bewährte Mittel des Verbots an. In Preußen wurden die ›Briefe aus Paris‹ erst 1833 verboten. Aber schon am fünften November 1831 wurde von der Hamburger Zensur dem Buchhändler Julius Campe bei Strafe von hundert Talern für jeden Kontraventionsfall untersagt, Börnes ›Briefe aus Paris‹ zu verkaufen, »weil das Buch die gröbsten

Schmähungen gegen den Bundestag und die Fürsten und Regierungen des deutschen Bundes enthält und zum Aufruhr reizt«. Dieses Verbot wurde auch den übrigen neun Hamburger Sortimentern mitgeteilt. Campes Exemplare wurden konfisziert. Der Verleger salvierte sich beim Verhör, als man ihm Geist und Ton des Buches vorhielt: »Ich bin der Meinung, daß ich ihn in keiner Weise zu vertreten habe, der Autor ist bekannt, sein Name hat einen guten Klang in Deutschland, er ist ein wohlhabender Mann, ich denke, er hat den Inhalt zu vertreten.« Und Campe meinte ironisch, es wäre schon soviel über den deutschen Bund gesagt, daß sich kaum Neues über ihn sagen ließe, er wäre als moralische Person über Schmähungen erhaben, es sei »unter seiner Würde, noch mehr als unter der der Fürsten, von Schmähungen, wo diese vorhanden, Notiz zu nehmen«. Sehr deutlich drohte der österreichische Gesandte dem Hamburger Senat, wie sein Kollege einst dem Frankfurter Senat wegen des Redakteurs Börne gedroht hatte: »Da genannte Buchhändler der Schandschrift des L. Börne ihren Namen vorgedruckt haben, so werden sie dadurch aller daraus entspringenden Folgen teilhaftig und verdienen in jeder Hinsicht, da sie bereits so oft die in Deutschland bestehenden Preßgesetze übertreten und auch die hiesige Obrigkeit gegen auswärtige Regierungen kompromittiert haben, eine exemplarische Strafe. Indem übrigens in vorliegender Schmähschrift nicht allein durch das Rufen der deutschen Völker zum Aufstande gegen ihre rechtmäßigen Fürsten und Regenten ein schweres Verbrechen gegen den deutschen Bund, sondern auch überdies der kaiserlich österreichische Hof insbesondere auf eine freche Weise angegriffen wird, so ist es meine unerläßliche Pflicht als Gesandter des allerhöchsten Hofes, auf vollständige Genugtuung zu dringen, und müssen daher die erwähnten Buchhändler, da sie mit dem schändlichsten Libellisten L. Börne gemeinschaftliche Sache gemacht haben, zur längst verdienten Strafe gezogen werden. Denn es ist die höchste Zeit, daß in den deutschen

Bundesstaaten diesem Unwesen der Presse endlich Einhalt getan werde, wenn nicht alle Regierungen und mit ihnen alle gesetzliche Ordnung untergehen soll. Der Senat dieser freien Stadt hat daher bei diesem Vorfall ein lobenswürdiges Verfahren und zwar aus eigenem Antrieb beobachtet, welches ich auch beim allerhöchsten kaiserlichen Hofe vollkommen anzuerkennen mich beeilt habe, und ist demnach um so mehr die begründete Hoffnung vorhanden, daß jenes Verfahren gegen die Buchhändler Hoffmann und Campe von der Art sein wird, um von dem kaiserlichen Hofe als eine hinlängliche Genugtuung angesehen werden zu können.« Österreich, das Börne zum Prinzip alles Bösen in der Welt mythologisiert hatte – Österreich, in dem allein er eine Gefahr für die Freiheit sah – Österreich, das dem ›freien‹ Frankfurt, dem ›freien‹ Hamburg mit Erfolg schmeichlerisch drohen konnte, sah mit Recht ein, daß solche Schriften das Wasser jener Sintflut sind, die den Regierungen schon bis an den Hals steht. Auch die freie Stadt Hamburg sah dies und reichte die Klage ein: »Die flüchtigste Ansicht dieses Buches, über welches die öffentliche Meinung schon längst den Stab gebrochen und es der verdienten Verachtung preisgegeben hat« ... zeigt, »daß es von Stellen wimmelt, welche in keinem zivilisierten Staate, der Ordnung und Ruhe liebt, geduldet werden können.« Die Verteidigungsschrift prophezeite das Resultat aller »Schriftverfolgungen«: schon vor eineinhalb Jahrtausenden hat Tacitus festgestellt, daß man sich um die Bücher des Vejento erst zu reißen begann, als Nero sie verbrennen und den Verfasser aus Italien verbannen ließ. Börnes Verteidiger plädierte auf Freisprechung. Das Hamburger Gericht war kein Nero mehr – wenn es auch nicht gerade mit Börne und Campe sympathisierte. Es entschied, daß Campe außer Anklage zu setzen sei – und daß die Prozeßkosten kompensiert werden sollten. Von beiden Seiten wurde Revision eingelegt. Es blieb bei der Abweisung der Klage, bei der Verurteilung zu den Prozeßkosten – und es kam neu hinzu: eine

Verwarnung des Buchhändlers Campe. Die Geschichte der deutschen Literatur hob auch diese Verwarnung auf.

Die Zeit der internen Pressionen war gekommen. Man verbrannte die Menschen nicht mehr, man setzte sie unter wirtschaftlichen Druck. Der Frankfurter Senat rief seinen a. D. zurück, er sollte seine Stelle auf dem Polizeiamt wieder einnehmen oder seine Pension verlieren. Börne freute sich, daß sie überhaupt reagierten, daß er »ihre Leidenschaft entflammt«, daß er »sie dahin gebracht, in ihre hölzerne mechanische Tücke Blut und Leben zu bringen und aus glühendem Hasse zu tun, was sie früher nur mit eiskalter Politik begangen!« Der Politiker Börne durchschaute das Frankfurter Spiel: »Der Senat weiß recht gut, daß noch weniger, als ich mich dazu verstünde, in Frankfurt ein Amt zu bekleiden, er sich dazu verstehen würde, mir eins zu übertragen.« Und der Humorist Börne freute sich, daß die Frankfurter Polizei ohne ihn nicht länger fertigwerden könne. Den Humoristen Börne entschädigte für die dumme Arroganz der Verfügung der gute alte Kanzlei-Stil: »Ich drückte ihn an mein Herz, ich küßte ihn.« Das war ein Protokoll! »Es hat 57 Zeilen und nur ein einziges Punktum ... O Herr Actuarius Münch, warum haben Sie nichts von mir profitiert? Ich war drei Jahre Ihr Kollege, und Sie hätten von mir lernen können, wie man Punkte setzt.« Die Angelegenheit erledigte sich schnell, weil der Senat nicht die geringste rechtliche Handhabe hatte. Das beste Schlußwort in dieser Angelegenheit, die ein Fressen für die deutschen Blätter war, sprach der Ironiker Saphir: Börne mußte erst zehn Bände schreiben, bis sich der Senat überzeugte – er sei zu gebrauchen. Börne hat nicht entfernt solange gebraucht, um sich zu überzeugen – der Senat sei nicht zu gebrauchen.

Das deutsche Volk begriff ihn schneller als Rezensenten und Senatoren. Er kam nach Deutschland – und man feierte ihn: »Es lebe der deutsche Patriot Börne!« Im Deutschland der Kirchhofs-Ruhe, in dem die Französische Revolution nicht viel mehr als die Verjagung zweier Fürsten-Maitressen bewirkt hatte? Börne fuhr nicht ins Deutschland Metternichs und Preußens; er fuhr nach Baden, wo die Regierung gegen die Verordnung des Bundestags volle Preßfreiheit bewilligt hatte, wo die beiden liberalen Freiburger Professoren Rotteck und Welcker ihren ›Freisinnigen‹ herausgaben, wo Welcker – wenn auch ohne Resultat – den Antrag stellen konnte, die badische Kammer solle ihren Wunsch nach repräsentativer Verfassung in allen Bundes-Staaten, nach einer Nationalversammlung neben dem versagenden Bundestag zu erkennen geben. Der Bundestag antwortete dem Welcker mit den Beschlüssen »zur Aufrechterhaltung der gesetzlichen Ordnung und Ruhe« und mit dem Wiener Schlußprotokoll zwei Jahre später: Metternichs Waffe im Kampf gegen den Parlamentarismus. Es war also um Wirths ›Tribüne‹, um den ›Freisinnigen‹, um diese Welcker, Rotteck, Wirth und Dahlmann dicht der Kordon der österreichisch-preußischen Kerkerwärter gezogen: und dabei war dieser süddeutsche Liberalismus keineswegs radikal, er versuchte nur, das Bürgertum gegen den herrschenden Feudalismus zur Macht zu bringen – unter Respektierung von Monarchie und Ständen. Als Börne 1832, am Ende des zweiten Pariser Nachjuli-Winters, nach Baden fuhr, rechnete er mit einer Verhaftung: er hoffte dann durch eine öffentliche Verteidigung den deutschen Liberalismus zu stärken. »Denn glauben Sie nicht, daß es ein fruchtloses Opfer sei, für die gute Sache seine Freiheit hinzugeben. Das wirkt mehr wie Schreiben. Das vermehrt die Erbitterung des Volks, zeigt die Tyrannei in ihrer häßlichen Gestalt und führt zum Ziel. Die vorn stehen wie ich, müssen den Graben ausfüllen, daß die Andern gebahntere Wege finden.« Selbst der ängstlichen Freundin verheimlichte er sein Reiseziel – und teilte ihr dann seine Ankunft in Karlsruhe mit. Im April war er in Baden-Baden, im Mai beteiligte er sich an dem Hambacher Fest. Die meisten liberalen Zeitungen waren durch Bundestagsbeschlüsse verboten, so wählte man Volksversammlungen zum Sprachrohr. Das Fest auf der Schloßruine zu Hambach bei Neustadt an der Hardt, das dreißigtausend besuchten, war so eine Volksversammlung: eine deutliche Replik auf die eben erlassenen Bundestagsbeschlüsse »zur Aufrechterhaltung der gesetzlichen Ordnung und Ruhe«. Die Einladung zu dem Fest, von Siebenpfeiffer verfaßt, war überschrieben: »Der Deutsche Mai.« Die bayerische Regierung versuchte, die Zusammenkunft zu verbieten. Eine Flut energischer Proteste schwemmte das Verbot weg. Wirth brachte ein Hoch auf die vereinigten deutschen Freistaaten aus und sandte einen dreifachen Fluch den reaktionären deutschen Fürsten zu. Als Fürst Wrede mit seinen tausend Bayern ankam, um die Liberalen mit dem Schwert zu widerlegen, war man schon nach Hause gegangen ... Man huldigte Börne auf diesem Hambacher Fest. Auf der Straße, in den Wirtshäusern rief man: Es lebe Börne, der Verfasser der ›Briefe aus Paris‹! Die Heidelberger Studenten brachten ihm ein Ständchen. Die Führer, Wirth voran, liebten in Börne den Pionier der Bewegung. »Mit tränenden Augen haben mich viele an ihre Brust gedrückt und haben vor Bewegung kaum reden können.« In Freiburg riefen die Studenten: Es lebe der Verteidiger der deutschen Freiheit! Und die Freiburger Bürger akklamierten ihn: Es lebe der deutsche Patriot Börne! Er war nicht mehr allein. Ihm wurde schwindlig vor soviel Menschen, vor soviel Zuspruch. An Monologe gewohnt, erschütterte ihn das Echo: das erste und letzte Echo seiner Wirksamkeit. Das Echo, das nicht dem glänzenden Stilisten, nicht dem amüsanten Journalisten, nicht dem prophetischen Politiker galt (den der Barde Treitschke einen politischen »Stümper« nannte): das Echo galt dem aufrichtigen, wahrhaftigen, seiner Gesinnung treuen Fessel-Brecher, dem *»écrivain courageux«*. Das Echo galt dem Manne, der nichts zu seinem Vorteile schreiben konnte, der bekannt hatte: »Ich habe nie für meinen Ruhm, ich habe für meinen Glauben geschrieben.« Das Echo galt dem Charakter, der den Ruhm des talentierten Zuschauers verschmähte und als Akteur sich aussetzte dem deutschen Mob. Das Echo galt dem Verkannten, der nicht umsonst von den Göttern die Keule des Herkules und den groben Spaß des Silen erfleht hatte. Silen hatte noch mehr gewirkt als die Keule. Blöde und stur hatte man diesen Silen nicht erkannt: den »kleinen Hanswurst«, der hinter seinem »Herzen auf beständiger Lauer« stand, »sobald das Herz zu betrübt und ernst« war. Dies betrübte, ernste Menschen-Herz Börne tobte sich nicht in Bajazzo-Lustigkeit aus: denn sein Schmerz wollte nicht als pathetische Klage und nicht als melancholische Clownerie verhallen, er wollte umgesetzt werden in eine Tat. Die Krankheit einer ganzen Nation war Börnes Schmerz: er machte einen schmerzlich-groben Spaß und mischte dem Patienten die bittere Medizin. Diese Medizin war: seine Briefe an die deutsche Nation.

Der Anti-Goethe

»Dir ward ein hoher Geist, hast Du je die Niedrigkeit beschämt? Der Himmel gab Dir eine Feuerzunge, hast Du je das Recht verteidigt? Du hattest ein gutes Schwert, aber Du warst nur immer Dein eigener Wächter.«

»Goethe hatte eine ungeheuer hindernde Kraft; er ist ein grauer Star im deutschen Auge. Seit ich fühle, habe ich Goethe gehaßt, seit ich denke, weiß ich warum.« Börne

Literatur ist Leben in Worten, Literatur-Stile sind Lebens-Stile, und noch die papierenste Literatur ist Abbild des Lebens: Abbild des papiernsten Lebens. Dies eine Leben ist im Sturm und Drang und in der Klassik, in der Romantik und im jungen Deutschland, im Naturalismus und in allen Stil-Gestalten, die ihm folgten. Je mächtiger das Leben im Wort, um so größer das Werk: der Umfang seines Lebens bestimmt den Rang seines Werks; dieser Rang ist unabhängig vom Stil. Der Stil sagt nichts aus über den Umfang, also: über die Tiefe und Intensität – nur über die Gegend des Wort-gewordenen Lebens.

Der Atlas der Literatur zeigt vier Fundamental-Stile, erwachsen aus den vier großen Bezirken des Menschenlebens: aus der erträumten Welt, aus der erfahrenen Welt, aus der erkannten Welt, aus der gewollten Welt. Diese vier Erdteile des Planeten Mensch – die Phantasie-Welt, die Sinnen-Welt, die Ideen-Welt, die Ziel-Welt – haben ihre vier großen literarischen Ausdrucksformen: im Fabulieren, Schildern, Erkenntnis-Gestalten, Predigen oder Kritisieren. Die Gesichter der historischen Stile sind gezeichnet durch die Vorherrschaft dieser oder jener Menschen-Art.

Die *verschiedenen* Tendenzen, die das *eine* Leben hervorbringt, konsonieren nicht immer: es gibt eine Feindschaft der

Literatur-Stile, weil es eine Feindschaft der Lebens-Typen gibt. Der natürliche Zwist des Phantasierenden und des Menschen, der an Erfahrungen gebunden ist, fundiert den Zwist zwischen Romantik und Realistik; der natürliche Zwist zwischen dem Erkennenden und dem Ahnenden fundiert den einen großen Zwist zwischen Klassik und Romantik. Der tiefste, einschneidendste Zwist scheidet den phantasierenden, erfahrenden, erkennenden Menschen vom Wollenden: die Literatur der Wollenden von den drei anderen Literaturen. In der Literatur der Wollenden sind Phantasie, Erfahrung, Erkenntnis dienend. Die Literatur der Wollenden ist eine Literatur, die nicht im Wort endet – sondern erst im angesprochenen Menschen. Sie legt nicht für die Ewigkeit nieder: Erträumtes, Gesehenes, Erkanntes. Sie sperrt nicht Phantasien, Wirklichkeiten, Ideen in Worte ein – sie zielt mit dem Wort auf Künftiges. Was für die andern Literaturen prinzipiell nebensächlich ist: der Aufnehmende – wieviel Menschen reagieren, wie sie reagieren, wann sie reagieren –, das ist für die Literatur der Wollenden entscheidend, für die Predigt wie für den Leitartikel, für den aufdeckenden Roman, für das aufrufende Gedicht, für das Tendenz-Drama, für die propagandistische Geschichtsschreibung. Die Literatur der Wollenden zeigt viele Willen – und diese eine Art. »Wir sind keine Geschichts*schreiber,* wir sind Geschichts*treiber*«, schrieb Börne. Treitschke hätte dasselbe schreiben können.

Das junge Deutschland war eine Literatur von Wollenden: ihre Feindschaft gegen Klassik und Romantik war der natürliche Ausdruck ihrer Art. Das junge Deutschland war der erste große Einbruch des lebenden Menschen in die schwebende Dichtung: die Profanierung heiliger Räume. Der Wille der wollenden Literaten setzte drei autonome Welten in ihrer Autonomie außer Kraft: die Selbstherrlichkeit der Phantasie, des Auges und Ohrs, der Idee – und setzte den Menschen ab, der sich drei idealen Welten hingab, statt in eine reale Welt einzugreifen. Börne setzte Goethe ab, der im Auge lebte, nicht im Ziel, und Heine, dem die Manessische Handschrift der Minnesänger ein ersehnterer Anblick war als die Pariser Barrikaden. Der aktive Mensch setzte ab den musischen Menschen. Der Programmatiker des jungen Deutschland, Wienbarg, der in Heine allerdings einen zielenden Schriftsteller sah, sprach diese Entthronung in seinen ›Ästhetischen Feldzügen‹ aus, nur etwas feldzugmäßig-primitiv: »Welches Merkmal ist es, das die Ästhetik der neuesten Literatur, die Prosa eines Heine, Börne, Menzel, Laube von früherer Prosa unterscheidet? Ich möchte ein Wort dafür geben und sagen, dies Merkmal ist die Behaglichkeit, die sichtbar aus der Goetheschen und Jean Paulschen Prosa spricht und die der neuesten fehlt. Jene früheren Großen lebten in einer von der Welt abgeschiedenen Sphäre, weich und warm gebettet in einer verzauberten idealen Welt, und sterblichen Göttern ähnlich auf die Leiden und Freuden der wirklichen Welt hinabschauend und sich vom Opferduft der Gefühle und Wünsche des Publikums ernährend; die neueren Schriftsteller sind von dieser sichern Höhe herabgestiegen; sie machen einen Teil des Publikums aus, sie stoßen sich mit der Menge herum, sie ereifern sich, freuen sich, lieben und zürnen, wie jeder andere; sie schwimmen mitten im Strom der Welt, und wenn sie sich durch etwas von den übrigen unterscheiden, so ist es, daß sie Vorschwimmer sind ... Behaglichkeit ist in solcher Lage und bei solchem Streben nicht wohl denkbar; die Schriftstellerei ist kein Spiel schöner Geister, kein unschuldiges Ergötzen, keine leichte Beschäftigung der Phantasie mehr.« Mit der Ungerechtigkeit des Kämpfers verniedlichte der Herold des jungen Deutschlands die ernstesten unter den Gegnern – aber der große Gegensatz wurde ins Bewußtsein gerufen: der Soldat des Worts gegen den Zauberkünstler des Worts; das junge Deutschland war anti-lyrisch, wie es antigoethisch und schließlich noch anti-heinisch war.

Diese ›Ästhetischen Feldzüge‹ folgten dem Feldzug gegen den großen Ästhetiker, den Börne zeit seines Lebens führte –

dem Feldzug gegen Goethe. Viele schrieben gegen Goethe: die Christen gegen den gottlosen, die Vaterländischen gegen den Weltbürger, die Träumer gegen den Bewußtseinsklaren, und hundert Kleine gegen den Großen. Börnes Kampf gegen Goethe war nicht irgendein Einzelgefecht des großen frontalen Angriffs gegen Goethe, der mit der Romantik einsetzte: Börne war der Anti-Goethe. Nur Börnes (nicht Menzels, nicht Görres', nicht Müllners) Kampf wurde entscheidend für die Richtung des jungen Deutschland – für das Goethe-Bild aller, denen das grandiose Künstler-Genie, der fruchtbare Denker Goethe nicht die Frage verdeckt hatte: Von welcher Menschenart war er? »Man fing an, den Dichter nach dem Menschen zu beurteilen«, so bezeichnete der Kritiker Menzel diese mächtigste Wandlung der kritischen Maßstäbe. Die Talent-Kritik wurde Existenz-Kritik. Die Wendung stammte aus der Romantik. Schon Rahel hatte Goethes leichte Verse an Friederike ›Kleine Blumen, kleine Blätter‹ belastet mit der aller Poesie fremden Frage nach der menschlichen Verantwortung: »Ich fühlte dieser Worte ewiges Umklammern um ihr Herz ... und wie des Mädchens Herz selbst klappte meins krampfhaft zusammen, wurde ganz klein in den Rippen; dabei dacht' ich an solchen Plan, an solch' Opfer des Schicksals, und laut schrie ich, ich mußte, das Herz wäre mir sonst tot geblieben. *Und zum erstenmal war Goethe feindlich für mich da.* Solche Worte muß man nicht schreiben, er nicht. Er kannte ihre Süße, ihre Bedeutung; hatte selbst schon geblutet. Gewalt antun ist nicht so arg.« Rahel genoß nicht Lyrik – Rahel erlöste das Leben von seiner Kunst-Form; Rahel antwortete nicht der Kunst, sondern dem Künstler. Ebenso wie Bettina. Bettinas ›Briefe an ein Kind‹ konnte Börne als unfreiwillige Vernichtung Goethes preisen: »Ihr Buch, bekannt gemacht zur Verherrlichung Goethes, hat seine Blöße gezeigt, hat seine geheimsten Gebrechen aufgedeckt.« Börne legte einen Goethe frei, welcher der Goethe-Gesellschaft mehr ähnelt als dem Goethe-Heiligen der Goethe-Porträtisten; und Börne wollte (darüber hinaus) in Goethe ein Urelement des Lebens vernichten, das – feindlich seinem eigenen Lebens-Element – mit diesem von Ewigkeit her unlösbar verknüpft ist wie das Werden mit dem Sein. Börne führte einen guten Kampf gegen den größten Bourgeois, gegen den Genius der Bourgeoisie. Und Börne führte einen tragischen Kampf gegen seinen Antipoden: den Kampf der Freiheit gegen die Form, den Kampf gegen das unaufhebbar-verschwisterte Entgegengesetzte. Der tragische Kampf bleibt ewig in der Schwebe – der gute Kampf ist entschieden: für Börne. Die Goethe-Apologeten leiten noch die ärmlichste Wirklichkeit Goethes aus seinem Gesetz ab, aber es ist ein weiter Weg (und nur von Ideologen-Sklaven zurückzulegen), der von dem Gesetz, nach dem er angetreten, bis zu dem einundsiebzigjährigen Hofmann führt, der in seine ›Tag- und Jahreshefte‹ eintrug: »Hierauf ward mir das unerwartete Glück, Ihro des Großfürsten Nikolaus und Gemahlin Alexanders kaiserliche Hoheit, im Gebiet unserer gnädigsten Herrschaften bei mir im Haus und Garten zu verehren. Die Frau Großfürstin kaiserliche Hoheit vergönnten einige politische Zeilen in das zierlich prächtige Album verehrend einzuzeichnen.« Und wenn Börne bisweilen auch in tragischer Einseitigkeit, tragischer Größe und tragischer Verblendung gegen das Leben rebellierte, indem er gegen Goethe rebellierte – und wenn er auch bisweilen nicht den Zusammenhang sah zwischen dem Einzelnen und dem Gesamt Goetheschen Lebens: er schuf mit das lebensgetreue Goethe-Bild, das heute in uns lebt – und das nicht nur ein Bild der Verehrung ist.

Einmal schrieb Börne, daß ihn Privat-Personen nichts angingen, daß er im Einzelnen nur immer den Repräsentanten angegriffen habe. Goethe war nicht der Sekten-Heilige einer Gemeinde, Goethe war eine deutsche Macht. Goethe war der Alleinherrscher im Reich der deutschen Literatur; deshalb mußte vom Demokraten Börne »der literarische Ostrazismus gegen Goethe endlich verhängt werden«. Börnes politisches Prinzip: daß die Entfaltung der individuellen Kräfte einer Gemeinschaft wichtiger ist als die beste Despotie; daß auch noch eine *geistige* Tyrannis abzulehnen ist, rebellierte gegen Goethes Überschattung der deutschen Literatur. Und doch war die Opposition gegen Goethes Machtposition gering im Verhältnis zur Opposition gegen den großen, mächtigen – Neutralen Goethe. »Wenn ich Goethe wäre ...«, begann er einmal. Die Riesen-Sehnsucht eines Knirpses? Der Wunsch des Politikers, eine Macht gebrauchen zu können, die ein Mächtiger nicht ausnutzt! Goethes literarische Diktatur machte ihm nicht den Kummer, den Goethes politische Gleichgültigkeit ihm machte. Goethe war eine Macht; er hätte *allein* erreichen können, was Tausende *gemeinsam* nicht erreichten: er hätte sein gutes Wort entgegenstellen können schlechten Taten. Der mächtige Goethe, allein gewachsen den Mächtigen, ordnete sich freiwillig unter: »Nie hat er ein armes Wörtchen für sein Volk gesprochen, er, der früher auf der Höhe seines Ruhmes unantastbar, später in hohem Alter unverletzlich, hätte sagen dürfen, was kein anderer wagen durfte.« Börne griff in Goethe nicht nur den Lauen an, sondern den *mächtigen* Lauen. Der Politiker Börne zürnte – über seine moralische Schuld der Gleichgültigkeit hinaus – dem Mächtigen, dem beschieden war, was nur selten einem Geist-Menschen zuteil wird: eine Macht, und der diese Macht nicht einsetzte. Goethe war ein Mächtiger, so zog er Börnes Augen auf sich; hatte er aber sonst in den Mächtigen den Mißbrauch ihrer Macht bekämpft, hier bekämpfte er den Nichtbrauch der Macht – die Trägheit eines Herzens.

Und in allen Spuren dieses Menschen, den er mit zähem Grimm verfolgte, witterte er immer wieder diese Trägheit des Herzens. Ihre verheerenden Spuren fand er im Knaben, im liebenden Goethe, im Hofmann. Goethes Werke interpretierte Börne als die Schläge eines matten Herzens, als die Versteinerungen eines Mannes, der sich im »Werther ausgeliebt, abgebrannt, zum Bettler geschrieben« hatte, eines Poeten, dessen Bilder »kalt wie Marmor« sind, dessen Empfindung »nur künstlerisch« ist – »so vornehm lächelnd, so herablassend zu den Gefühlen unserer niederen Brust«, dessen Wort nicht »erhebt«, nur weiterführt »in der Breite«. Börne schrieb nie über den Dichter Goethe, nie über den Wissenschaftler Goethe, nur immer – mit heroischer Monotonie – über Goethes träges Herz: »Goethe schlug Mignon tot mit seiner Leier und begrub sie tief und verherrlichte ihr Andenken mit den schönsten Liedern. Die Tote versprach er sich zu lieben behaglich, nach Bequemlichkeit, nach Zeit und Umständen, und sooft ihn die Optik, Karlsbad und seine gnädige Herrschaft nicht in Anspruch nahm.« Gegen Goethe – das war auch nicht nur geschrieben gegen ein träges Herz, auch nicht nur gegen das träge Herz eines mächtigen Mannes. Börne spürte, daß er es hier mit einem noch gewaltigeren Feind zu tun hatte: mit dem geistigen Repräsentanten des trägen Herzens, der Zurückhaltung, des Maßes, des Selbst-Schutzes. Und so drang er in die Hochburg des Olympiers zum intimsten Kampf und fand hier diese Goethe-Bekenntnisse, in denen ihn nackt das Gesicht des Teufels angrinste, »wie sich in der politischen Welt irgendein Ungeheures Bedrohliches hervortat, so warf ich mich eigensinnig auf das Entfernteste«, oder »es liegt nun einmal in meiner Natur, ich will lieber eine Ungerechtigkeit begehen, als eine Unordnung ertragen«. Börne, der Fanatiker der Gerechtigkeit, fand in Goethe die universalste und einflußreichste Verherrlichung des Bösen. Goethe: das war der Anti-Börne, Gegenpol jenes Börne, der noch in seiner letzten Schrift bekannte: »Ach! sie glauben, ich schriebe wie die andern, mit Tinte und Worten; aber ich schreibe nicht wie die andern, ich schreibe mit dem Blute meines Herzens und dem Safte meiner Nerven, und ich habe nicht immer den Mut, mir selbst Qual anzutun, und nicht die Kraft, es lange zu ertragen.« Börne kontra Goethe: der Mensch, der sich am unbedingtesten hingab, gegen den Menschen, der sich am eifersüchtigsten zurückhielt, der Verkünder der Leidenschaft gegen den Verkünder der Besonnenheit, der Enthusiast gegen den Ruhigen, der »scheut alle enthusiastischen Adjectiva; man kann sich so leicht dabei echauffieren«. Goethe lebte »nur in den Augen« – Börne im Ziel. Goethe lebte in der Gegenwart, Börne in der überwundenen Gegenwart. Goethe sanktionierte das Seiende – es sei wie es wolle, es war doch schön. Hegel sanktionierte das Seiende – das ihm vernünftig war. Börne war Hegel-Feind wie er Goethe-Feind war: er war Platoniker, er erlebte die Spannung zwischen der Wirklichkeit und einer möglichen besseren Wirklichkeit, er suchte mit seinem Leben die Kluft zu verringern. Börne kontra Goethe: der, welcher sich opferte, gegen den, der für sich opferte – der religiös-ethische Märtyrer gegen den künstlerisch-gegenwartsfrohen Lebensbejaher. Goethe war kein dionysischer Heide wie Nietzsche, er war ein bürgerlicher Heide. Deshalb mußte er »jeden Zug des Herzens als ungesunde Zugluft scheuen. Lieber nicht leben, als solch einer hypochondrisch-ängstlichen Seelen-Diät gehorchen«. Goethe war vielleicht der größte Harmoniker, der je gelebt hat, das heißt: der, welcher eine ungewöhnliche Vielheit von Klängen zur Einheit band. Harmonie ist eine ästhetische Qualität. Goethes Leben gehört als klassische Dichtung in seine gesammelten Werke. Aber das Prinzip seines Lebens untersteht der ethischen Kritik. Dies Harmonie-Pathos ist nicht – wie es Börne im Unmut getan hat – mit dem nichtssagenden Wort ›Egoismus‹ zu verketzern: es ist – vom Ethiker gesehen – nicht irgendein Egoismus, sondern ein egoistisches Ethos; das Harmonie-Ideal der individuellen Persönlichkeit. Ist das Ideal Goethes nicht im Grunde auch immer das Ideal des bürgerlichen Börne gewesen? Nur daß Börne über das Ethos des Bürgertums hinausgerissen wurde durch die Schicksale seines Lebens! Börne hatte das Glück, schon in der Judengasse den Impuls zum Kampf gegen das Unrecht zu erhalten. Goethe war es als Frankfurter Patriziersohn nicht beschieden, über seine Klasse, unter seine Klasse hinauszuleben. Börne wurde als Frankfurter Magistratsbeamter und als Frankfurter Redakteur und als deutscher Untertan immer wieder erinnert an das eine, was not tut. Goethe wurde durch seine Beamten-Karriere und fürstliche Isolierung immer mehr abgesperrt von dem einen, was not tut. Gewiß: auch Buddha war ein Prinz und verließ eines Tages seinen Palast, aber Goethe war kein religiöses Genie – und der Lauf seines Lebens verengte sich menschlich, wenn sich auch sein Wissen verbreiterte. So konnte Börne an diesem Mann, den Anlage und Lebensschicksal auf das Abgrenzen, nicht auf das Grenzen-sprengen hinwiesen, in umfassendster Weise Geist und Wirklichkeit des Anti-Revolutionärs demonstrieren. Goethe wurde dann mit vollem Recht der Abgott der bürgerlichen Epoche, deren beste und schlechteste Kräfte er verklärt hat. Börne sah noch nicht Goethes gesellschaftliche Bedeutung, er stak selbst noch zu tief in den Ideen des beginnenden Bürgertums, als daß er die Harmonie zwischen den bürgerlichen Idealen und Goethes Lebensprinzip hätte erkennen können; gehörte er selbst doch in seinem Herzen diesen Idealen – wenn auch mit seinen Erfahrungen schon einer kommenden Zeit.

Börne war Untragiker wie Goethe: beide verkörperten sie – ungebrochen – eine Seite der beiden Prinzipien Freiheit und Form, die tragisch-dialektisch verknüpft sind; in dieser Reinheit ihres Lebensprinzips liegt der Grund für die Aussichtslosigkeit einer Vermittlung zwischen ihnen. Börne hatte einmal bei Anlaß einer Besprechung von Coopers Romanen die unbörnesche, in Goethes Nähe führende Idee: »Die wahren Dichter, wie alle großen Künstler, lieben das Gewordene, das Seiende, das Notwendige, das Unbewegliche, das dem Meißel still hält; sie lieben daher den Zwang, als den Erhalter des Bestehenden. Darum hassen sie das Werdende, das Bewegliche, Schwankende, das Strebende und das Widerstrebende, denn sie hassen den Kampf; darum hassen sie die Freiheit.« Der hervorragende Schriftsteller Börne war so

Un-Künstler, so Artistik-fremd, daß er nicht einmal von diesem Goethe-nahen Satz einen Weg zu dem großen Künstler finden konnte. Der Haß gegen die Unterdrückung unterdrückte den Künstler Börne. Und erst in den Gesprächen seines letzten Jahres ließ er Goethe feindliche Gerechtigkeit widerfahren und erkannte, daß Goethe »das größte künstlerische Genie und der größte Egoist seines Jahrhunderts war. Ohne dieses zu sein, hätte er jenes wohl nicht sein können«. Wie der große Künstler Plato, wie der große Künstler Tolstoi, wie der große Künstler Kierkegaard (auch ein leidenschaftlicher Goethe-Feind) im Konflikt zwischen Ethos und Kunst die Kunst als anti-ethisch verwarf, so opferte auch der große Künstler Börne die Welt der Schönheit einer Welt der Freiheit, und der größte deutsche Dichter war ihm als Opfer nicht zu groß. Börne war gar nicht zum Fanatiker geboren, er besaß von Natur eine gewisse idyllische Hausbackenheit. Er war oft »müde wie ein Jagdhund« – der Politik müde. Dann verfiel er der Melancholie: ein ewiges Stimmen, und nie beginnt das Konzert. Goethe konzertierte. Goethe war des Glaubens überhoben, da ihm die Gegenwart genügte. Börne aber erwartete den Messias: »Nur die Sehnsucht macht reich ... Ich möchte nicht Goethe sein.« Börne kontra Goethe: der von seinem Gewissen aufgestörte Prophet gegen den gegenwartsfrohen, nicht an den Schlaf der Welt rührenden, den Moment verherrlichenden, den Tag schmückenden Poeten. Goethe war der reiche Ideen-Schmuck einer satten Zeit. Börne war der Impuls einer aufgestörten Zeit. Goethe ist ein Dichter für das Paradies. Börne ist das Gewissen, das ins gelobte Land führt. Goethe war ein einmaliger Fall: niemand hat heute das Recht, ihm zu folgen. Börne war ein Beispiel, das Nachfolge will – und dazu noch Nachfolge trotz des Wissens um das tragische Gesetz der Welt, das er nicht wußte. Börne glaubte an die Göttlichkeit Goethes – und wollte die menschliche Welt.

Börnes Kampf wirkte in die literarische Zeit, die reif war

für seinen Sturmruf. Am zweiten August 1830 fragte der einundachtzigjährige Goethe einen Besucher, was er von dem mächtigen Zeitereignis halte. Alles wär' in Gärung. Der Besucher sprach über die Juli-Revolution. Goethe wehrte uninteressiert ab: er meinte einen wissenschaftlichen Streit; Heine nannte Goethe, den er verehrte, ein »Zeitablehnungsgenie«. Einen Tag später, am dritten August 1830, dem Geburtstag des Preußenkönigs, verkündete Hegel in der Berliner Universität dem Studenten Gutzkow, daß er den Preis der philosophischen Fakultät erhalten habe. Gutzkow hörte kaum zu: er fieberte nach Pariser Meldungen. Er öffnete nicht einmal das Etui, in dem die goldene Medaille mit dem Bild des Königs lag. Vergessen waren seine Katheder-Träume: »Die Wissenschaft lag hinter mir, die Geschichte vor mir.« Zwei Jahre später starb Goethe. Wie stark inzwischen Börnes Kampf gewirkt hatte, zeigen die repräsentativen (nur etwas parfümierten) Nachruf-Worte Laubes: »Gestern am 22. März ist er gestorben, glücklich gestorben, wie er glücklich gelebt, der große Goethe, und ich fühle es an meiner innersten Bewegung, als mir die Kunde ward, eine ganze Epoche hat mit ihm die Augen geschlossen, und Börne kann wohl recht haben, daß aus seinem Sarge die Freiheit steigen werde; mit allen Jungfrauen hat er gekost, aber mit dieser schönsten nimmer.« Goethe stand an einer anderen Zeitenwende, als Laube glaubte: er verklärte noch einmal den scheidenden Feudalismus – und wurde der Stolz des erstarkenden Bürgertums, dessen Gipfel-Beginn er gewesen war. Die schönsten Verse, die er geschrieben, die tiefsten Gedanken, die er gedacht, sind ein Besitz, der keiner Klasse gehört, weil er allen Klassen gehören könnte: sein historisches Dasein, die Haltung seines Lebens war Blüte, Frucht und Abgrund des Bürgertums. Diese Haltung hat Börne, hat nach Börne das größte religiöse Genie des neunzehnten Jahrhunderts, der erhabene Denker Sören Kierkegaard, gebrandmarkt. Mit Recht war Goethe der bürgerliche Gott; man richtete ihm

Altäre auf – wenn auch bis in das Zentrum der Goethe-Gemeinde, bis zu einem Gottfried Keller, Börnes Goethe-Kritik vordringen konnte. Die Weimar-Pilger hören allerdings bei ihren Goethe-Priestern wohl kaum etwas von dem Anti-Goethe, der – in seinen besten Stunden schon Exponent einer nachbürgerlichen Menschenordnung – in den Tempeln der deutschen Götter »schnarchte« und Gott Goethe stürzte als – »Prometheus« Börne:

Ich Dich ehren? Wofür?
Hast du die Schmerzen gelindert
Je des Beladenen?
Hast Du die Thränen gestillet
Je des Geängstigten?

National-liberal, Börne kontra Menzel

»Pens-toi, Figaro tu n'as pas deviné celui-là.«

Am zehnten Dezember 1835 erließ der deutsche Bundestag auf Antrag des Bevollmächtigten Ministers und österreichischen Präsidialgesandten Freiherrn von Münch-Bellinghausen ein Edikt gegen die »schlechte, antichristliche, gotteslästerliche und alle Sitte, Scham und Ehrbarkeit absichtlich mit Füßen tretende Literatur«. Gegen die »auf den Einsturz aller Staatsformen« gerichteten Schriftsteller Heinrich Heine, Karl Gutzkow, Heinrich Laube, Ludolf Wienbarg, Theodor Mundt wurden drakonische Maßnahmen in Szene gesetzt: »Sämtliche deutsche Regierungen übernehmen die Verpflichtung, gegen die Verfasser, Verleger, Drucker wie Verbreiter der Schriften aus der unter der Bezeichnung ›Das junge Deutschland‹ oder ›Die junge Literatur‹ bekannten literarischen Schule ... die Straf- und Polizeigesetze ihres Landes sowie die gegen Mißbrauch der Presse bestehenden Vorschriften nach ihrer vollen Strenge in Anwendung zu bringen, auch die Verbreitung dieser Schriften, sei es durch den Buchhandel, durch Leihbibliotheken oder auf sonstige Weise, mit allen ihnen gesetzlich zu Gebote stehenden Mitteln zu verhindern.« Das Bundesprotokoll als Literaturgeschichte: Heine – Verführer der Jugend durch die »innige Verbindung der Blasphemie mit der Aufregung der Sinnlichkeit.« Wer schrieb diese Bundestagsche Literaturgeschichte? Der Papst der damaligen Literaturkritik. Die Weisheit des Bundestags war Menzels Geschoß. Börnes Name fehlte auf der Proskriptionsliste! Das war Menzels schützende Feen-Hand.

Deutschland hatte sich also in fünf Jahren von den *»trois jours glorieux«* der Pariser Juli-Revolution glänzend –

erholt. Der Schreck war damals manchem in die Glieder gefahren, als man sich in Braunschweig und Kurhessen, in Sachsen, Hannover und Baden gerührt hatte. Aber das Gentz-Barometer stand schon bald wieder auf gut Reaktions-Wetter: »Nun fort mit allen schwarzen Gedanken! Wir sterben nicht, Europa stirbt nicht, was wir lieben, stirbt nicht. Wie viel bilde ich mir ein, nie verzweifelt zu haben.« Metternich und seine Frankfurter Bundesversammlung hatten schnell wieder Oberwasser, und nach dem revolutionären Hambacher Fest trat ein, was der kluge Metternich prophezeit hatte: das Fest der Schlechten wurde ein Fest für die Guten, für die Metternich-Guten. Wie vor anderthalb Jahrzehnten das Wartburgfest, wurde jetzt das Hambacher Fest die Introduktion für eine sehr unfestliche Polizei-Despotie: man verbot Volksversammlungen und Volksfeste, öffentliche politische Reden und Beschlüsse, das Tragen landfremder Bänder und Kokarden, den Vertrieb im Ausland gedruckter Schriften unter zwanzig Bogen ohne besondere Genehmigung; das von Welcker geschaffene freiheitliche Preß-Gesetz wurde aufgehoben, eine Reihe von Zeitschriften wurden unterdrückt. Anderthalb Jahrzehnte nach den ›Karlsbader Beschlüssen‹ zeigten die ›Juli-Ordonnanzen‹, daß Deutschland sich von dieser undeutschen Pariser Juli-Erfindung nicht hatte ins Bockshorn jagen lassen. Und wie einst die Polizei von 1819 den ausgezeichnet verwendbaren Kotzebue-Mord gehabt hatte, so besaß jetzt die Kollegin von 1833 den Frankfurter Putsch: ein Haufen Leute hatte die Hauptwache und die Konstablerwache besetzt, nicht zu vergessen das Akzisehäuschen zu Preungesheim. Welch Glück für die Hüter der Ordnung! Wieder arbeitete eine Central-Untersuchungs-Commission. Man setzte fest, man untersuchte, bis die Opfer flohen oder irrsinnig wurden oder starben. Ein französischer Minister hatte einmal zu Niebuhr gesagt: »Ihre Staatsmänner tun mir leid, sie führen gegen Studenten Krieg.« Die deutschen Staatsmänner führten sogar gegen den

Wind Krieg: denn Wind bleibt Wind, ob er von Osten oder von Westen bläst. Fritz Reuter wurde damals zum Tode verurteilt, dann zu dreißigjähriger Festungshaft begnadigt, weil er »am hellen Tage die deutschen Farben getragen«. Bei diesem gründlichen Großreinemachen des Metternichschen Länderhaufens stieß man nun auch auf das junge Deutschland.

Aber: Menzel als Angeber? Menzel, der große Sekundant Börnes? Menzel, der Protektor Gutzkows, dem der von ihm denunzierte – Protégé noch nach allem später attestierte, »daß er der versumpften Literatur der Restaurationsperiode frische Kanäle zuführte, die mephitischen Ausdünstungen derselben erstickte, die auf ihnen wuchernde großblättrige und mattblühende Vegetation der damaligen Belletristik ausreutete«? Was machte Menzel zu einem »Überschleicher« – wie ihn Börne nannte? Börnes Irrtum! Börne und Menzel waren zwei Alliierte gewesen – auf dem Fundament zweier Mißverständnisse. Menzel – ein kräftiger Mann mit breiten Schultern, zugleich pathetisch und sarkastisch – hatte in seiner Jugend die Freiheitskriege mitgemacht, hatte unter Jahn geturnt und schwärmte für deutsche Eichen *und* für Juden-Emanzipation, für den deutschen Mann Jahn – Jäger, Teutone, Franzosen-Hasser, der auch im Freikorps der Lützower nur mit Säbel, Lanze und Axt kämpfen wollte, da ihm das Schießpulver nicht Recken-würdig war –, *und* für den kleinen fanatischen Juden Börne, der ihn wirklich fasziniert hatte. Das also waren die Helden des Nationalliberalen Menzel: der kleine, schmächtige, sanfte, harmlose, leidende Jude mit seinen seelenvollen Augen und seinem Frankreich-Enthusiasmus – und die Eiche Jahn, mit seinem langen, grauen, wirren Haar bis herab auf die Schultern, mit seinem bloßen Hals, mit dem breitausgeschlagenen Hemdkragen, mit dem dicken Knotenstock in der deutschen Faust, mit seinem teutsch gereinigten Deutsch und einem unbändigen *furor teutonicus* gegen die große Hure la France. Und da der Jahn in dem Menzel stärker war als der Börne, so dichtete Menzel sich Börnes Vaterlandsliebe à la Jahn um und sah in Börne einen »Märtyrer des Patriotismus« – des Jahnschen Patriotismus. Börne aber erblickte in Menzel das starke sittliche Pathos, den Kampfgenossen gegen den kalten Goethe und gegen den frivolen Heine. Auf diese Weise war der romantisch-christgermanische Burschenschaftler Menzel durch die wunderlichen Arrangements der Geschichte eine Weile der Kampfgenosse des großen antiromantischen und antinationalistischen Moralisten Börne geworden; Heine, der sich nie so sehr mit Menzel eingelassen hatte, erkannte schärfer, daß die patriotische Burschenschaftsbewegung und der ethische Liberalismus »zwei grundverschiedene Parteien« sind, »die keiner Transaction fähig und heimlich dem blutigsten Hader entgegenzürnten«. Börne und Menzel stammten beide aus der Romantik – diese gemeinsame Abstammung täuschte sie Jahrzehnte hinweg über ihren natürlichen Zwist. Die Frühromantik hatte den Liberalen so definiert: »Liberal ist, wer von allen Seiten und nach allen Richtungen wie von selbst frei ist und in seiner ganzen Menschheit wirkt, wer alles, was handelt, ist und wird, nach dem Maß seiner Kraft heilig hält und an allem Leben Anteil nimmt, ohne sich durch beschränkte Ansichten zum Haß oder zur Geringschätzung desselben verführen zu lassen.« Aus diesem romantischen Liberalismus konnte allerdings das Gegensätzliche hervorgehen: Jahn *und* Börne – und der Börne-Jahn Menzel, der Streiter wider *»la jeune Allemagne«*. Aber das Hambacher Fest, in dessen Mitte Börne stand, war nicht mehr das Wartburg-Fest, in dessen Mitte Jahn gestanden hatte. Die Geister schieden sich! Was die Parteien geeint hatte, war gewesen: ihr Aktivismus, ihr Enthusiasmus für ein Ziel, der gemeinsame Einbruch von Zielwilligen in ein schlafendes Land. Was die Parteien jetzt trennte, war die allmählich offenbar gewordene Zwietracht der Ziele; Patriotismus und Revolution, Menzel und Börne schieden von einander. Sie waren in einer Bewegung gewesen, sie waren eine Bewegung gewesen:

denn vor dem Liberalen und dem Nationalen war der Nationalliberale. Börnes Absagen an Menzel in dem Artikel seiner Pariser Zeitschrift ›La Balance‹ *»La gallophobie de M. Menzel«* und in seiner Schrift »Menzel, der Franzosenfresser« sind die Absagen der Freiheitsbewegung an den deutschen Nationalismus.

Noch nicht in dieser Deutlichkeit. Börne war nie ein souveräner Beobachter, Börne stand immer im Getümmel: so ist sein Kampf gegen Menzel nicht aus der Einsicht in den Zwist der liberalen und der nationalen Tendenz erwachsen, sondern aus einem ganz konkreten Anlaß – aus Menzels Verbindung mit den reaktionären Mächten und aus Menzels Franzosen-Fresserei. Börne trennte sich schwer: noch nach Menzels blöd schimpfenden Tiraden gegen die Gutzkow und Laube hatte er ihm sein prinzipielles Einverständnis erklärt; der Moralist Börne war anfänglich gegen das amoralistische junge Deutschland. Aber als die Proskriptionsliste des Bundestags erschien, schrieb er in solidarisch-kameradschaftlicher Gesinnung: »Wir sind alle dabei beteiligt, das ganze Deutschland, die gesamte deutsche Jugend wird in den fünfen geschädigt, mißhandelt, gekreuzigt; darum sollen und müssen wir alle, in denen noch ein Tropfen Jugendblut ist, uns ihnen anschließen, auf daß der Bund eines ›jungen Deutschland‹ immer weiter und weiter greife.« Börne war dann ungerecht gegen Menzel, der ihm nun, »einst ein Pharisäer des Liberalismus«, jetzt ein »zehnfacher Judas« wurde. Menzel war unsauber, weil er in seinem Kampf gegen Gutzkow und Laube und Wienbarg den Kampf gegen die Schriftsteller-Konkurrenten führte, die eine Zeitschrift planten. Die denunziatorische Gehässigkeit, mit der er Gutzkows Roman ›Wally, die Zweiflerin‹ angezeigt hatte, stammte aus den trübsten Quellen. Aber ein »Judas« war Menzel nicht, auch wenn er das junge Deutschland »Jung-Palästina« nannte – obgleich sowohl Gutzkow als auch Laube, sowohl Wienbarg als auch Mundt ebenso gute Germanen waren wie Menzel, obgleich er noch kurz zuvor dem befreundeten Börne mitgeteilt hatte, daß er als Mitglied der württembergischen Kammer ein Emanzipations-Gesetz zugunsten der Juden eingebracht habe. Ein »Judas« war Menzel nicht. Er gehörte – wie Heine richtiger sah – zu jenen »regenerierten Deutschtümlern«, denen »jene mächtigen Formeln zu Gebot« stehen, »womit man den rohen Pöbel beschwert, die Worte ›Vaterland, Deutschland, Glaube der Väter‹«. Der nationalistische Menzel hatte die Eierschalen des Liberalismus abgeworfen, als er (mit Heine zu reden) gegen die Franzosen eiferte und »auf Juden schimpfte und wieder für Gott und Vaterland, für das Christentum und deutsche Eichen in die Schranken trat und schrecklich bramarbasierte«. Aber ob nun Menzel ein »Judas« war oder nicht: er war der »Patriot« – gegen den der Kampf des revolutionären Patrioten Börne immer gegangen war: »Was mich betrifft, so war ich, Gott sei Dank, nie ein Tölpel des Patriotismus; dieser Köder des Ehrgeizes, sei es der Könige, sei es der Patrizier oder der Völker, hat mich nie gefangen.« Und in der großen Auseinandersetzung zwischen Revolution und Patriotismus, dem Lebens-Inhalt des revolutionären Patrioten Börne, ist die Kampfschrift gegen Menzel Börnes Schwanengesang, sein letztes Wort: sie ist von einer leidenschaftlichen Deutschland-Liebe – und trägt an ihrer Spitze zwei Aussprüche von Fénélon und Bernardin de Saint-Pierre, die beide im Vaterland einen Wert unter Werten, nicht den absoluten Wert sehen. Börne liebte Deutschland – aber Deutschland, Deutschland ging ihm nicht über alles. Er hatte die innige, nicht die aggressive Vaterlandsliebe, die selbstverständliche, die durch geistige Verwandtschaft gegeben, nicht die hysterisch-exklusive, die nur ein ungeistiges Raubrittertum oder eine ebenso ungeistige Eitelkeit verkappt. Und er liebte noch Frankreich – als deutscher Patriot.

Börnes Kampf gegen Goethe war: Kampf des ethisch-politischen Menschen gegen die bürgerlich-heidnische Verklärung eines ephemeren Zustands. Börnes Kampf gegen Menzel war ein interner Kampf: der Kampf innerhalb einer Bundesgenossenschaft. Der Willens-Typ Menzel stand ihm näher als der Ästhetiker-Typ Goethe: so hatten sie gemeinschaftlich Goethe bekämpfen können. Menzel bekämpfte Goethe: wie ein Kritikaster – auf richtiger Fährte; Börne bekämpfte Goethe wie ein Ebenbürtiger – sein Gegen-Prinzip. Und verschieden war nicht nur das Niveau des Goethe-Kampfs: vor allem das Motiv. Der christlich-germanische Menzel bekämpfte in Goethe alles, was an Goethe nicht – Jahn war. Ging der Turnvater mit seinen Turnern auf Ferienfahrt, so blieben sie bei jedem französischen Schild stehen und machten Äh! äh! Goethe aber war Universalist, Weltbürger, nicht in seinem Leben und nicht in seinen Werken kirchlich-national begrenzt. Menzels Goethe-Kritik hat nichts von dem grandiosen, bis zu Goethes Lebensnerv bohrenden Stoß Börnescher Attacken: Börne nahm Goethe viel ernster, viel größer, viel böser. Börne zeichnete noch im Negativen einen mythischen Goethe. Menzels Goethe könnte irgendein Dichterling sein: »Goethe war es allzeit nur um leicht erworbenen Ruhm, um den Weihrauch zu tun.« Börne war soviel mehr Kämpfer als Denker, soviel mehr auf den Feind gerichtet als auf den Bundesgenossen, daß er diesen mäßigen Mitstreiter viele Jahre dulden konnte.

Und es sah sogar kurz vor der Ächtung des jungen Deutschland einen Augenblick so aus, als ob Börne und Menzel noch einmal einen gemeinsamen Kampf führen sollten: gegen die Heine und Gutzkow. Am zwölften November 1835, sechs Wochen vor dem Bundestag-Edikt, schrieb Börne an Menzel: »Ich teile ganz Ihren Abscheu vor den sittenlosen und glaubenschänderischen Schriften.« Als aber dann dem Börne die Augen aufgingen über den Bundesgenossen, als er in seiner ›Balance‹-Kritik ›*Wally, la sceptique*‹ eine Ablehnung des Romans verband mit einer Ablehnung der Antwort des Bundestags, der Gutzkow zehn Wochen Haft wegen

Kränkung einer badischen Religionsgemeinschaft aufgebrummt hatte – schied auch er seine Moral von Menzels Moral: »Mein Tadel der Wally hatte einen ganz anderen Grund als der des Herrn Menzel. Ich verteidigte Religion und Sittlichkeit, weil ich in ihnen eine Stütze der Freiheit finde; Herr Menzel aber, weil er in ihnen eine Stütze der Herrschaft sieht, der Gunstspendenden.« Wieder tat er Menzel unrecht: Menzel hatte die Wally nicht abgelehnt, weil Metternich es wollte – sondern weil Tusnelda, wenn sie noch leben würde, über Wally empört wäre. Börne kannte Menzel nicht, aber er kannte um so besser Menzels Staat, dem es nicht um Religion und Moral ging. Die Zensur hätte genügt, um die Bücher dem Leser zu sperren. Man wollte mehr! Man wollte noch die Quelle der Bücher verschütten; die aktiv Schreibenden sollten ausgelöscht werden. *»Les auteurs mis en interdit ont de l'esprit, et surtout ils ont un beau style: voilà tout leur crime.«* Und weshalb fürchtete man Geist und Stil dieser jungen Menschen? Weil sie begannen, Wissenschaft, Philosophie, Moral und Politik aus dem Deutsch der Gelehrten ins Deutsch der vielen zu übertragen. Börne sah im jungen Deutschland die Mediatisierung der esoterischen Ideen; er war froh, daß die Staaten auf diese Weise das mächtigste Werkzeug des Despotismus verlieren. Börne hatte nichts zu tun mit den Postulaten des jungen Deutschland, nichts mit seiner »Emanzipation des Fleisches«, nichts mit seiner »Rehabilitation des Fleisches«, nichts mit seiner Christentum-Gegnerschaft, erst recht nichts mit seiner Frauen-Emanzipation. Und doch war er der »Vorturner des jungen Deutschland«, weil er immer eingetreten war für die Demokratisierung des Wissens. Immer hatte er geklagt, daß rings um die Hochburgen der Wissenschaft die ödeste Ignoranz lebe. Im jungen Deutschland begrüßte er die Erben, die sein Werk weiterführten, die in das stagnierende Leben der Öffentlichkeit alle vitalen Gedanken warfen, welche seit Jahrzehnten in den Schweinsleder-Bänden der Bibliotheken unter dicken Staubschichten lebendig begraben waren. Die Regierungen wollten die Bildung einer öffentlichen Meinung verhindern und versuchten im jungen Deutschland den Sprenger der Gedanken-Kerker zu knebeln. Menzel war dem Börne der pseudoliberalistische Sekundant dieser Zwingherrschaft. Menzel war mehr: der Revolutionär, dessen Revolution – den Nationalismus wollte. Im Kampf gegen Menzel reinigte Börne die Freiheitsbewegung seiner Zeit.

Zwei feindliche Revolutionäre: Börne gegen Heine

Als die Pariser Juli-Revolution ausbrach, saß Börne – körperlich-matt und idyllisch-resigniert – in dem kleinen Taunusbad Soden. Aus seinem Fenster sah er auf einen Hof, der wenig Menschen und viel Tiere beherbergte. Er registrierte die Geburt eines Kalbs. Er schrieb auf den Kampf zwischen einer Hofgans und einer Dorfgans – und die Aufnahme dieses Kampfes bei den Zuschauer-Gänsen. Er erörterte die Gründe, die zur Ungnade des Hofhunds geführt hatten. Er nahm Kenntnis von einem Rind, das mit seinem Kopf ein Loch in die Mauer gestoßen hatte. Er war interessiert an dem Leben der Truthenne und ihrer Kavaliere, zweier eifersüchtig-argwöhnischer Truthähne ... Zur selben Zeit lag auf der Insel Helgoland Heinrich Heine. Auch er war abgespannt und resigniert. Was dem Börne Kuh und Gans und Hund waren, das war dem Heine sein Stubennachbar, ein Justizrat aus Königsberg, ein indolenter und »ausgebutterter« Holländer, und sein Hauswirt. Die Fluten der Weltgeschichte hatten zwei Revolutionäre auf irgendeinem Stück einsamen Strand abgesetzt; jetzt studierten sie beide die Muscheln und den Tang Gottes. Die Atmosphäre um sie stand still, aber in ihnen wetterleuchtete es noch. Börne schrieb in die Historie eines Sodener Bauernhofs seine ehemaligen Duette mit der Frankfurter Zensur; Heine ließ trotz des interessanten Königsbergers und Holländers doch auch Englands, Frankreichs, Amerikas Politik Revue passieren – und machte angesichts des zeitlosen Meers recht unidyllische Ausflüge in die Zeit.

Zwei Revolutionäre in Ferien? Heine las eine Geschichte der Langobarden, Homer und die Bibel – und hatte »kein einziges Buch, das sich mit den Tagesinteressen beschäftigt, hierher mitgenommen«: der König der Heruler, Laban und die Liebesgeschichte von Dina und dem jungen Sichem füllten ihn aus. Im Anfang dachte er noch einmal oder zweimal an die Politik wie an einen bösen Traum, aber er war ein Dichter, er dichtete nicht nur die Gestalten des Morgenlandes nach, er dichtete auch seinen Zukunfts-Traum vor – den Traum Nietzsches, den Traum Georges: den Traum von einer antik-christlichen Harmonie. Heine brauchte die Politik nicht, um zu leben. Börne aber las in diesen Monaten den Briefwechsel zwischen Schiller und Goethe, er war in Soden – mitten auf dem Kampfplatz seines Lebens. Ihn interessierten nicht die Langobarden und nicht die Kanaaniter und nicht die Phantasie einer kommenden Harmonie: er brauchte die Politik, um zu leben. In Heines Sommer-Idyll gab es einen Abgesang der Politik, die Politik wetterleuchtete nach. Der wahre Heine blühte langsam auf zu den Gebilden der Poesie – und die Juli-Revolution riß ihn grausam zurück: denn er war »der Sohn der Revolution«. Er opferte der Politik aus Sohnespflicht. Die Träume, die sie verscheuchte, rebellierten gegen dies unnatürliche Schicksal. Den Börne aber erlöste die Juli-Revolution aus einem unnatürlichen Leben, durch alle Poren der stillen Soden-Welt hatte der Stürmer Börne Ersatz geatmet. Das Rind war ihm zu einem liberalen Rind, das Hof-Leben zu einem Hofleben und Goethe zum Prügelknaben des in eine Idylle hineingebannten Kämpfers geworden. Von Soden und von Helgoland fuhren dann zwei deutsche Revolutionäre nach Paris: Börne eilte am ersten Tag zu den Stätten, an denen der Kampf stattgefunden – Heine auf die Bibliothèque Royale, um den berühmten Manessischen Kodex der Minnesänger zu sehen. Heine war der Goethe der Revolution. In Heine traf Börne noch einmal Goethe.

Als Börne Heine kennenlernte, schätzten sie einander: als Waffengefährten und als Schriftsteller. 1827 besuchte Heine in Frankfurt den berühmten Börne, dem er schon einen Band seiner ›Reisebilder‹ mit der Widmung geschickt hatte: »Dem Doktor Börne übersendet dieses Buch als ein Zeichen der Verehrung und innigsten Liebe der Verfasser.« Und nach den Frankfurter Tagen, die Heine später so albern und ekelhaft karikiert hat, gab er Börne und seiner Freundin Jeanette noch ein Exemplar mit der Widmung: »Anbey ein dummes Buch. Es ist nicht viel Gemüt drin; denn mein Herz ist immer bey euch. Euer Heine.« Börne liebte nicht nur den Kampfgenossen, auch den verwandten Schriftsteller, dessen Esprit ihn entzückte. Wie es bei Wagner und Nietzsche später war: Verwandtes leuchtete so stark, daß die Feindschaft ihrer Naturen noch nicht sichtbar wurde; Gemeinsames konsonierte so laut, daß es die Dissonanzen begrub. Und dann sprengte die Zeit, die immer das Seelen-Mikroskop ist, die immer die enthusiastische Stunde zergliedert, indem sie diese Stunde in Jahre auseinanderlegt, diese Freundschaft aus zwei enthusiastischen Irrtümern. Leise präludiert der Zwist in den ersten Pariser Briefen. »Heine ist mir zu mild«, schreibt Börne im Januar 1831. Aber noch labt ihn Heines Wort »wie das Murmeln einer Quelle in der Wüste, es hat mich entzückt wie eine Menschenstimme von oben, wie ein Lichtstrahl den lebendig Begrabenen entzückt«. Was war ihm Heine? Die Antwort auf seine Monologe, die Überwindung der Einsamkeit. Aber in seinen Liebeserklärungen an Heines Genie klingen schon leise vor die kommenden Attacken: Heine spielt mit den Waffen, Heine ficht – mit Blumen, und Heine liebt Napoleon. Napoleon ist aber für Börne der große Verräter der Revolution, und vor Davids Bild ›Die Krönung Napoleons‹ zeichnet er mit seinem ganzen Haß den Helden, der sich als Thron-Puppe gefiel, zeichnet die Majestät von eigenen Gnaden, die sich vor dem europäischen Legitimismus beugte. Den Künstler Heine entzückte der moderne Halbgott; der Revolutionär Börne bekämpfte in Napoleon den Träger des Kaiserpurpurs. Dieser Doppelaspekt auf Napoleon war das Präludium, das den tiefen Zwist zunächst offenbarte. Börne trennte sich schwer. Als man Heines Gesinnung in den Leipziger ›Blättern für literarische Unterhaltung‹ verdächtigte, tat der Kamerad Börne die verdächtigende Zeitung »grobianissimo« ab – als »den größten Viehstall, den ich je gesehen«. Und auch Heine muß noch im zweiten Jahre nach der Juli-Revolution seinen Gegensatz zu Börne nicht entscheidend gespürt haben. Als ihn damals jemand fragte, worin er sich in seinen politischen Ansichten von Börne unterschiede, definierte er: »Ich bin eine gewöhnliche Guillotine, und Börne ist eine Dampfguillotine.« Es ist anzunehmen, daß der sensible Heine den Bruch früher ahnte als der massivere, schwerfälligere, treuere Börne. Börne machte Heine in den ersten Jahren nach der Juli-Revolution wiederholt den Vorschlag, zusammen eine Zeitschrift in der Schweiz herauszugeben. Heine lehnte ab – ohne Gründe. Die Wege trennten sich.

Man verwechselt in der Regel den Anlaß zum Ausbruch einer Feindschaft, wie sie zwischen Börne und Goethe, wie sie zwischen Börne und Menzel, wie sie zwischen Börne und Heine war, mit der Substanz dieser Feindschaft selbst; man verwechselt so den privaten Zwist zweier ephemerer Individuen mit dem Zwist der ewigen Ideen, die sie verkörpern. Man suchte deshalb einen konkreten Konflikt zwischen Goethe und Börne und fand ihn, da sie nie einander begegnet waren, im gemeinsamen Frankfurt – das hier gewissermaßen einen Vorderhaus-Hinterhaus-Konflikt geboren haben soll. Bedauerlich für solche Psychologen, daß Menzel nicht auch Börnes Name auf die Proskriptions-Liste gesetzt hatte – dann wäre Börnes Angriff auf Menzel »motiviert« gewesen. Aber Börne griff an – obwohl er geschont worden war. Und Börne griff Heine an: nicht *weil*, sondern *obwohl* in Paris eine Horde von Zwischenträgern Heine bei Börne und Börne bei Heine verklatschten. Wenn auch Heine dem Börne den »Neid« insinuierte, »den der kleine Tambour-Maître gegen den großen Tambour-Major empfindet«, wenn auch Börne dem Heine vorwarf, er opfere »einem Witz nicht bloß das Recht und die Wahrheit, sondern auch seine eigene Überzeugung« auf, so waren diese Beschimpfungen doch nur der begleitende Schlachtgesang, der den Kämpfern nicht das wahre Kampf-Objekt verdeckte. Und mitten aus dem Kampf heraus schrieb Heine: »Er war ein guter Schriftsteller und ein großer Patriot.« Börne griff an, weil ihm Heine immer mehr der Knabe wurde, der auf Schlachtfeldern nach Schmetterlingen hascht. Und er porträtierte in Heine *den* Gegner seiner Art: »Es ist Heinen ganz einerlei, ob er schreibt: die Republik ist die beste Staatsform oder die Monarchie. Er wird immer nur das wählen, was in dem Satz, den er eben schreiben will, gerade einen bessern Tonfall macht.« Dieser Ästheten-Kitzel hat dann später Heine auch bestimmt, den Rat, die schlimmsten Stellen seines Börne-Buchs nicht zu drucken, mit der Frage zu beantworten: »Aber ist's nicht schön ausgedrückt?« Börne bekämpfte den Heine, der die Verantwortung gegenüber dem Mitmenschen dem poetischen Reiz unterordnete. Die deutschen Handwerker und Commis, die in Paris waren, verfaßten politische Adressen, arrangierten Subskriptions-Listen, schrieben Versammlungen aus. Börne war überall dabei, unterschrieb, unterstützte, hielt Reden. Heine, der Aristokrat der Revolution, scheute den Tabaksqualm der Volksversammlungen und den Schweißgeruch der Listen; er hielt sich zurück: »Ich merke überhaupt, daß die deutsche Tribunalkarriere nicht eben mit Rosen und am allerwenigsten mit reinlichen Rosen bedeckt ist. So z. B. mußt Du allen diesen Zuhörern, und lieben Brüdern und Gevattern recht derb die Hand drücken.« Börne und Heine aßen zusammen in einem Restaurant, in dem viele deutsche Handwerker verkehrten, zwischen Suppe und Fleisch kam dann regelmäßig die schmutzige Subskriptions-Liste, die Heine auf die Tast-Nerven ging, und während Heine bei Tisch so gern alle Misere der Welt vergaß, verdarb ihm Börne »die besten Gerichte durch seine patriotische Galle, die er gleichsam wie eine bittere Sauce darüber hinschwatzte. Kalbsfüße *à la Maître d'hôtel*, damals meine harmlose Lieblingsspeise, er verleidete sie mir durch Hiobsposten aus der Heimat«. Und wie dieser Börne ihm seine Lieblingsgerichte versalzte, so störte er ihm noch den »süßesten Schlaf«, setzte sich vor sein Bett und »jammerte eine ganze Stunde über die Leiden des deutschen Volks und über die Schändlichkeiten der deutschen Regierungen«. Heine aber war noch um Mitternacht – im Bett, im Schlaf gestört – in voller Form: »Sind Sie Gemeinde - Versorger?« Voilà: Börne und Heine!

Der Gegensatz wurde legitim, als Börnes Urteile über Heine in seinen Pariser Briefen erschienen: Heine erkundigte sich von da ab vor jeder Gesellschaft, ob Börne geladen war. Als Börne dann 1835 im Feuilleton des ›Réformateur‹ eine Rezension *»De l'Allemagne par H. Heine«* veröffentlichte, war die Freude der Gegner über den Zwist der feindlichen Revolutions-Brüder groß. Im Lager der Freunde hatte Heine eine Krone verloren ... Börne ist Goethe nicht gerecht geworden, Menzel nicht gerecht geworden und Heine nicht gerecht geworden: und dreimal sich selbst treu geblieben. Seine Kämpfe waren richtig – seine Kampf-Deutungen nicht immer zureichend. Heine war der Statthalter Goethes in der nachgoethischen Zeit. Börne bekämpfte, vielleicht ohne daß er es wußte, in Heine noch einmal Goethe: einen romantisch-revolutionären Goethe; nicht mehr den großen Heiden – aber den tragischen Nachkommen, der sich nach dem Heidentum sehnte. Zwischen Goethe und Börne war das klare Verhältnis des Antipodentums, Heine verband tragisch das Entgegengesetzte: Goethe und Börne, den Künstler und den Ethiker, die Liebe zur Form und die Liebe zur Freiheit. Und er verband sie so, daß er Börne mehr verwandt war – und Goethe mehr liebte. Seine Existenz war romantisch-revolutionär, seine Sehnsucht antik-heidnisch. Seine Antipathie gegen Börne war die Antipathie gegen den Heine in ihm, den er nicht überwinden konnte und nicht überwinden wollte –

und nicht liebte: in Börne bekämpfte Heine – den Nazarener Heine. Heine teilte die Menschen ein in Nazarener und Hellenen, in »Menschen mit asketischen, bildfeindlichen, vergeistigungssüchtigen Trieben« und »Menschen von lebensheiterem, entfaltungsstolzem und realistischem Wesen« und nahm leidenschaftlich Partei gegen den Nazarener Börne für den Hellenen Goethe, gegen den »judäischen Spiritualismus« für »hellenische Lebensherrlichkeit«. Aber Heine gehörte dem tragischen neunzehnten Jahrhundert an, dem Jahrhundert des gekreuzigten Dionysiers Nietzsche und des gläubig-ungläubigen Kierkegaard: und was er so klar trennte, was er so klar getrennt sah in Goethe und Börne – in ihm war es feindlich vereinigt. Heine stand zwischen Goethe und Börne, und Börne spürte, daß der revolutionäre Tragiker-Heide Heine ihm näher war als der heidnische Olympier, den er wirklich nicht erreichte – wie Prometheus Zeus nicht erreichte. Nie bekämpfte Börne in Heine den absoluten Feind, der ihm Goethe war. Er bekämpfte eher zu wenig als zu viel in Heine, er bekämpfte mehr die Frucht als die Wurzel – er bekämpfte den unzuverlässigen Revolutionär, den Genüßling im eigenen Lager, gewissermaßen den Gentz der Revolution. Aber in Heine war dem revolutionären Optimisten Börne ein viel ernsterer Feind erwachsen: hier war der ›Danton‹ der Revolution, wie ihn der große Zeitgenosse Georg Büchner hinreißend dargestellt hat, hier war der große zerrissene Nietzsche vorgeformt, hier war das ungebrochene achtzehnte Jahrhundert der Aufklärung zum tragisch-gebrochenen neunzehnten Jahrhundert der vitalen Skepsis geworden. Heine war ein viel ernsterer Gegner, als Heines läppische Streitschrift gegen Börne zeigt: Heine fehlte der ungebrochene Glauben Börnes – er war zwiespältig, wo Börne eindeutig war, er mußte zweifeln, wo Börne vertrauen konnte, und während Börne in seiner Soden-Idylle nur ein eingegitterter Kämpfer war, war Heine in seiner Helgoland-Idylle ein gebrochener Kämpfer, der in Ebbe und Flut des Meeres ein Gleichnis sah für das resultatlose Auf und Ab der Menschen-Geschichte, für ihren »erfolglosesten Kreislauf«. Goethe brauchte nicht den Glauben, weil er die Gegenwart hatte. Heine hatte nicht die Gegenwart und nicht den Glauben, »obgleich ich mich martere für das allgemeine Heil, so wird doch dieses wenig dadurch gefördert«, so mußte er die Gegenwart vergöttern, weil er nicht mehr den Glauben an die Zukunft hatte – und konnte die Gegenwart nur vergöttern, nicht mehr in ihr leben wie Goethe. Heine war Revolutionär ohne Hoffnung: »Einst, als ich noch jung und unerfahren, glaubte ich, daß wenn auch im Befreiungskampfe der Menschheit der einzelne Kämpfer zu Grunde geht, dennoch die große Sache am Ende siege.« Er hatte das Temperament des Revolutionärs, den Haß gegen die Unterdrückung, das Mitleid mit den Unterdrückten, aber er hatte nicht mehr den Harmonie-Glauben des achtzehnten Jahrhunderts, den Börne mit – Goethe teilte. Es war kein Zufall, daß das aufklärerische junge Deutschland im Kampf Börne-Heine auf Börnes Seite trat – und daß dann das tragische Zeitalter der Nietzsche und Kierkegaard und Strindberg Heine las und Börne vergaß. Börne stand außerhalb des tragischen Zeitalters, das mit Kleist und Georg Büchner begann – er war ein Kämpfer gegen irdische Gewalten, Heine auch ein Kämpfer gegen Dämonen, und der Dämonen-Kampf schwächt den Tyrannen-Kampf. Büchners ›Danton‹ sagt von Robespierre: er wäre verbrecherisch rechtschaffen. Das tragische Lebensgefühl mußte Börne als verbrecherisch-rechtschaffen empfinden wie Börne den Goethe als verbrecherisch-glücklich empfand. Börne aber, noch absolut Untragiker, konnte von dieser Welt nur sehen, was in seinen Kampf-Aspekt fiel. Und er sah den unzuverlässigen Revolutionär Heine. Georg Büchner, der das aggressive Manifest, den ›Hessischen Landboten‹ und die vier Melancholiker Danton, Wozzek, Leonce und Lenz geschaffen hat, wußte um die Tragödie, daß einer Führer der Revolution und ohne Glauben sein kann, aktivistisch und pessimistisch, stürmend und verzweifelnd. Börne wußte das noch nicht: er war noch ein unkomplizierter Soldat des Vorwärts.

Der Gegensatz Börne-Heine hatte noch ein Nachspiel, drei Jahre nach dem Tode Börnes: 1840 veröffentlichte Heine seine Schrift ›Heine über Börne‹; ein rachsüchtiges Pamphlet, das in seinen übelsten Teilen Privatklatsch gegen Börnes Freundin enthielt und eine unfreiwillige Rechtfertigung für Börnes Heine-Kampf wurde. Heinrich Heine als »Totenvogel«! Jeanette Wohl hatte 1832 den zwölf Jahre jüngeren Börne-Adepten Strauß geheiratet. Ihre Antwort auf Strauß' Werbung zeichnete leuchtend die Art dieser herrlichen Frau: »Der Doktor hat niemanden auf der Welt als mich, ich bin ihm Freundin, Schwester, alles was sich mit diesem Namen Freundliches, Teilnehmendes, Wohlwollendes im Leben geben, bezeichnen läßt. Wollten Sie ihm das mißgönnen – der nichts weiter hat im Leben und sich mit dem Schicksale abgefunden hat . . ., ja sich sogar dabei glücklich fühlt? Ich freute mich so damit, der Gedanke machte mich so glücklich, daß er in Ihnen eine feste Stütze, einen redlichen, offenen, guten Menschen zum Freunde gewinnen solle – ich kann mir's nicht anders denken, der Doktor muß bei uns sein können, wann, wo und so oft und für immer, wenn er es will – ich kann jetzt nicht Sie sagen, das Herz ist mir zu voll – kannst Du es Dir anders denken – dann ist alles anders wie ich es mir dachte. Ich! Wir! sollen einen Mann wie den Doktor verlassen können – Er wäre ein aufgegebener verlorener Mann! Lieber alles verlieren, lieber nicht leben, als das auf mein Gewissen laden, auch könnte ich es nicht, wenn ich auch wollte ... Schon diese wenigen Worte, die ich darüber geschrieben, haben mich zittern und leichenblaß gemacht. Denn nichts kann mich tiefer erschüttern, als auch nur der leiseste Gedanke an einen Verrat, nur der leiseste Gedanke der Untreue an der Treue. Solange ich lebe, bis zum letzten Atemzuge, werde ich für Börne die Treue, die Liebe und

Anhänglichkeit einer Tochter zu ihrem Vater, einer Schwester zu ihrem Bruder, einer Freundin zu ihrem Freunde haben. Wenn Du das Verhältnis nicht auffassest, nicht begreifst, mich nicht genug kennst ... so ist alles aus und Nacht.« Strauß liebte diese Frau und liebte Börne: in den letzten Jahren seines Daseins lebte der schwindsüchtige, schwerhörige, einsame Börne im Schutz von Strauß und Jeanette. Drei Jahre nach Börnes Tod ließ Heine den alten Pariser Klatsch über die drei drucken, der Autor des ›Buchs der Lieder‹ nahm drei Jahre nach Börnes Tod gedrucktes sittliches Ärgernis an diesem Verhältnis: »Soll ich die Wahrheit gestehen, so sah ich in Börnes Haushalt eine Immoralität, die mich anwiderte.« Und Heine, der einst in Frankfurt der »Madam Wohl zum freundlichen Andenken an den abreisenden Verfasser« ein Exemplar des ›Buchs der Lieder‹ gewidmet hatte, schilderte nun diese Jeanette von 1827 als »eine magere Person, deren gelblich-weißes, pockennarbiges Gesicht einem alten Matzekuchen glich«, deren »Stimme kreischend war wie eine Türe, die sich auf rostigen Angeln bewegt«. Heines Börne-Schrift ist ein Buch, gegen das man – Heine in Schutz nehmen muß.

Es gab einen Skandal. Jeanette, die bei Börne immer für Heine gesprochen hatte, die einst Börne zur Streichung der schlimmsten Anti-Heine-Stellen in seinen ›Pariser Briefen‹ überredet hatte – ließ jetzt ›Ludwig Börnes Urteil über H. Heine. Ungedruckte Stellen aus den Pariser Briefen‹ herausgeben. Strauß forderte Heine und verwundete ihn leicht bei einem Pistolen-Zweikampf im Tal von St. Germain. Die Presse war gegen Heine: sie glaubte, daß dieses Pamphlet »den Grabstein H. Heines bildet, unter den er sich selbst mutwillig und bei lebendigem Leibe begraben hat mit seinem Talente, seinem Namen und seiner Reputation«. Gutzkow, dessen Börne-Buch gerade im Druck war, schrieb in einer schroffen Vorrede: »Ich habe die zahme royalistische Widerrufspolitik des Herrn Heine mit Vergnügen gelesen, denn sie läßt hoffen, daß man die Polizeiaktuarstelle, welche Börne früher in Frankfurt bekleidete, vielleicht ihm überträgt und ihm dadurch Gelegenheit verschafft, sich im Vaterlande von dem geringen Gewicht, das man noch auf seine Worte legt, selbst zu überzeugen ... Börne griff seine Feinde an: Herr Heine nur die Gattinnen und Freundinnen seiner Feinde.« Fünf Jahre nach der Veröffentlichung seiner Schrift nahm Heine seine Verdächtigungen gegen Strauß und Jeanette Wohl zurück. »Heinrich Heine über Ludwig Börne« gehört *nicht* in das Kapitel Heine kontra Börne – sondern in das Kapitel Börne kontra Heine: es rechtfertigte noch drei Jahre nach Börnes Tod das Unrecht, das Börne dem feindlichen Gefährten, der nicht ganz in seine Sicht kommen konnte, angetan hatte. Heine war der reichere, tiefere, weitere Geist, der größere Künstler, und dem großen, beispielgebenden Charakter Börnes – unterlegen.

Lanze und Kreuz

»Und doch ist es besser, wenn die Wahl sein sollte, lieber keine Religion als keine Freiheit zu haben.« Börne

Im Sommer wohnte er draußen in Auteuil, mit der Aussicht auf die Place d'Armes. Spät im Herbst zog er dann immer in die Stadt, in die Rue Laffitte; der Blick ging auf den Montmartre. Strauß und Jeanette, in deren Obhut er lebte, erleichterten ihm die letzten Jahre seines Lebens.

Zwischen dem roten Maroquin-Fauteuil à la Voltaire, dem Stehpult (an dessen Seiten zwei Handleuchter mit Wachskerzen eingebohrt waren), der kleinen Bibliothek, dem mit Broschüren und Journalen bedeckten Tisch, dem Schrank mit numerierten Schubkästen für Briefe und Manuskripte, lebte der einsame, leidende, ins Jenseits der Politik blickende Börne der letzten Jahre. Über dem Fächerschrank stand eine Bronzebüste des Jean Jacques Rousseau. Am Ende seines Lebens siegte Rousseau über Voltaire: die schwärmende Sehnsucht über die selbstsichere Vernunft.

Conrad, der alte Bediente, sorgte für die Ruhe und die Ordnung seines Herrn. Das mißtrauische, verdrießliche, schwerhörige kleine Männchen im seidenen Schlafrock war sehr diffizil. Eine lebhafte, intensive, substanzreiche Unterhaltung regte ihn an. Ein belangloser, konventioneller Schwatz lähmte ihn. Er konnte die Qualen der Langeweile nicht verdecken, er gähnte, er wurde einsilbig, er sackte zusammen. Er sank in sich – während alle Geselligkeit zuoberst die sichtbare Isolierung, die Manifestation des einsamen Ich verbietet. Er verletzte die Konvention, indem er übergangslos, unverschleiert sich zurückzog; erschöpft legte er sich dann auf das Sofa seines Arbeitszimmers. Die Erregungen des interessanten Gesprächs ertrug er, die bleierne

Schwere der schleppenden Konversation setzte ihn sofort matt.

»Man hat mich häufig für langweilig erklärt, aber ich litt dann bloß an üblem Geschmack«. Börne war zu wenig Monomane, zu sehr eingestellt auf das Du, zu abhängig vom Echo, als daß er eine tote Gesellschaft hätte beleben können. Er war kein Gesellschafter, weil er nicht unabhängig war vom Partner. Die ungeselligsten Menschen sind die besten Gesellschafter, sie können unterhalten unabhängig von ihren Beziehungen zu der Gesellschaft, die sie unterhalten. Der *maître de plaisir* ist ein Elektriseur, dem die Individualität der Elemente, die er elektrisiert, gleichgültig ist. Börne war kein Elektriseur, er hatte nicht das anonyme Funken-Sprühen. Er entzündete sich nur an bestimmten Menschen, an bestimmten Gesprächs-Stoffen. Er mußte getroffen sein, wenn er treffen sollte, er war zu wenig Schauspieler seiner selbst, um ein guter Gesellschafter zu sein. Hundert Berichte über einen unbedeutenden, wirkungslosen, langweiligen Börne stammen aus Beobachtungen, die in unbedeutenden, langweiligen Gesellschaften gemacht worden sind. Der Gesellschafter Börne strahlte nicht im Eigenlicht, er reflektierte den Salon, in dem er saß. Der unansehnliche, wegen seines Ohrenleidens dem Gespräch nur schwer folgende Börne, der nur selten einmal eine scharf umrissene Bemerkung in das Auf und Ab des Gesprächs hineinwarf, verschwamm in den Nebeln der Konversations-Schwaden. Er war zu nüchtern, um zu blenden. Er war zu sozial, um – naiv – ein Zentrum zu sein. War der Salon trist, so war auch Börne trist. Börne war in Gesellschaft nur selten Börne. Er mied die Salons so viel wie möglich, nicht erst in den letzten Jahren. Eine Geselligkeit, die den aktiven Conférencier und neben ihm nur das pseudo-aktive Sekundieren einer aufgepulverten Zuhörermasse wollte, gab ihm nicht die Bedingungen zu gesellschaftlicher Entfaltung.

Und mit den Jahren – beladen mit dem Schicksal des Verbannten, beladen mit der separierenden Wirkung jeder Krankheit, beladen mit tausend Enttäuschungen – wurde der Menschenfreund Börne ein mißtrauischer, verschüchterter, gleichgültiger Sonderling. Viele besuchten den großen Börne, wenige stießen vor über die Zone der Fremdheit. Erst wenn ihn ein Gespräch packte, kam sein strahlend-schönes Auge zur Herrschaft. So selten sich dies ereignete, es war die Natur Börnes, Mensch unter Menschen zu sein, es war gegen seine Natur, Monolog zu sein. Er war nicht, wie Nietzsche, auch unter Menschen nur immer mit dem Dasein zu zweien; er war, auch allein, immer in Kontakt mit Menschen. Er war ein Mensch, der gern mitteilte; er liebte das Austausch-Hin-und-Her, er war eine gesellige Natur, die sich nur infolge ungünstiger Umstände nicht ausleben konnte; Börne war durch ein widernatürliches Schicksal abgeschnürt von den Wurzeln seiner Existenz. Im Tiefsten war er immer Mitmensch.

Er war nicht Menschen-scheu; er war nicht Menschenfeind. Er liebte die Massen – sie gaben ihm die Illusion von Menschen-Nähe ohne die fremde Aufdringlichkeit des massiven Einzelnen. Sobald er sich wohl fühlte, verließ er sein Zimmer, ging er auf die Straße. Im Winter machte er seinen Spaziergang über die Boulevards durch die Vivienne- oder Richelieustraße nach dem Louvre. Im Sommer saß er unter den Bäumen des Palais Royal bei einem Glas Eis und erlebte von ferne mit die Jungen und Mädchen, die Kinderfräuleins und ihre Anbeter, an tausend Tagen tausend Schicksale. Und die Freunde erhielten kleine Zettel: »Aber warum kommen Sie so selten? Ich bin fast jeden Abend zu Hause.« Er sehnte sich. Er war allein und sehnte sich nach Menschen. Er war im Exil und sehnte sich nach Deutschland, nach den Freitagen von einst, an denen es im Frankfurter ›Schwan‹ Sauerkraut und Solperfleisch gab, nach Frankfurter Semmeln, die er in Paris suchte. Er war verschlossen – und öffnete sich schnell in der Atmosphäre eines guten Gesprächs. Nie riegelte er sich von der Außenwelt ab, auf tausend Kanälen leitete er sie noch in sein abseitiges Zimmerchen. Alles interessierte ihn: die Politik und die Fürsten, das Schauspiel, die Maskenbälle und die »Hugenotten«-Premiere, wo man den besten Kaffee im Palais Royal trinkt, vor allem die Tänzerin Taglioni, der Liebling Europas. Und seine skeptische Sehnsucht – halb Wunsch, halb Selbstironie – läßt sich die Taglioni in Börne verlieben, wie sich die Fanny Elßler in Gentz verliebt hat. Dieser »Liebhaber« einer europäischen Frau vertrug nicht einmal mehr die Strapazen eines Diners. Er war zusammen mit dem französischen Priester Lamennais, den er verehrte, bei dem Bildhauer David eingeladen. Er konnte nicht mehr die Freuden eines Mahls aushalten, er konnte nicht mehr lange im Abendanzug sitzen; nach dem zweiten Gang mußte er nach Hause gehen. Immer enger wurde sein Exil.

Er war nun auch ausgeschlossen von den Stätten des Kampfs, nicht nur durch seine Müdigkeit; die Zeit war ebenso müde wie Börne. Es gab keine Juli-Kämpfer mehr – es gab nur noch Juli-Veteranen. Börne war so ein wehmütiger Juli-Veteran. Die dritte und letzte Sammlung der Pariser Briefe aus dem dritten Nachjuli-Winter war 1833 erschienen: die ruhigste, überlegenste Sammlung, die kaum beachtet wurde. Sie kam schon in eine stabilisierte Zeit, in eine konsolidierte Zeit, in eine Zeit der Ruhe und Ordnung, in eine Zeit des Wiederaufbaus – solche Zeiten können kräftige Kost gut verdauen. Was die Jahre einunddreißig und zweiunddreißig noch umschmiß: der Ansturm dieses mutigen Fanatikers, das wirkte nicht mehr. Die Börne-Briefe waren keine Sensation mehr, und die wieder ins Gleichgewicht gekommene nachrevolutionäre Ära ist immer stabiler als irgendeine Zeit. Börne setzte seinen Brief-Kampf nicht fort. Die europäische Gesellschaft war in ihre alte Lethargie zurückgefallen, und der Zeit-Schriftsteller Börne wurde gelähmt von dieser Lethargie: »Ich will Reisebilder à la Heine schreiben, und da habe ich einen fürchterlichen Eid geschworen, es soll kein Wort

Politik hinein. Ich führe jetzt seit fünfzehn Jahren Krieg, ich will mich einmal ausruhen und wie ein Schäfer schreiben. Es müßte denn Krieg oder Revolution ausbrechen; dann ist es freilich ein anderes.« Es brach nicht Krieg und nicht Revolution aus in den letzten fünf Jahren seines Lebens – zur Schäferpoesie hat er es doch nicht gebracht. Aber die Atmosphäre seiner letzten Tage ist nicht der Sturm seiner ersten Pariser Briefe, nicht der rauhe Klang seiner zürnenden Kommandos, sondern die weiche Treibhausluft der ›*Paroles d'un croyant*‹ des poetisch-aggressiven Priesters Lamennais – in sakralen Rhythmen einherschreitende Höllen- und Paradies-Visionen, militante Lyrik. Lamennais und Börne verstanden einander so gut, »daß er mir oder ich ihm das Wort aus dem Munde nehme«. Der demokratische Christ Lamennais, der das Christentum als natürlichen Feind der herrschenden Ordnung erlebte, wurde das Ideal des ratlosen Börne. Börne war kein Konvertit: in Lamennais' Christentum wollte er nicht sich betäuben, sondern die europäische Gesellschaft befrieden. Börne war in eine Sackgasse geraten, er hatte den Nachjuli-Rückschlägen nichts entgegenzustellen, er war zu wenig reiner Geist, zu nah den Sehnsüchten der leidenden Menschen, als daß er in Nietzschescher Erhebung, in heroischer Unmenschlichkeit den Kampf ohne Glauben, das Trotzdem gefordert hätte. Börne war dem menschlichen Mittelmaß näher als Nietzsche, so war er jetzt ein Tröster, wie er einst ein Trommler gewesen war, so predigte er jetzt Gott, wie er einst Voltaire gepredigt hatte. »Gott behüte, daß ich den Menschen die Religion nehme. Ich freue mich, daß man in Frankreich wenigstens in den unteren Klassen an Gott glaubt. Die Kirchen sind von den Armen überfüllt, und ich, der mein Leben lang für sie gekämpft, möchte ihnen um keinen Preis das himmlische Brot nehmen, da ich nicht genug Mittel habe, ihnen das irdische zu geben.« Wußte Börne nicht, daß die Armen vom himmlischen Brot nicht satt werden? Wußte Börne nicht, daß den Armen immer wieder das himmlische Brot gereicht wird, damit sie das irdische Brot vergessen? Er wußte es – und wollte die Lebenden nicht opfern. Nie hatte er mit der Tyrannis des Geistes sympathisiert; am Ende seines Lebens wurde es deutlich, wie stark er im Konflikt zwischen Kreatur und Idee für die arme Kreatur entschied. In dem großen Prozeß zwischen Leben und Geist, zwischen Mitleid und Ziel, stellte sich der Unheroiker Börne auf die Seite des Lebens, des Mitleids. Die streitbare Christen-Liebe des Lamennais war der milde Abgesang von Börnes streitbarem Juden-Haß: in Börne war nur Kampf gewesen, in Lamennais ist auch Sänftigung der Wunden. Ihr Ziel war das gleiche: die Solidarität der Menschen. Aber dies Ziel, auf das Börne direkt losgegangen war, wurde jetzt zelebriert mit allen testamentarischen Requisiten, es ging nicht mehr zur Schlacht, sondern zur Andacht, zur Erhebung, zum inneren Frieden. Man kann Börnes Enthusiasmus, den Enthusiasmus der Zeitgenossen für die romantische Pathetik des mutigen Priesters nur verstehen, wenn man die Situation der Ratlosigkeit versteht. Die *›Paroles d'un croyant‹* sind das Abbild einer vorrevolutionären – Restauration; der Verinnerlichung dessen, was im Außen sich totgelaufen hatte. Lamennais' *›Paroles d'un croyant‹* sind die Worte eines betenden Revolutionärs. Börne übersetzte Lamennais in ein herrliches Deutsch, zeigte sein Buch in Venedeys Monatsschrift ›Der Geächtete‹ an, bekämpfte in Raspails ›Réformateur‹ den irreligiösen Heine aus dem Geist revolutionären Christentums. So wenig der nüchterne Börne auch veranlagt war, am Ende seines Lebens im berauschenden Schoß der Kirche einzuschlafen – er ließ sich umschmeicheln von der feierlich-unverbindlichen Rhetorik des französischen Priesters: »Das ist wirklich eine allein seligmachende Kirche, wie sie Lamennais will, allein sie macht nicht den Köhlerglauben selig, sondern die Vernunft.« Börne hatte immer geglaubt, immer hatte ein Glaube seine Kämpfe fundiert. Woher war ihm denn die stolze Zuversicht gekommen, mit den stärksten

Geistern Berlins und Leipzigs fertigzuwerden? »Sie kam mir aus meinem Glauben, aus dem Bewußtsein meines reinen Willens.« Aber der Gleichlaut der Worte Glauben darf nicht hinwegtäuschen über die enorme Kluft zwischen dem Glauben des Kämpfers Börne, der an den unermeßlichen Wert seines Ziels glaubte, und dem Glauben des Priesters Lamennais, der an Gott als den Garanten des Erfolgs der guten Sache glaubte. Börne glaubte, weil er kämpfte; Lamennais kämpfte, weil er glaubte. Als der Kämpfer Börne abgekämpft war, trat sein Glaube in den Vordergrund: da löste Lamennais Voltaire ab. In diesen Jahren erschien Strauß' ›Leben Jesu‹. Börne lehnte es ab: die Analyse der überlieferten Fakten schien ihm unwichtig vor dem Wunder des christlichen Glaubens. Wurde ihm auch der irdische Fortschritt unwichtig vor der Seligkeit des Glaubens?

»Und doch ist es besser, wenn die Wahl sein sollte, lieber keine Religion als keine Freiheit zu haben.« Börne wurde nie ein Priester, blieb immer ein Kämpfer. Und nie verlor er seinen zupackenden Griff: nicht in den kriegerischen Aufsätzen seiner Pariser Zeitschrift ›La Balance‹ gegen Heine, Menzel, die deutsche Restauration; nicht in der Abwehr von Leisetretern, die ihn zur Mäßigung in seinen gedruckten Äußerungen bringen wollten. Börne blieb Börne noch auf seinem Totenbett, seine letzten Worte waren Hiebe. Als sein Arzt ihn fragte, ob er einen schlechten Geschmack habe, antwortete er: »Gar keinen, wie die deutsche Literatur.« Und er trug an seinem Todestage einem Frankfurter Besucher auf: »Bringen Sie allen meinen Freunden und Feinden meine heitersten Grüße, ich liebe sie alle.« Am Ende siegte doch der Katev über den Lamennais – und dann erst der Tod über den Katev: Börne war nicht zu besiegen, nur zu zerstören. Er war nicht zu besiegen, weil seine fugenlose Seele zusammenhielt bis zum letzten Tage. Nicht Verlassenheit, nicht Enttäuschung, nicht die vielen Vorboten des Todes machten diese solide Seele mürbe. Sein ganzes Leben war er darauf aus gewesen, die

Unterdrückten, nicht seine zitternde Seele zu bergen. Nie hatte er, eine kleine Kreatur vor dem großen Schicksal, mit einem Gott gerungen, nur immer mit irdischen Mächten. Er hat nichts Faustisches gehabt, nicht die Hybris des Magiers, nicht die Zerknirschung der Ohnmacht, überhaupt nicht viel Reflexion über sein Ich. Er war keine problematische Natur. Er hat sich behaglich gefühlt mit einer »rechten Mischung von Fehlern und Vorzügen«. Er war zufrieden. Er hat nicht in den Himmel wachsen wollen, er hat nicht allweise und allmächtig sein wollen, er hat kein geniales Übermaß gehabt: Faust wollte den Himmel stürmen – Börne nur die irdischen Zwingburgen. Börne meinte, die Natur des Menschen wolle nur das irdische Heim. Börne war ein nüchterner, bescheidener Soldat im großen Kampf, und als er nicht mehr kämpfen konnte, predigte er gegen die Feinde und sprach Trost zu den Freunden. Und sein Leben endete wie es begonnen hatte: als Einsatz für die Ghetto-Menschen.

Die Grippe, die damals in Paris grassierte, vollendete die Zerstörung des angegriffenen Körpers, sie machte seine Schwindsucht akut. Arzt-Verächter wie Molière, behandelte er sich bis zum letzten Augenblick selbst: homöopathisch, mit Örtelschen Kaltwaschungen. Erst als der Verfall eintrat, konnte man ihn zur Hinzuziehung befreundeter Ärzte überreden. Dann kam der zwölfte Februar, die Vorhänge wurden geöffnet, man brachte ihm Blumen, eine Genfer Spieldose machte Musik. Der letzte Kampf wurde ihm leicht. Um zehn Uhr abends starb er ruhig, ohne Todesringen: er hat nie für sich gekämpft ... Der Trauerzug – Schriftsteller, Kaufleute und an hundert Arbeiter – ging von der Rue Laffitte über den größten Teil der Boulevards nach dem Père Lachaise; auf dem Gipfel des Totengartens wurde die Leiche Ludwig Börnes beigesetzt. Die nächsten Freunde trugen den Sarg bis zum Grab. Der politische Flüchtling Venedey und ein Frankfurter Kaufmann sprachen am Sarge. Dann feierte Raspail, in dessen ›Réformateur‹ Börne als französischer Schriftsteller geschrieben hatte, den großen Mittler zwischen Deutschland und Frankreich.

Börne ist tot! schrien die Zeitungen, jubelten die Zeitungen. Es sah wie ein Gottlob aus – notierte ein Zeitgenosse. Die Versöhnung war in die Hände des Totengräbers gelegt. Und alle Nekrologe schwelgten in der seligen Gewißheit: Der Löw ist tot – und ließen ihm wohlwollende Gerechtigkeit widerfahren. Ob Börne stirbt, ob Nietzsche stirbt, das letzte Wort hat nicht ihr Ruf, sondern ihr Nachruf – der gerne den Ruf zudeckt mit Blümchen und weichen Kalenderversen. Und Börne wurde ein geliebter Toter, nachdem er ein ungeliebter Allzulebendiger gewesen war. Man hatte ihn nicht verbrannt, so brauchte man kein Jahrhundert zu warten, um ihn seligzusprechen.

In der Nähe der Gräber von Benjamin Constant, Foy und Manuel ragt eine stumpfe Pyramide von poliertem Granit auf einem Unterbau von gelbem Sandstein. Am oberen Teil der Pyramide steht in einer Nische Börnes Büste, von David modelliert, von Richard und Eck in Erz gegossen. Am untersten Teil sieht man ein Bronzerelief; es stellt in einer Allegorie dar, wie die Freiheitsgöttin Frankreichs und Deutschlands Hände ineinanderlegt. Auf den schmalen Seiten der Pyramide liest man links: die Namen Voltaire, Rousseau, Lamennais, Béranger, rechts: Lessing, Herder, Schiller, Jean Paul. Der berühmte Bildhauer Pierre Jean David d'Angers hatte sich aus Verehrung für Börne zur Ausführung des Denkmals erboten. Bevor es fertig war, stak ein Kreuz auf Börnes Grab; ein Sturm entwurzelte dies Kreuz. Das Monument sagt von diesem Leben ebensowenig wie das Kreuz, es gibt kein Symbol für das, was er war – er war ein guter Mann. Er war ein Mann, der solidarisch war mit dem kreatürlichen Menschen, mit seinem Leid, mit seiner Freude, mit seiner Sehnsucht: er war ein einfacher Mann. Dieser einfache Mann war hineingeboren in eine komplizierte Zeit, so ist sein schlichtes Leben, das aus einer Wurzel gradlinig wuchs, nur abzubilden in seinen tausend verwickelten Antworten auf die Situationen und Vordergrunds-Figuren seiner Zeit. Aber nicht diese farbige Vielfalt ist ein Leben: ein Leben ist der Atem, der alle Situationen, alle Meinungen, alle Ziele durchweht. Je tiefer ein Leben, um so kürzer seine Chronik. Diese Chronik kennt keine Vorgänger und Nachfolger, keine Freunde und Feinde und nicht die tausend zauberischen Schöpfungen des Talents. Diese stille Chronik, diese Leichenstein-Chronik des zeitlosen Börne hat nur dies zu berichten: es wurde ein schwächlicher Mensch geboren auf der Seite der Schwachen. Die ihn pflegen sollten, drückten ihn; die ihn drückten, wurden gedrückt – so erfuhr er, daß der Mensch ist der Sklavenhalter des Menschen. Er bog nicht aus vor dieser Erfahrung: er beruhigte sich nicht dabei, Sklavenhalter zu sein – um nicht daran zu leiden, Sklave zu sein. Als Rebell durchbrach er dieses schicksalhafte Eingesperrtsein in das furchtbare Entweder-Oder. Er rebellierte gegen den Hausdrachen, der ihn knechtete, gegen die Christen, welche die Juden knechteten, gegen die Juden, die ihren Herren knechten halfen, gegen die deutschen Fürsten, die ihre Völker knechteten, gegen Napoleon, der die deutschen Fürsten knechtete, gegen die Tyrannis des geistigen Dogmas, das eine Welt knechten wollte. Er rebellierte alle Stunden aller Jahre seines Lebens – war Rebellion sein Leben? Niemand ist als Rebell geboren: auch Börne war nicht als Rebell geboren. Er liebte Blumen und zarte Vorhänge und weiße Wäsche und still-tapfere Frauen, doch durfte er nicht aufwachsen als dankbar genießendes Leben – weil es Hausdrachen gab und Antisemiten und jüdische Helfer der regierenden Gemeinheit und fürstliche Fronvögte und Napoleon und den Despotismus der Idee. Der Mensch ist nicht zum Kämpfen geboren, sondern zum Leben – und zum Kämpfen nur verurteilt. Als Ghetto-Jude, als Polizeiaktuar, als Theaterkritiker, als Redakteur, als europäischer Schriftsteller lebte er nicht sein Leben, sondern seine Verurteilung. Und als er starb, hatte er noch nicht zu leben begonnen: er hörte nur auf zu kämpfen. Wer den Kampf verklärt, kennt nicht den Kampf: der echte Kampf ist immer ein Selbstopfer. Börne mußte sich opfern. Er konnte nicht genießend leben neben tausend Kerkern. Und so ist die erschöpfende Chronik seines Lebens: er war ein guter Mann.

Pariser Friedhof „Pere Lachaise" wird elektronisch überwacht

Paris (dpa). Der Pariser Friedhof „Pere Lachaise" wird jetzt elektronisch überwacht, um nächtlichen Dieben und Vandalen das Handwerk zu legen. Lichtschranken aus unsichtbaren Infrarotstrahlen lösen sofort Alarm aus, wenn sich jemand auf dem 44 Hektar großen Friedhof zu schaffen macht, wo auch Edith Piaf und Jean Baptiste Moliere, Oscar Wilde, Frederic Chopin und Maria Callas begraben liegen.

„Die von den Psychopathen und Nekrophilen bei ihren Zeremonien angerichteten Schäden an den 70 000 Gräbern sind einfach zu groß", sagte die stellvertretende Bürgermeisterin Jacqueline Nebout. Die oft wertvollen Grabfiguren würden zudem mit rassistischen Parolen beschmiert. Auf dem „Pere Lachaise" liegen Christen neben Muslimen, Buddhisten und Juden.

Mit einer Infrarotkamera besonders überwacht ist das Grab des Rocksängers Jim Morrison, das täglich von Scharen jugendlicher Fans und nachts häufig von Rockerbanden besucht wird.

4. 11. 90

Personenregister

Ludwig Marcuse im Diogenes Verlag

Philosophie des Glücks
von Hiob bis Freud. detebe 21/I

Sigmund Freud
Sein Bild vom Menschen. detebe 21/II

Argumente und Rezepte
Ein Wörterbuch für Zeitgenossen. detebe 21/III

Ignatius von Loyola
Ein Soldat der Kirche. detebe 21/IV

Das denkwürdige Leben des Richard Wagner
Eine böse Biographie. detebe 21/V

Mein zwanzigstes Jahrhundert
Autobiographie I. detebe 21/VI

Nachruf auf Ludwig Marcuse
Autobiographie II. detebe 21/VII

Ludwig Börne
Aus der Frühzeit der deutschen Demokratie.
detebe 21/VIII

Heinrich Heine
Melancholiker, Streiter in Marx, Epikureer.
detebe 21/IX

Briefe von und an Ludwig Marcuse
an und von Max Brod, Alfred Döblin, Bruno Frank, Hermann Kesten, Erika –, Klaus –, Heinrich – und Thomas Mann, Henry Miller, Robert Neumann, Joseph Roth, Alma Mahler-Werfel, Stefan Zweig u. v. a.
Mit Chronik, Bibliographie und Register.
Herausgegeben und eingeleitet von
Harold von Hofe

Herausgegeben von Ludwig Marcuse:

Ein Panorama europäischen Geistes
Texte aus drei Jahrtausenden,
ausgewählt und vorgestellt
von Ludwig Marcuse.
Mit einem Vorwort von Gerhard Szczesny.
I: Von Diogenes bis Plotin.
II: Von Augustinus bis Hegel.
III: Von Karl Marx bis Thomas Mann.
Drei Sonderbände in einer Kassette

Heinrich Heine Gedichte
Ausgewählt, kommentiert und eingeleitet von
Ludwig Marcuse. detebe 139

Beiträge von Ludwig Marcuse:

Das Gebet zum heilen Gott?
In: ›Kann man noch beten?‹. detebe 47

›Efraim‹ – Ein Erstlings-Roman
In: ›Über Alfred Andersch‹. detebe 53

Aus dem Briefwechsel Thomas Mann – Ludwig Marcuse
In: ›Das Tintenfaß 24‹. detebe 83

Der Reaktionär in Anführungsstrichen
In: ›Das Tintenfaß 25‹. detebe 100

Über Ludwig Marcuse:

Harold von Hofe:
Ludwig Marcuse in Los Angeles
In: ›Das Tintenfaß 24‹. detebe 83

Thomas Mann:
Glückwunsch für Ludwig Marcuse
In: ›Das Tintenfaß 25‹. detebe 100

Heinrich Böll:
Der gläubige Ungläubige. Über die Briefe von und an Ludwig Marcuse
In: ›Das Tintenfaß 26‹. detebe 122

In Vorbereitung:

Philosophie des Un-Glücks
Pessimismus – Ein Stadium der Reife

Plato und Dionys
Der Philosoph und der Diktator

Aus den Papieren eines bejahrten Philosophiestudenten
Eine private Weltgeschichte der Philosophie

Essays, Porträts, Polemiken
Kleine Schriften 1922–1972
Gesammelt, ausgewählt und vorgestellt von Harold von Hofe

Diogenes Taschenbücher
Alphabetisches Verzeichnis

o Wollschläger, *Karl May* 112
o Wollschläger, *Die Gegenwart einer Illusion* * 113
o *Das zynische Wörterbuch* * 149

detebe-Kassetten

o Balzac, *Die menschliche Komödie in 40 Bänden* K 10
o Busch, *Studienausgabe in 7 Bänden* K 13
o Chandler, *Sämtliche Romane und mehr in 9 Bänden* K 4
o Čechov, *Das erzählende Werk in 10 Bänden* K 2
Chaval, *Gesammelte Cartoons in 3 Bänden* K 9
o Faulkner, *Gesammelte Erzählungen in 5 Bänden* K 17
o Hammett, *Sämtliche Romane in 5 Bänden* K 3
o Hottinger, *Morde in 3 Bänden* K 1
Hottinger, *Geschichten für den Connaisseur in 6 Bänden* K 14
o D. H. Lawrence, *Sämtliche Erzählungen und Kurzromane in 8 Bänden* K 6
o D. H. Lawrence, *John Thomas & Lady Jane in 2 Bänden* K 16
o McCullers, *Werke in 8 Bänden* K 11
o Maugham, *Gesammelte Erzählungen in 10 Bänden* K 5
o Maugham, *Der Menschen Hörigkeit in 2 Bänden* K 15
o Molière, *Komödien und Materialien in 8 Bänden* K 7
o O'Connor, *Gesammelte Erzählungen in 6 Bänden* K 8
o Schopenhauer, *Werke in 10 Bänden* K 12

Titel mit * sind Erstausgaben oder deutsche Erstausgaben.
Titel mit o sind auch als Studienausgaben empfohlen.

Diogenes Kinder-Taschenbücher

Alphabetisches Verzeichnis

Brunhoff, *Die Geschichte von Babar* 5
Busch, *Max und Moritz* 2
Carroll, *Die kleine Alice* * 3
Gorey/Levin, *Er war da und saß im Garten* 8
Hoffmann, *Der Struwwelpeter* 1
Leaf, *Ferdinand der Stier* 4
Murschetz, *Der Maulwurf Grabowski* 10
Sendak, *Hühnersuppe mit Reis* 6
Ungerer, *Die drei Räuber* 7
Zimnik/Axmann, *Die Geschichte vom Käuzchen* 9